近代日本の植民地主義と
ジェンタイル・シオニズム

内村鑑三・矢内原忠雄・中田重治における
ナショナリズムと世界認識

役重善洋

インパクト
出版会

近代日本の植民地主義とジェンタイル・シオニズム
内村鑑三・矢内原忠雄・中田重治におけるナショナリズムと世界認識

目次

序論　11

はじめに　11

第一節　日本人クリスチャンとナショナリズム　15

第二節　日本の植民地主義とシオニズム運動　18

第三節　植民地主義という用語について　22

第四節　ジェンタイル・シオニズムとキリスト教シオニズム、千年王国論という用語について　29

第五節　本書の構成　36

第一章 植民地主義・民族・キリスト教 41

はじめに 41
第一節 近代ヨーロッパ主権国家体制の形成と植民地主義 43
（一）「大航海時代」とヨーロッパ・キリスト教世界の「他者」
（二）西欧主権国家体制の成立と宗教改革およびカトリック改革
第二節 ピューリタン革命とジェンタイル・シオニズム 50
（一）宗教改革と「ユダヤ人帰還論」
（二）ピューリタン革命と大西洋両岸における「ユダヤ人問題」の展開
（三）シャブタイ・ツヴィとイングランド
第三節 一八世紀の英米植民地主義と海外ミッションおよびジェンタイル・シオニズム 61
（一）啓蒙期イギリスにおける「帝国的プロテスタンティズム」
（二）北米植民地戦争と米国の「市民宗教」
（三）「東方問題」の展開と世紀転換期における千年王国論の興隆
第四節 帝国主義時代の英国における海外ミッションとジェンタイル・シオニズム 70
（一）帝国主義時代のイギリスにおける海外ミッションの展開
（二）帝国主義時代のイギリスにおけるジェンタイル・シオニズムの展開

第五節　帝国主義時代の米国における海外ミッションとキリスト教シオニズム　78
（一）一九世紀米国における海外ミッションの展開
（二）一九世紀米国におけるジェンタイル・シオニズムの展開
（三）ブラックストーン請願と米国におけるシオニズム運動の始動
（四）米国のシオニズム運動とジェンタイル・シオニズム
小括　100

第二章　内村鑑三におけるシオニズム論と植民地主義　115

はじめに　115
第一節　内村鑑三の米国体験と贖罪信仰　120
（一）一九世紀米国のミッショナリー運動と札幌バンド
（二）「エレミヤ書」とナショナリズム
（三）帝国主義的ミッショナリー運動への反発
（四）贖罪信仰への回心とナショナリズム
（五）二つの移住植民地と文明発展史観

第二節　贖罪信仰と「日本の天職」　131
（一）天皇制ナショナリズムとの衝突
（二）不敬事件後の「贖罪の哲理」
（三）『地理学考』と文明発展史観
第三節　世界帝国主義の進展と非戦論　140
（一）日清戦争義戦論と預言書解釈の転換
（二）相次ぐ帝国主義戦争と文明発展史観の変化
（三）「戦争絶対的廃止論」の二面的性格
（四）非戦論と文明発展史観
第四節　再臨信仰とナショナリズムの相克　159
（一）再臨信仰の深化と朝鮮人クリスチャンへのまなざし
（二）再臨運動とシオニズムの「発見」
（三）再臨運動に対するシオニズムの影響
第五節　再臨運動の終わり　161
（一）再臨運動と米騒動
（二）再臨運動と三一独立運動
（三）世界日曜学校大会と再臨運動の終り
第六節　再臨運動後の内村鑑三　193
小括　197

第三章　矢内原忠雄の再臨信仰とシオニズム　209

はじめに　209
第一節　内村鑑三の再臨信仰とシオニズム観からの影響　213
第二節　矢内原忠雄の再臨信仰とシオニズム論　216
第三節　矢内原の植民政策論と民族問題　222
第四節　矢内原忠雄と満州移民　228
第五節　矢内原忠雄における藤井武の影響、信仰と実践の関係　234
小括　237

第四章　エルサレム宣教会議と植民地主義　245

はじめに：主流派プロテスタント教会におけるジェンタイル・シオニズム　245
第一節　ミッショナリー運動からエキュメニカル運動への転換　249
第二節　エルサレム世界宣教会議と朝鮮問題　254
第三節　日本基督教連盟と「神の国運動」　262
第四節　エルサレム世界宣教会議とパレスチナ問題　266
小括　276

第五章　中田重治のユダヤ人観と日本ホーリネス教会の満州伝道　291

はじめに　291
第一節　第一次世界大戦と日本におけるユダヤ人への関心　296

第二節　軍国主義の伸張とホーリネス教会　302
（一）「満州」における植民地伝道の開始
（二）神社問題の発生
第三節　満州事変以降のホーリネス教会と軍部との関係　309
第四節　「聖書より見たる日本」　316
第五節　ユダヤ人問題への新たな関心と背景　321
第六節　ホーリネス分裂事件からホーリネス弾圧へ　328
小括　337

結論

349

初出一覧　371
参考文献　372
関連年表　390
あとがき　394

凡例

・引用に際して、仮名遣い等の表記は原則として注記の資料に従った。ただし、適宜、漢字は常用漢字に改めた。
・引用文中の［ ］内は引用者による補足である。
・引用文中の・・・は、引用者による省略である。
・原文のルビや傍点等は、適宜取捨した。
・アラビア語名詞のカタカナ表記については、原則として『岩波イスラーム辞典』（岩波書店、二〇〇二）の表記法に従った。ただし、定冠詞「アル＝」「アッ＝」「アン＝」は省略した。また、「パレスチナ」、「エルサレム」等、英語やアラビア語、ヘブライ語の音韻には一致しない表記であっても、日本で慣用化している表現についてはそのまま用いた。
・年月日の表記は、原則として西暦で統一した。

序論

はじめに

本書は、両大戦間期の日本でシオニズム運動の動向に関心を寄せていた、内村鑑三（一八六一―一九三〇）、矢内原忠雄（一八九三―一九六一）、中田重治（一八七〇―一九三九）という三人の日本人クリスチャンの思想と行動を、その時代背景との関連において分析するものである。また、そのことを通じて、一九世紀末以降の日本のアジア侵略とパレスチナにおけるシオニズム運動とを、グローバルな植民地主義の歴史的展開のなかに位置付け、両者の歴史的連関について考察する。#1

本論で述べるように、この三人がシオニズムに注目した背景には、各々の捉え方に重要な差異はあるものの、欧米の保守的プロテスタントの間で伝統的に見られる終末信仰における、ユダヤ人のパレスチナへの「帰還」をキリスト再臨の予兆と見なす聖書解釈からの影響があった。こうした特殊キリスト教的なユダヤ人観は、宗教改革期に始まるもので、「ユダヤ人帰還論」(Restorationism)と呼ばれてきたが、ユダヤ人自身によるシオニズム運動が始まってからはジェンタイル・シオニズム(Gentile Zionism)という用語が当てはめられた。ジェンタイルとは、旧約聖書(ヘブライ語聖書、ユダヤ教のタナハ גויים)や新約聖書に多く出てくる「非ユダヤ人」を意味する言葉であり、聖書では「異邦人」と訳されることが多い言葉である。さらに、一九八〇年代以降、アメリカの福音主義者と呼ばれる保守的プロテスタントによる「反知性主義的」ともいえるイスラエル支持が注目を集めるようになる中、キリスト教シオニズムという用語が広く使われている。本書では、主として扱う時代がイスラエル建国以前であるので、原則として、その時期により一般的であったジェンタイル・シオニズムという用語を用いることとするが、産業化時代以降に現われる原理主義的な聖書解釈にもとづくジェンタイル・シオニズムについては、現代のそれとの共通性を明示するためにキリスト教シオニズムという用語を適宜用いることとする。

ジェンタイル・シオニズムを主張したキリスト教徒は、日本の近代キリスト教史においてはある意味で特殊な位置にあった面もあり、そのことを相対的に見るためにも、第四章においては、再臨信仰を通じたシオニズム理解とは異なるかたちでパレスチナにかかわった主流派プロテスタント教会の動きに注目した。

ジェンタイル・シオニズムの詳細については第一章で説明するが、ここではその重要な歴史的背景として三点のみ指摘しておく。第一に、ジェンタイル・シオニズムが、ユダヤ教徒（人）を常に「よそ者」として扱ってきた欧米キリスト教社会の差別的ユダヤ人観の上に成立していること、第二に、本来キリスト教世界の一部であった聖地パレスチナをムスリムが占領しているとする反イスラーム的歴史観を前提としていること、第三に、旧約聖書の古代ユダヤ王国を自国に重ね合わせるという、英米等のプロテスタント国に顕著な「国民史観」を土台として受容されてきたことである。

したがって、本書は、日本におけるジェンタイル・シオニズムの受容、あるいは日本人クリスチャンにおけるユダヤ人観についての歴史的考察を中心に展開するものの、その考察は必然的に日本が明治以降の近代化に際して、ヨーロッパ・キリスト教的世界の世界観をどのように受け入れ、どこに自らを位置づけてようとしてきたのか、また、その際に日本人クリスチャンが果たした政治的・文化的な役割はどのようなものであったのか、という問いを必然的に含むこととなる。

冷戦終結後、「宗教紛争」がグローバルな平和課題の一つの焦点となるなか、英米におけるジェンタイル・シオニズム／キリスト教シオニズムについては、両国の中東戦略との関わりを含め、近年徐々に研究が深まりつつある。しかし、日本におけるその潮流はほとんど研究の対象とされてこなかった。実際、内村や中田の影響を受けたキリスト教組織で、現在も政治的財政的にイスラエル支援を行っているグループは少なからず存在しており、彼らは日本の対イスラエル外交にも一定の影響を与えている。また近年、とりわけ第二次安倍政権成立以降に見られる日本とイスラエルの急速な政治的接近という状況の歴史的背景を考える上でも、日本におけるジェンタイル・シオニズムを研究することの現在的意義は大きい。

しかしながら上述した通り、本論文で取り上げる問題は、単なるジェンタイル・シオニズム研究、あるいは思想史研究という枠組に収まらず、より大きな視野の中でその現代的意味を捉え返す必要があると筆者は考える。というのも、ここで取り上げる三人の日本人クリスチャンがまず向き合わなければならなかったのは、日本の天皇制ナショナリズムや植民地主義であり、そのことと比較すれば、ジェンタイル・シオニズムの背景にある欧米諸国のユダヤ人問題や植民地主義は当事者性の低い問題であったはずである。それにもかかわらずなぜ彼らはシオニズムに注目したのか。この問いに答えるには、日本におけるナショナリズム・植民地主義と西洋におけるそれとが互いにどのような地政学的・歴史的関係にあったのかについて、広い視野から捉え返す必要がある。

とりわけ内村とその直弟子である矢内原は、軍国主義化を深める時勢への批判的姿勢を貫いた思想家として日本社会に大きな影響力を及ぼした知識人である。内村は教育勅語奉読式での「不敬礼」に端を発した一高不敬事件（一八九一年）で第一高等学校を追われ、矢内原は中国侵略批判による筆禍事件（一九三七年）で東京帝国大学を追われるという経験もしている。また、中田は、先の二人に較べれば知名度が低いものの、第二次世界大戦中、キリスト教では灯台社と並び最大規模の国家弾圧を受けた日本ホーリネス教会の創設者として、日本近代史において決して無視することのできない人物である。破滅的侵略戦争へと突き進んでいった近代日本の軌跡の中に独自の足跡を残した彼等の思想的営為がジェンタイル・シオニズムとどのような位相において結びついていたのか、そのことが近代世界史のなかでどのような意味をもつのかを明らかにすることが、本書の主要な課題となる。

第一節　日本人クリスチャンとナショナリズム

この課題に取り組むために、まず初めに重要な鍵となるのが、日本人クリスチャンにとってのナショナリズムの問題である。佐幕派士族を中心に受容されていった近代日本の初期プロテスタンティズムにおいて、キリスト教と愛国心とをどのように整合させるかということは、彼らのアイデンティティの根幹にかかわる問題であった。それは、天皇制ナショナリズムが強化されていく中で、単なる思想的整合性という次元の問題を越え、旧敵である藩閥政府に対してどのような態度をとるのか、欧米宣教師とどのような関係をもつのか、国家神道に対してどのような態度をとるのか、といったかたちで日々問われてくる問題となった。内村の一高不敬事件に象徴されるように、日本人クリスチャンの「二重の忠誠心」を疑う声は、政府の中にも、市井の人々の中にも常にあった。そのような排外主義的な論調に対してどのように対抗言説を構築するかということは、とりわけ日本のキリスト教界の知識人・指導者にとって喫緊の課題となった。

そうした中、彼らの多くは、日本の近代化は、表面的な西洋の学問や技術だけでなく、その根底にあるキリスト教によって完成されるべきだと主張する一方で、欧米キリスト教、とりわけその教派主義の弊害を克服した「日本的キリスト教」を確立する必要があると考えた。その際、朝鮮や中国など近隣アジア諸国の近代化に際しても、日本人クリスチャンは独自の積極的貢献ができるはずだと考えた。「西洋キリスト教文明」の拡張が人類の進歩を意味すると考える欧米中心主義的歴史観に日本の役割を接ぎ木するタイプの思考様式が、多くの日本人クリスチャンに共通して見られた歴史観であった。そこでは儒教や「武士道」が日本における「旧約」の役割を果たしてきたと考えられた。#2

日清・日露戦争以降は、日本の植民地帝国化・アジア侵略の動きに対して、どのような態度をとるかということもまた、日本人クリスチャンにとって避けて通れない問題となっていった。とりわけこの問題が重要となるのは、日本の植民地主義が英米植民地主義との矛盾・対立を深めていく中で天皇制イデオロギーが強化され、キリスト教を「欧米の宗教」として否定的に見る排外主義が高まっていく中でのことであった。そうした中、多くの日本人クリスチャンは、天皇制軍国主義下における「敵性宗教」の信者として政治的社会的抑圧を受けつつも、非クリスチャンであるほとんどの日本人と同様、自らアジア侵略に協力する道を選択したのであった。

本書で中心的に取り上げる三人の日本人クリスチャンは、こうした時代状況に対処しようとする思想的営為において、様々な差異はありながらも、旧約聖書におけるユダヤ人と神との関係性を現代の日本人に当てはめて考える聖書解釈を徹底させたという点で共通している。先にも述べたように、英米プロテスタントの中には、自国を旧約聖書のイスラエルに重ね合わせ、そこに「神の国」の実現を見ようとする伝統が根強くあるが、彼らはその歴史観を日本に当てはめようとしたのである。

このことは、多くの主流派プロテスタント教会の指導者が信仰の領域と政治の領域とを分離し、信仰を内心の問題とすることによって天皇制イデオロギーに対処しようとしたのに対し、彼らは信仰の「内部」にナショナリズムを位置づけたということを意味する。そのことは、宗教ナショナリズムとしての側面を強くもつ天皇制イデオロギーとの間に原理的な矛盾をもたらすことになった。国家権力からの統制・抑圧に対する彼らの「原理的」な対応は、不敬事件や筆禍事件、あるいは、よりあからさまな政治弾圧を招くことにもなった。換言すれば、彼らの信仰はナショナリズムと深く連動しつつも、旧約聖書のナショナルな解釈を通じて「民族」をその外側から律するという視点をもっていたからこそ、政治権力から危険視されたのだといえる。しかし他方、この日本人と神との関係を聖書解釈的に捉えようとする姿勢は、「世界史的役割を先頭で担う日本民族」というかたちで、キリスト教と軍事力をつうじてアジアに押し寄せつつあった欧米列強に対する対抗的かつ鏡像的な自己イメージにも容易に結び付くものでもあった。ここに見られる信仰・ナショナリズム・植民地主義の結合こそ、三人の思想をジェンタイル・シオニズムに結びつけた共通の土台であるように思われる。

彼らの「日本的キリスト教」という土台にジェンタイル・シオニズムが具体的にどのように接続されることになったのかを把握するためには、パレスチナ問題の展開を含め、より大きな見取り図の中で時代状況を把握する必要がある。そこで、次節では、グローバルな植民地主義の支配構造の中での日本のアジア侵略とシオニズム運動によるパレスチナ侵略との同時代性について考察する。

第二節　日本の植民地主義とシオニズム運動

明治維新を一大契機とする日本の近代化と植民地帝国化は、江口圭一が「一面従属・一面侵略」と形容したように、英米両国への政治的経済的依存を通じて進展することができた。[#3] そこでは、一八八七年の「条約改正問題意見書」で井上馨が、欧州列強の植民地とならず独立を維持するには、東洋における「欧州的一新帝国」になるべきだと述べたように、欧米植民地主義の価値観を自ら取り込んでいこうとする心性が深く伴っていた。[#4] ところが、日露戦争以後、大陸政策をめぐり英米との政治対立が強まるにしたがい、「一面従属・一面侵略」という日本帝国主義の二面的性格は、英米協調主義か、排他的地域覇権の確立をめざすアジア・モンロー主義かという二つの外交路線の対立へと発展していった。そうした中、一九二〇年代までは英米協調主義が日本外交の主流の位置にあったが、満州事変以降、中国における抗日運動の発展を背景として、次第にアジア・モンロー主義が主導権を握っていくことになった。このことは、日本人クリスチャンの政治的立場に深刻な影響を与えざるを得なかった。イギリスまたは米国のミッショナリー運動と関わりの深い日本のクリスチャンの多くは、「太平洋の架け橋」をめざした新渡戸稲造（一八六二―一九三三）や、アジア太平洋戦争開戦直前における賀川豊彦（一八八八―一九六〇）らの「平和使節団」などに象徴されるように、英米協調主義への強い志向性を有しており、また、社会的にもそのようにみなされていたからである。

一九三〇年代を挟んでの協調主義から自立志向へという対外政策の変化は、シオニズム運動の対英関係においても見ることができる。一九世紀末のヨーロッパにおける反ユダヤ主義を背景として始まったシオニズム運動は、テオドール・ヘルツル（Theodor Herzl, 1860-1904）の有名な「アジアに対するヨーロッパの防壁」「野蛮に対する文明の前哨」[#5]という言葉を持ち出すまでもなく、ヨーロッパ植民地主義、とりわけイギリスとの連携を抜きには現実性を持ち得ない運動であった。同時にそれは、イデオロギーとしての植民地主義を拭いがたく内面化した運動でもあった。シオニズム運動のイギリス帝国への政治的依存は、一九一七年のバルフォア宣言と一九二二年に正式に開始するパレスチナ委任統治によって一気に深まった。矢内原が二民族国家論を含めた楽観的・理想論的なシオニズム論を論じたのはまさにこの時期のことであった。しかし、一九三〇年代に入り、パレスチナ人による大衆的な反英・反シオニズム運動が発展すると、イギリスはユダヤ人移民の制限を検討し始め、シオニズム運動内部では英委任統治政府との協調関係を見直す動きが現れ始めた。一九三九年、「ユダヤ人国家」に否定的な「マクドナルド白書」が発表されると、シオニストは武装闘争／テロを含めての委任統治政府に対する対抗路線を強めていった。

このように第二次世界大戦前夜までは、日本帝国主義とシオニズム運動は、①欧米キリスト教世界からの圧迫の下で近代国家形成を志向→②後発植民地主義勢力として英米協調路線の下で成長・発展→③植民地抵抗運動に対する対応をめぐる英米（シオニズムの場合は英委任統治政府）との対立、というように、相似した歴史過程を歩んできた。しかし、第二次世界大戦の勃発はその両者の歴史の大きな分岐点となった。日本が枢軸国の一員として対英米戦争に突入し、敗戦によってその植民地帝国を解体させられたのに対し、委任統治をめぐる英国との対立をかかえながらも、ナチス・ドイツによるホロコーストを背景として連合国側に協力する姿勢を維持したシオニズム運動は一九四七年の国連パレスチナ分割決議と第一次中東戦争を経て、イスラエル国家の成立を実現したのであった。

このことを占領・植民地支配される側の視点から見れば、第二次世界大戦を経て朝鮮や中国の人々が内戦を抱えながらもひとまず民族解放を勝ち取ったのに対し、パレスチナの人々は一九四八年の故国喪失――ナクバ（النكبة, 破局）――において決定的な敗北を喫することとなったといえる。しかし、敗戦国日本に対する戦後処理が冷戦の影響を受けたことで、日本の植民地主義が、天皇制の存続、アジアの戦争犠牲者に対する戦後補償の回避、在日朝鮮人の権利剥奪、沖縄の軍事植民地化、アイヌ民族に対する同化政策継続など、多くの面において清算されずに生き残ることになったことを考えれば、一九世紀末以来の近代的植民地主義の矛盾が構造的に保存され続けているという点において、現在もなお、日本の植民地主義とシオニズム運動は、歴史的同時代性を色濃く共有しているといえる。

もちろん、日本の植民地主義が「日本本国」の近隣地域への侵略であったのに対し、シオニズム運動は「離散ユダヤ人」による入植運動であり、「母国」と呼ぶべき国家が特定できないという点に大きな違いがある。しかし、シオニズム運動をユダヤ人シオニストのプロジェクトとしてのみ捉えず、英米帝国主義に組み込まれた運動として捉えれば、その日本植民地主義との比較は十分に歴史的意味をもつ。

日清・日露戦争での勝利を通じ、日本が中国・朝鮮に対する植民地支配を進めることができたのも、シオニズム運動がオスマン帝国下およびイギリス委任統治下のパレスチナに基盤を築くことができたのも、英米両国の東アジア戦略と中東戦略が背景にあってのことであった。そして、英米帝国主義の中東戦略のなかでシオニズム運動を位置づける際に、決定的な重要性をもつのがジェンタイル・シオニズムへの視点である。つまり、シオニズム運動を欧米諸国におけるユダヤ人シオニストとジェンタイル・シオニストとの共同プロジェクトとして捉えたとき、その植民地主義的性格はより明確とならざるを得ない。このジェンタイル・シオニズムの重要な構成要素が原理主義的聖書解釈にもとづくキリスト教シオニズムなのである。シオニズム運動がイギリス委任統治下で発展したことを考えれば、共同プロジェクトという捉え方こそがより客観的な歴史観にもとづいているといえる。本書のメインタイトルを「近代日本の植民地主義とジェンタイル・シオニズム」とした所以である。

このことと関連して附言すれば、矢内原が「満州国」を研究するに際して関心を寄せたことのなかに、第四章および結論で若干触れることになる、賀川豊彦らのイニシアチブによってハルビン郊外に設立された基督教開拓村があった。賀川は「土を愛する者はまた隣をも愛さねばならぬ、殊に氷土を溶かしてそこに日輪の光熱を導かんとする者は、愛隣、愛神の原理に基き、隣保相愛の国土を建設すべきである。即ち満洲にこそ五族協和の精神が具現さるべきである」と述べ、満州移民を理想化・正当化した。矢内原もまた、満州移民政策に「理想的植民」の可能性を見ようとした。[#6] しかし、満州移民がいかなる理念の下で推進されたにせよ、それが日本帝国主義に組み込まれた侵略行為であったことに違いはない。その際に動員のターゲットとされた人びとの中には、日本社会にとって「負担」とされた貧農に加え、潜在的「非国民」とされた天理教やキリスト教などの宗教的マイノリティが含まれていたのである。そうした意味では、「満州国」とイスラエル国家もまた、同時代性をもつ移住植民地国家プロジェクトとして比較研究する意味をもつ。その際に重要なことは、それぞれの植民プロジェクトをより大きな帝国主義の歴史背景の中で捉えることと、入植者の動員に際して社会的差別が果たした役割およびそれを隠蔽した理想主義的入植イデオロギーを客観的に批判すること、侵略される側・抵抗する側の歴史認識を正当に評価することであろう。

第三節　植民地主義という用語について

本節と次節で、本書タイトルに用いている植民地主義（colonialism）とジェンタイル・シオニズムという二つの用語、およびそれらに関連して、帝国主義（imperialism）、キリスト教シオニズム（Christian Zionism）等の用語について補足的説明を行う。これらの語は、全体の叙述を通じての中心的なキーワードである。

シオニズムが植民地主義であるかどうかという問題は、植民地主義の非正当化が進んだ一九六〇年代以降、イスラエル国家の正当性をめぐる問題として浮上し、議論されてきた。一九六五年、ベイルートのパレスチナ研究センターの創設者ファーイズ・サーイグ（فايز عبد الله صايغ, 1922-1980）は、アジア・アフリカ地域における脱植民地化の潮流に逆行するかのようなイスラエル建国の動きの変則性について、「他のヨーロッパの植民地化と異なり、シオニストによるパレスチナの植民地化は、獲得したい土地における「先住民」の存在と本質的に両立し得ない」と述べ、シオニズムを植民地主義の一形態としつつ、その特異性を強調している。[#7]　また、一九六七年の第三次中東戦争直後にはマキシム・ロダンソン（Maxime Rodinson, 1915-2004）が、「イスラエルを植民地主義の一現象だとすることに関しては、アラブのインテリ層は、左右いずれを問わず意見の一致をみている。・・・しかしイスラエル側において、このような定義づけを恥辱的とみるのは左翼の間に限られていた。右翼の人々は単に嫌な気持にさせられるぐらいのところなのだ」と述べ、シオニズムを植民地主義としてみなすことについては、アラブ人の間で一致した見解であるのみならず、シオニストの右派も否定していないとしている。[#8]　当時、イスラエルの政権を担っていた労働党の社会主義シオニズムの観点において自らを植民地主義の担い手と見なす議論を受け入れる余地がなかったのに対し、非主流派であった右派修正主義派のイデオロギーにおいては、欧米列強がこれまで実践してきた植民地主義をイスラエルが実践して何が悪いのか、という論理になるということであろう。

以下、こうした議論の背景を理解するためにも、植民地主義という語がこれまでどのように使用されてきたのかについて振り返りたい。

植民地主義という言葉は、第二次世界大戦後に大きな高揚期を迎えた植民地独立運動の中で、欧米を中心とする強国が他民族の暮らす土地を略取・政治支配すること、およびそれを推進・正当化するイデオロギーを指す言葉として次第に定着してきた。この意味において植民地主義は、多くの場合、帝国主義（imperialism）と言い換え可能なかたちで用いられてきた。

しかしながら、一九〇二年に発表されたジョン・A・ホブスン（John A. Hobson）の『帝国主義』では、"colonialism"（矢内原忠雄は植民主義と訳している）を帝国主義とは区別して、「民族の一部が人口皆無乃至は希薄な外地へ移住するもの」「民族の血統、言語竝に制度の地域的拡大」というように、#9 むしろ入植（colonization）、あるいは移住植民地主義（settler colonialism）に近い意味で捉えており、世紀転換期においては現在のような植民地主義の語法が必ずしもまだ一般的ではなかったことを示している。『帝国主義論』を書いたレーニン（Владимир Ильич Ленин）も、植民地主義という用語は用いていない。矢内原が一九二〇年代から三〇年代にかけて発表した植民政策論に関する論考においても、帝国主義という概念、あるいは植民・植民地といった概念は検討されているが、植民地主義という言葉は出てこない。つまり、第二次世界大戦終結以前において、植民地主義という言葉が、現在のような批判的な意味で用いられることは帝国主義という言葉と比べ、稀であったと思われる。#10

このような状況から一九五〇〜一九六〇年代における植民地主義批判の興隆にいたるまでの間には、当然のことながら植民地という言葉・概念に対する評価の大きな変化があったことを指摘しなければならない。その最初の変化の波は、一九二〇年代後半から一九三〇年代にいたる時期の植民地独立運動の大衆的発展と、それに伴う帝国主義諸国間における矛盾の激化を背景として起きた。東アジアにおいては中国における利権をめぐり日本とイギリス・米国との対立が強まり、また中東においてはユダヤ人移民の制限をめぐり、シオニズム運動とイギリスとの対立が強まった。そうした中、植民や植民地という用語は、文明発展と結びついた普遍的でポジティブなイメージを喪失し、逆に国際平和や植民地住民の権利を脅かす排外主義的でネガティブなイメージへと次第に変化していった。

例えば日本では、一九二九年の拓務省設置を契機にそれまで用いられていた「植民地」に替わり「外地」という言葉が法律用語として用いられるようになった。[#11] 拓務省という名称自体、もともと拓殖省となるところが、「殖」の字を避けた結果でもあった。[#12] また、一九三一年、シオニスト執行部（Zionist Executive）――後のユダヤ機関（Jewish Agency for Israel）――の議長フレデリック・キッシュ（Frederick H. Kisch）は、次のように日記に記した。「［パレスチナにおけるユダヤ人の農業入植地に関して］我々の語彙から『植民地化』（colonization）という言葉をなくすように努力している。この言葉は我々の見方からすると適切ではない。なぜなら、ふつう入植地を作るのは郷土ではなく、外国だからだ」。[#13]

こうした植民地観の変化を決定的なものとするのが第二次世界大戦後の植民地独立運動の高揚であった。一九五五年のバンドン会議（第一回アジア・アフリカ会議）で、新興独立国インドネシアのスカルノ大統領は「アジア、アフリカの広大な地域になお自由が与えられていないときに、どうして植民地主義が死滅したといえるだろうか？」と述べ、各地の独立運動との連帯を訴えた。[#14] この演説でスカルノは植民地主義という言葉を一六回も用いながら、帝国主義という言葉はほとんど用いていない。社会主義国に留まらない「第三世界」の連帯をめざしたバンドン会議において、イデオロギー的な色合いを強く帯びた「帝国主義」よりも「植民地主義」の方が政治的に馴染みやすかったのではないかと考えられる。はっきりしていることは、植民地解放運動によって「植民」「植民地」が国際社会において非正当化（delegitimize）されていくなか、批判的概念としての「植民地主義」が定着するようになったということである。

バンドン会議での例から推測されるように、「植民地主義」と「帝国主義」は、互換可能なようで、使われ方に若干の違いがあるように思われる。たとえば、ホブスンやレーニンによって経済的概念を軸に定式化された「帝国主義」は、その開始点を一九世紀末に置いており、その後、ジョン・ギャラハー（John Gallagher）とロナルド・ロビンソン（Ronald Robinson）の自由貿易帝国主義論などにより様々な修正が試みられてきているが、[#15] 実質的な開始点を一九世紀よりも前に遡る議論は少ない。しかし、「植民地主義」については、クリストファー・コロンブス（Cristoforo Colombo, 1451-1506）の西インド諸島到達を始点とする一五世紀末以降のヨーロッパ世界の膨張全体を指す場合も少なくない。

この違いは、「帝国主義」が植民地支配をする側である資本主義国出身の批判的知識人を中心として概念規定されてきた用語であるのに対し、「植民地主義」は、むしろ植民地支配されてきた側の歴史認識にもとづいて定着してきた言葉であることに由来しているように思われる。一七世紀以降のオランダによる植民地支配とアジア・太平洋戦争下の日本による軍事占領を経験してきたインドネシアのスカルノ大統領に、植民地主義を一九世紀以降の歴史として限定する歴史観はおそらくなかったであろう。「植民地主義」がイデオロギーよりもむしろ「民族的経験」にもとづく言葉であったからこそ、バンドン会議において第三世界の国々を結びつけるキーワードになり得たのだと考えられる。なお、このバンドン会議で日本は「アジアへの復帰」を果したと捉える見方もあるが、首脳級が揃う各国参加者の中で、日本代表が高崎達之助経済審議庁長官であったことからも分かるように、日本の会議参加は、経済問題に限定した枠内での消極的な（つまりは自らの植民地主義に関わる政治問題を回避した）ものに過ぎなかった。他方イスラエルは、友好国ビルマを通じてこの会議への参加を模索していたが、アラブ諸国の強い反対により招待されなかった。#16

このようなバンドン会議への参加をめぐる駆け引きの中で示された日本とイスラエルに共通する「地政学的両義性」、つまり地理的にはアジア・アフリカ地域に位置しながら、「反植民地主義」の認識を周辺諸国と共有できないという状況は、グローバルな植民地拡大プロセスにおける両国の特殊な歴史から必然的に生じたものといえる。というのも、前節で概観したように、両国においては欧米キリスト教世界からの抑圧に対する対抗・自立へのプロセスとして自らの近代国家建設が認識されており、その際に犠牲とされる「他者」への加害責任を否認する傾向が強く見られる。そのため、両国とも一九五五年どころか現在に至るまで自らが被害を与えた人々との正常な関係を現在も築けず、地域で孤立した存在であり続けているのである。

実際には、日本の植民地帝国建設ないしシオニズム運動によるイスラエル建国という二つの植民地主義プロジェクトは、欧米帝国主義諸国の協力なしには成立し得なかったものであり、その初期段階に置いては、東洋における「欧州的一新帝国」、あるいは「アジアに対するヨーロッパの防壁」を目指すとして、欧米植民地主義追随・従属の姿勢に恥じることもなかった。

しかし、一九三〇〜五〇年代における植民地主義へのネガティブな評価が定着していく過程を経て、当然のことながら日本もイスラエルも自らの来歴を植民地主義という概念で捉えられることを好まなくなっていった。自国に向けられた植民地主義批判に対して、「自らの生き残りのためには領土獲得は必須だった」「どこの国でも同じようなことをしている」「人種的偏見からくる差別的扱い」などとして、欧米キリスト教世界の植民地主義や人種主義を理由にして自らの加害を弁護・矮小化しようとする傾向を強めてきたのである。

このようなヨーロッパ・キリスト教世界の「普遍性の仮面をかぶった植民地主義・人種主義」に対する反発と自己内面化の二面性こそが「アジアの両端」における二つの後発植民地主義の大きな特徴をなしている。したがって、日本のアジア侵略とシオニストのパレスチナ侵略をグローバルな植民地主義の一環としてより普遍的な視点から批判するには、国境を越えた帝国主義の重層構造のなかでその歴史的意味を分析することが必須となる。そうすることで初めて、内村・矢内原・中田らに見られるシオニズムへの共感の歴史的意味も明らかになるであろう。

第四節　ジェンタイル・シオニズムとキリスト教シオニズム、千年王国論という用語について

植民地主義という言葉とともにジェンタイル・シオニズムという用語もまた、本書全体を貫くキーワードであり、前節で述べたシオニズムと植民地主義との関係を整理する上で決定的に重要となる概念である。

ジェンタイル・シオニズムに関する研究は、第一次世界大戦中、イギリスのシオニストが、同国の国益にシオニズムが合致していることを示すために、イギリスにおけるユダヤ人のパレスチナへの「帰還」を求める宗教的・政治的な関心と実践の歴史に注目したことに始まると考えられる。アルバート・ハイアムソン（Albert M.Hyamson, 1875-1954）の『ユダヤ人の帰還を求めるイギリスの諸計画』（一九一七）やナフム・ソコロウ（Nahum Sokolow, 1859-1936）の『シオニズムの歴史　一六〇〇―一九一八』（一九一九）が代表的なもので、そこでは、シオニズムの先駆者として多くの非ユダヤ人の思想と行動が取り上げられている。#17　同様のモチーフの下でイスラエル建国後に出版されたものとしては、クリストファー・サイクス（Christopher Sykes, 1907-1986）の『美徳にある二つの研究』（一九五三）とバーバラ・タックマン（Barbara W.Tuchman, 1912-1989）の『聖書と剣』（一九五六）がある。#18

明確にシオニストの視点に立ったこれらのジェンタイル・シオニズム論に対し、一九六〇～七〇年代になると、アラブ・パレスチナ側の批判的視点を組み込んだ研究が現れるようになる。アブドゥッラティーフ・ティバウィ『パレスチナにおけるイギリスの利権』（一九六一）やパレスチナ研究所によ

る論集『キリスト教徒、シオニズム、およびパレスチナ』（一九七〇）、アブドゥルワッハーブ・メッスィーリー『約束の土地』（一九七七）などが、シオニズムの起源におけるイギリスの官民にわたる帝国主義的関与と、そこでキリスト教が果たした役割の重要性を提起した。[#19]　日本においても、一九七三年の段階で、板垣雄三が、イザヤ・ベンダサンこと山本七平の『日本人とユダヤ人』（一九七〇）に対する反論として書いた「ベン・ダサン氏の反ユダヤ主義」において、「シオニズムの展開過程には、いわゆる『非ユダヤ人のシオニズム』Gentile Zionism がまさしく不可分の、むしろ本質的な要素としてあることに注意しなければならない」と述べている。[#20]

一九八〇年代以降になると、米国の親イスラエル外交の背景としての原理主義的キリスト教への注目が集まるようになり、グレース・ハルセル『核戦争を待望する人びと』（一九八六）や、ローズマリー・ラドフォード・ルーサーとハーマン・J・ルーサーによる『ヨナの憤激』（一九八九）、ポール・マークレイ『キリスト教シオニズムの政治　一八九一―一九四八』（一九九八）、ステファン・サイザー『キリスト教シオニズム』（二〇〇四）などのノンフィクションや研究書が現れるようになった。[#21]　この一九八〇年代以降の動向の中で、それまでのジェンタイル・シオニズムに代わり、キリスト教シオニズムという用語が次第に定着していった。

なお、ジェンタイル・シオニズムやキリスト教シオニズムという用語に対して、一九八三年に『非ユダヤ人シオニズム』を著したレジーナ・シャリーフは、非ユダヤ人シオニズム（Non-Jewish Zionism）という用語の使用を推奨している。彼女は、「今日、非ユダヤ人シオニズムの基盤においてとりわけ必要不可欠な要素を構成するようになっているのは、シオニズムを唱道する非ユダヤ人の政治的動機である」と述べ、ジェンタイル・シオニズムやキリスト教シオニズムという用語は神学的な理由が中心にあるかのような誤解を招きやすいとして使用を避けている。[#22] しかしながら、本書では、シャリーフの問題意識を共有しつつも、「神学的要因」と「政治的要因」の相互関係の考察により重心をおくため、それが欧米キリスト教世界の政治的産物であることを断りつつ、ジェンタイル・シオニズム、キリスト教シオニズムという用語を用いることにする。

第一章で詳しく述べるように、欧米プロテスタントには伝統的に、千年王国論（millennialism）のなかにユダヤ人のパレスチナへの「帰還」を位置づける考え方がある。それは、イスラームに対するキリスト教世界の勝利という考え方とセットで論じられてきた。

千年王国論とは、人類の歴史の終末においてイエス・キリストが統治する千年王国が現れるというもので、これは原始キリスト教時代以来、キリスト教の歴史において度々現れてきた終末思想である。旧約聖書のダニエル書や新約聖書のヨハネ黙示録において、こうした終末思想が記されており、旧約聖書（ヘブライ語聖書）を共有するユダヤ教におけるメシア思想とも多くの点で類似する。また、イスラームの終末論においても、やはり最後の審判の前にイーサー（イエス）の再臨があるとされている。

キリスト教の千年王国論には、前千年王国論（premillennialism）と後千年王国論（postmillennialism）があり、前者はキリストの再臨が、千年王国到来の「前」にあると考え、後者は「後」にあると考える。前千年王国論では、戦争や飢饉など世界の混乱が極まったとき、突如キリストが現れ、人類が救済されると考えるのに対し、後千年王国論では、多くの場合、千年王国はすでに始まっているとされ、徐々にその完成に向って世界が進み、最後にキリストの再臨があると考える。したがって、悲観的な現状認識が広がっている時代においては前千年王国論が現れやすく、楽観的な現状認識が広がっている時代においては後千年王国論が現れやすい。[#23] いずれにせよ、千年王国の時代が過ぎた時点で、人類の罪は完全に贖われ、宇宙の完全な調和が達成されると考える。[#24] 本書で扱う再臨信仰の多くは前千年王国論に基づくものである。

ヨーロッパでは、ピューリタン革命期に前千年王国論が興隆した後、一八世紀には後千年王国論が文明発展史観と結びつくかたちで広がったのに対し、フランス革命から第一次世界大戦期にかけて、聖書解釈学や自由主義神学に対抗するかたちで英米を中心に再び前千年王国論が影響力を伸ばしていったという経緯がある。一九世紀末以降の前千年王国論者の多くは聖書無謬説の立場に立ち、原理主義者（fundamentalist）とも呼ばれるようになる。一九二〇年代のファンダメンタリスト論争を経て原理主義／前千年王国論は一時停滞するが、一九七〇年代以降は、中東情勢の緊迫とも結びついたナショナリスティックな装いを強め、米国を中心に大きな影響力を持つようになり、現在に至っている。これらの前千年王国論の興隆は、中東・パレスチナ情勢に対する危機意識の高まりとも時期が重なっており、その中で、様々な「ユダヤ人帰還論」が提起されてきた。

前千年王国論をさらに細かく見ると、歴史主義的前千年王国論（historic premillennialism）と未来主義的前千年王国論（futurist premillennialism）という二つの潮流があり、前者においては聖書の預言はすでに実現され始めていると考え、後者においては預言はキリスト再臨の直前のごく短期間に実現すると考える。[#25] 歴史主義的前千年王国論はイギリスの前千年王国論に伝統的な教義であり、ユダヤ人は改宗した後にパレスチナに帰還すると考えるため、ユダヤ人伝道に力を入れる傾向がある。[#26]

それに対し、未来主義的前千年王国論は、ディスペンセーショナル前千年王国論（dispensational premillennialism）、あるいはディスペンセーショナリズム（dispensationalism）とも呼ばれ、一九世紀末以降、米国における前千年王国論の中心的教義となっている。そこでは旧約聖書の預言書における「イスラエルの民」のパレスチナへの帰還に関する預言が、現在のシオニズム運動において文字通り実現しつつあると考えられ、米国・イスラエル関係にも大きな影響を及ぼしている。[#27]

ディスペンセーショナリズムにおいては、アダム以降の人類の歴史において神と人類との契約は何度かにわたって更新されていると考え、それぞれの契約に応じて救済史的な時代区分（ディスペンセーション）が定められる。そして、キリストの十字架死以前の契約はすべてユダヤ人と神との契約であり、キリストの死によって初めて異邦人（非ユダヤ人、ジェンタイル）に神の恩恵が及ぶと考える。つまり、現在は「異邦人の時代」であると位置付けられ、しかもその次の時代である千年王国時代の到来が近づきつつあると考える。ディスペンセーショナリズムの大きな特徴は、神との関係において、ユダヤ人と非ユダヤ人は人類の全歴史を通じて異なる存在であると考える点にあり、最終的にユダヤ人がイエスをメシアとして受け入れたとしても、それは他のクリスチャンとは歴史的役割を異にする「ユダヤ人クリスチャン」として区別される。つまり、そこではユダヤ人は宗教的概念ではなく、改宗してもなお区別され続ける人種的概念として捉えられているのである。

以上に概観した通り、ジェンタイル・シオニズムの中核には他宗教に不寛容なヨーロッパ・キリスト教の神学的伝統があり、それは千年王国論と結び付きつつ、欧米社会におけるユダヤ人観およびイスラーム観と歴史的に深い関係をもっている。十字軍国家の敗退という歴史的記憶を持つヨーロッパ・キリスト教世界は、パレスチナを宿敵であるイスラーム世界から「取り返す」ためのプログラムとして、内なる他者であるユダヤ人のパレスチナへの「帰還」とキリスト教への集団改宗という神学的ストーリーを編み出したのである。

ベイルート近東神学校のコリン・チャップマン（Colin Chapman）は、キリスト教シオニストを「神学的理由にもとづきシオニズムを支持するキリスト教徒」と定義している。[#28] しかし、これまでの議論から明らかなようにシオニズムに親近感を持つキリスト教徒は、ディスペンセーショナリストのような明確な神学的根拠にもとづいてイスラエルやユダヤ人を認識している人びとに限られるわけではない。カトリック神学者のローズマリー・ラドフォード・ルーサーは、原理主義的キリスト教シオニズムとは異なるタイプのキリスト教シオニズムが、主流派キリスト教会のなかに浸透していることに注意を促している。とりわけ、欧米キリスト教世界において、イスラーム治下パレスチナにおける宗教的民族的共生の歴史を否定し、排他的に旧・新約聖書の舞台としてのみ見るパレスチナ観や、「ユダヤ人」の民族的性格を認めないユダヤ教徒を無視して、ユダヤ教とシオニズムを一体視する一枚岩的ユダヤ人観が根強くあり、そのことがホロコーストに対する罪責感と組み合わさることで、パ

レスチナ人の存在を不可視化してしまっている状況があると指摘している。[#29]

このような欧米キリスト教世界における現実から乖離したユダヤ人観・パレスチナ観は、欧米植民地主義のグローバルな展開とともに、キリスト教という宗教の枠組を越えた波及力を持ってきた。とりわけ、そうした「ユダヤ人」に関する歴史観や民族観が政治的経済的利権と結びついたとき、その影響は無視できないものとなる。世俗主義を掲げていたナポレオンが一七九九年のシリア遠征において「ユダヤ王国復興」を掲げてユダヤ教徒の協力を呼びかけたのはその一例である。あるいは二〇一五年一月、イスラエルとの関係強化をめざし同国を訪問中だった安倍晋三首相が、エルサレムのヤド・ヴァシェム（יד ושם、ホロコースト記念館）で行ったスピーチで述べた「ユダヤの人々がくぐった苦難を、全人類の遺産として残そうとする皆様の努力に、心からなる敬意を抱きます。深い悲しみを乗り越え、イスラエルの建国に尽くした人たちを前に、厳かな気持ちになりました」[#30]という発言も、ホロコーストとイスラエル建国を一意的に結びつける一枚岩的な民族的ユダヤ人観を前提としている。

本書で、比較的広く用いられているキリスト教シオニズムではなく、あえてジェンタイル・シオニズムという用語をタイトルに用いたのは、欧米キリスト教世界におけるユダヤ人およびムスリムに対する認識枠組が、キリスト教徒でない人びとに対しても強い波及力をもつことを示したいと考えるからに他ならない。非キリスト教国である日本において、ジェンタイル・シオニスト的なユダヤ人観を含めた欧米中心主義的な世界観が普及するにあたり、日本のキリスト教知識人の果たした役割は極めて大きいと筆者は考える。このことの検証は、本書のカバーする範囲を超えるが、一定の示唆はできているのではないかと考える。

第五節　本書の構成

第一章においては、残りの章において基本的前提となるジェンタイル・シオニズムおよび海外ミッションの歴史的背景について、その相互の関係に注意しつつ概観する。第二章においては、内村鑑三の贖罪信仰および再臨信仰を中心に考察し、シオニズムを支持した彼の民族観のあり方とキリスト教信仰との関係について掘り下げる。第三章においては、矢内原忠雄のキリスト教信仰と植民政策論との関係について分析する。特に彼がシオニズム運動や満州移民政策を含めた「移住植民地主義」に特別な注意を払っていたことに注目し、そのことと、彼の日中戦争批判との関係について考察する。第四章では、一九二八年にイギリス委任統治下のパレスチナで国際宣教協議会（ＩＭＣ）によって開催されたエルサレム世界宣教会議を取り上げ、この会議に参加した日本基督教連盟および朝鮮人代表団、そしてＩＭＣを取り仕切っていた米国人宣教師それぞれがこの会議にどのような思惑をもって参加していたのかについて考察する。さらに会場となったパレスチナのムスリムやクリスチャンにとってこの会議が持った意味についても考える。第五章では、ホーリネス教会の中田重治の信仰と行動を取り上げる。そこでは、一九三〇年代における中田のキリスト教シオニズムの性格と満州伝道会への関与の政治的背景についての分析が中心となる。

註

＃１　先行研究については本論中で随時言及するが、早い時期に内村鑑三と矢内原忠雄のシオニズム論に注目したものとしては、村山盛忠「キリスト教シオニズムの構造——日本人にとってのイスラエル」広河隆一、パレスチナ・ユダヤ人問題研究会編『ユダヤ人とは何か——「ユダヤ人」I』(三友社出版、一九八五年)がある。また、最近では、Usuki, Akira. "Jerusalem in the Mind of the Japanese : Two Japanese Christian Intellectuals on Ottoman and British Palestine." *Annals of Japan Association for Middle East Studies* 19 (2), (2004) が、内村と矢内原を日本における初期キリスト教シオニストとして位置付け、論じている。しかし、いずれの研究も、概論的な紹介にとどまっている。

＃２　例えば、新渡戸稲造の「私は、神がすべての民族および国民との間に——異邦人たるとユダヤ人たると、キリスト教徒たると異教徒たるとを問わず——「旧約」と呼ばるべき契約を結びたもうたことを信ずる」(Inazo Nitobe, *Bushido: The Soul of Japan*, Leeds & Little Co., 1900［1899］, vii. 日本語訳は矢内原忠雄訳『武士道』岩波書店、一九三八年、一三頁)や、海老名弾正の「維新当代のキリスト教は実に洗礼を受けたる武士道なりし也」(『帝国の新生命』警醒社、一九〇二年、序九頁)など。

＃３　江口圭一『十五年戦争研究史論』(校倉書房、二〇〇一年)第一章を参照。

＃４　JACAR. B06151014200（第１０２画像)、自明治元年至明治二十六年条約改正問題一件／井上外務大臣時代条約改正問題第二巻（2-5-1-0-5_8_002）（外務省外交史料館）。

#5 Theodor Herzl, *Der Judenstaat* (Jüdischer Verlag, 1920), 24. 日本語訳は、ヘルツル『ユダヤ人国家』（法政大学出版局、一八九六年）、三四頁。

#6 賀川豊彦『日輪を孕む曠野』（大日本雄弁会講談社、一九四〇年）、序二頁。

#7 Fayez A. Sayegh, *Zionist Colonialism in Palestine* (Research Center, the Palestine Liberation Organization, 1965), v.

#8 Maxime Rodinson, "Israël, fait colonial?" (*Les Temps Modernes253*, 1967), 17. 日本語訳は、マキシム・ロダンソン「歴史的にみたイスラエル」J・P・サルトル編『アラブとイスラエル――紛争の根底にあるもの』伊東守男他訳（サイマル出版会、一九六八年）、一八頁。

#9 John A. Hobson, Imperialism: A Study (James Nisbet, 1902), 4. 日本語訳は、J・A・ホブソン『帝国主義論』上（岩波書店、一九五一年）、四四頁。

#10 一九二一年に刊行された、コロンビア大学のメアリ・E・タウンゼンドによる『近代ドイツ植民地主義の起源 一八七一―一八八五』は、単なる入植活動にとどまらず、海外領土獲得という意味まで含めて植民地主義という言葉を用いているという点では、現代的な意味での「植民地主義」を扱った最も早い時期の書籍だといえる。しかし、ハンザ都市を中心とするドイツ商人の海外通商活動にドイツ植民地主義の起源を求めたこの研究は、一定の学問的客観性を保ちつつも、植民地主義に対する批判的視点、すなわち植民地住民の視点は欠落している。Mary E. Townsend, *Origins of Modern German Colonialism, 1871-1885* (Columbia University), 1921. [1920].

#11 尹健次『日本国民論――近代日本のアイデンティティ』（筑摩書房、一九九七年）、一〇四頁。

#12 矢内原忠雄「小なる感情と大なる感情」『矢内原忠雄全集』（以下、『全集』）二三巻、三三九頁。

#13 Joseph Massad, *The Persistence of the Palestinian Question* (Routledge, 2006), 18.

#14 具島兼三郎『現代の植民地主義』（岩波書店、一九五八年）、ii頁。スカルノ演説の原文は下記サイトを参照。
http://www.cvce.eu/en/obj/address_given_by_sukarno_bandung_18_april_1955-en-88d3f71c-9ff9-415a-

b397-b27b8581a4f5.html（二〇一五年一一月一七日閲覧）

#15　Jonh Gallagher and Ronald Robinson. "The Imperialism of Free Trade." *The Economic History Review* 6 (1), 1953.

#16　Godfrey H. Jansen, *Zionism, Israel and Asian Nationalism* (Institute for Palestine Studies, 1971), 250-252. 日本語訳は、G・H・ジャンセン『シオニズム――イスラエルとアジア・ナショナリズム』奈良本英佑訳（第三書館、一九八二年）、三六三―三六五頁。

#17　Albert M. Hyamson, *British Projects for the Restoration of the Jews* (Printed by Petty & Sons, 1917); Nahum Sokolow, *History of Zionism 1600-1918*, I&II (Longmans, Green and Co., 1919).

#18　Christopher Sykes, *Two Studies in Virtue* (Collins, 1953); Barbara Tuchman W., *Bible and Sword: England and Palestine from the Bronze Age to Balfour* (Ballantine Books, 1984).

#19　Abdul Latif Tibawi, *British Interests in Palestine, 1800-1901: A Study of Religious and Educational Enterprise* (Oxford University Press, 1961); Institute for Palestine Studies, *Christians, Zionism and Palestine: A Selection of Articles and Statements on the Religious and Political Aspects of the Palestine Problem* (Institute for Palestine Studies, 1970); Abdelwahab M. Elmessiri, *The Land of Promise: A Critique of Political Zionism* (North American, 1977).

#20　イザヤ・ベンダサン（山本七平の偽名）『日本人とユダヤ人』（山本書店、一九七〇年）；板垣雄三「シオニズムの反セミティズム性とナチズムのシオニズム性」『現代史研究』二七（現代史研究会、一九七三年）（板垣雄三『石の叫びに耳を澄ます――中東和平の探索』（平凡社、一九九二年）に「ベン・ダサン氏の反ユダヤ主義」として所収）

#21　Grace Halsell, *Prophecy and Politics: Militant Evangelists on the Road to Nuclear War* (Lawrence Hill & Co, 1986); Rosemary Radford Ruether and Herman J. Ruether. *The Wrath of Jonah: The Crisis of Religious Nationalism in the Israeli-Palestinian Conflict*. 2nd edn. (Fortress Press, 2002); Paul C. Merkley, *The Politics of Christian*

Zionism, 1891-1948 (Frank Cass, 1998); Sizer, *Christian Zionism*.

#22 Regina S. Sharif, *Non-Jewish Zionism: Its Roots in Western History* (Zed Press, 1983), 2.

#23 岩井淳『千年王国を夢見た革命——一七世紀英米のピューリタン』（講談社、一九九五年）、二二—二三頁。

#24 しかし、一度この世を去ったキリストの霊が再びこの世に来て、キリスト教徒に対して感化せしめるという、霊的解釈としての再臨信仰は、より広くキリスト教徒の間で信じられている。

#25 森孝一「アメリカにおけるファンダメンタリズムの歴史」『キリスト教研究』四六（二）、一九八五年、一九八—一九九頁。

#26 Stephen Sizer, *Christian Zionism: Road-map to Armageddon?* (InterVarsity Press, 2004), 34.

#27 具体的には、イザヤ書一一：一一、エレミヤ書二三：三—八、エゼキエル書三七：二一—二五など。

#28 Colin Chapman, *Whose Promised Land? The Continuing Crisis Over Israel and Palestine* (Baker Books, 2002), 254.

#29 Rosemary Radford Ruether, "Christian Zionism and Main Line Western Christian Churches" in *Challenging Christian Zionism: Theology, Politics and the Israel-Palestine Conflict*, ed. Naim Ateek, Cedar Duaybis and Maurine Tobin (Melisende, 2005), 154-162.

#30 「ヤド・ヴァシェム（イスラエルホロコースト博物館）視察後の総理発言」（首相官邸ホームページ、二〇一五年一月一九日）http://cache.kantei.go.jp/jp/97_abe/discource/20150119message.html（二〇一五年二月二四日閲覧）

第一章　植民地主義・民族・キリスト教

はじめに

本章では、近代日本のプロテスタント知識人におけるシオニズム・植民地主義に対する認識を考察するにあたり、その準備作業として、そもそも彼等に影響を与えた欧米キリスト教世界の世界認識において、ユダヤ教徒やムスリムを含む非キリスト教世界の人々がどのようにして位置付けられてきたのかについて、「大航海時代」以降のヨーロッパ世界の植民地主義的拡張という枠組のなかで考えてみたい。

キリスト教知識人に限らず、日本の近代化を推進しようとした「明治知識人」にとって、欧米文明は日本が追い付くべきモデルであり、「一四九二年」以降のヨーロッパの拡大を人類の進歩の歴史として捉える欧米中心史観を批判的に捉える視点は極めて弱かった。とりわけ自由民権運動や「大正デモクラシー」を担った自由主義知識人にとって、人類の進歩とは西欧的な自由と民主主義の拡大を伴うものだという前提に立つ西欧自由主義思想は中心的な参照枠であった。したがって大雑把に言ってしまえば、そうした自由主義的傾向を強く有した日本のキリスト教知識人のパレスチナ観やユダヤ人観が、欧米中心主義的なバイアスから逃れることができなかったことは当然の成り行きともいえよう。

ここでは、そうしたバイアスの形成における、ヨーロッパ・キリスト教の果たしたイデオロギー的役割を考察することとなるが、そのことは、キリスト教が一元的に欧米中心主義的世界観の形成において基底的役割を担ったということを意味するものでもなければ、キリスト教のすべての潮流が欧米中心主義に加担したことを意味するものでもない。ヨーロッパにおけるキリスト教とは異なる歴史を辿った中東地域――キリスト教発祥の地パレスチナを含む――におけるキリスト教徒の多くは、十字軍への抵抗をはじめとして、イスラーム教徒とともに欧米植民地主義に抵抗してきた。欧米ミッショナリーの伝道によってキリスト教化した非ヨーロッパ地域においても、中南米における「解放の神学」に見られるように、反植民地主義闘争の倫理と論理を信仰から導き出すケースは多くある。

本章において主に議論されるのは、宗教改革期以降、ヨーロッパ主権国家体制と結びついてきたヨーロッパ・キリスト教とその「他者」――すなわちユダヤ教徒およびイスラーム教徒、そして日本人を含むその他の非ヨーロッパ人――との諸関係である。そこでは、オスマン帝国の圧迫を受けたヨーロッパにおける宗教—国家関係の変動の中で、ジェンタイル・シオニズムが生成・発展する過程に注目するとともに、その同時代的事象として、ミッショナリー運動が東アジアに影響を及ぼす経緯にも触れるようにする。

第一節　近代ヨーロッパ主権国家体制の形成と植民地主義

（一）「大航海時代」とヨーロッパ・キリスト教世界の「他者」

内村鑑三が文筆家として発表した最初期の文章に、「コロンブスの行績」がある。これが書かれた一八九二年当時、米国では、コロンブスのアメリカ大陸到達四〇〇年を記念して、彼の功績の再評価がナショナリズムの称揚を伴いつつ広く行われていた。そうした論調を参照しつつ、内村は次のように書いている。

七十万方里の東羅馬帝国は回々教徒の手に落ちたり、コロムブスの宗教心は是に比対するの基督教国を開発せんとするにありたり、而して米大陸は土耳其《トルコ》帝国に優る二十倍の基督教国なり、余は今茲に米国宗教事情に就て云ふを要せず、十万の教会と二万の牧師と四千万の信徒を有する北米合衆国の宗教上の勢力は推量すべきなり、・・・ベネヅエラ、チリ、ブラジルの如き完全なる共和政治は健全高尚なる基督教の土台の上にのみ建立し得べきを悟るに至れり、極より極まで洋より洋までナザレの耶蘇の配下に属するものは米大陸なり

コロムブスは日本に達せむとして新大陸を発見し彼の［黄金と宗教という］二大目的を達せり、然らば彼の夢想の中に存せし日本は此世界人（Weltmann）の恩沢を受けざる乎[#1]

コロンブスの航海の目的には、オスマン帝国に対抗し得るキリスト教世界を建設するということがあり、彼の「行績」によってアメリカ大陸におけるキリスト教の浸透とそれに基づく共和政治が達成した今、その延長上に日本における福音伝道事業があるという趣旨である。ここで内村は、日本における福音伝道の進展と共和政治の実現という理想を大きな歴史的な必然性の中に位置づけるために、欧米中心的な「アメリカ大陸発見」史観を積極的に採用している。「共和政治」が内村にとって具体的に何を意味したのかはともかくとして、理想的日本の実現という佐幕派的なナショナリズムの正統性を、欧米中心史観の中に見出そうとしたともいえる。

他方、この「発見」史観が、先住民族の不可視化ないし悪魔化と入植地建設の美化ないし神話化という点で、欧米諸国においてシオニズムの言説が受け入れられる下地を準備したことは多くの研究者が指摘するところである。[#2] そのことは、四半世紀後の内村の言説においても証明されることになるのである。

ここでは、この「発見」史観をより広い観点から批判するため、一四九二年のスペインにおけるレコンキスタの完成とそれに伴うユダヤ教徒追放、そして、ほぼ同時期に両王の出資を受けて出港したコロンブスによるアメリカ大陸到達に象徴される「大航海時代」の幕開けという一連の出来事を考えたい。その際、内村の言及した、一四五三年のオスマン帝国によるビザンツ帝国解体がこれらの出来事の背景にあったことは、欧米中心史観の見直しという観点からも重要である。アンドレ・グンター・フランクは、「大航海時代」から一八世紀にいたるまで、世界経済の中心は中国およびインドにあり、ヨーロッパは「どうにかそこへ這い上がって、非常に遅れて、ゆっくりと、周縁的に、アジア経済の進行に加わるのがやっとであった」と述べ、#3 この時期におけるオスマン帝国の興隆は、経済的繁栄に浴していたアジアとペスト流行等による停滞から脱しつつあったヨーロッパやアフリカ諸王朝との間の東西貿易によるところが大であったことを指摘している。#4

この東西交易路の西端に位置する地中海貿易の利権をオスマン帝国が独占した結果、スペイン・ポルトガルは、オスマン帝国を介さないアジアとの交易ルートの開拓に向けた努力を加速した。そしてその努力を支えたイデオロギーとして、レコンキスタの最終段階にあった両国における十字軍的使命感があった。

このことは、新興土着商人の成長に伴うユダヤ教徒の法的・経済的地位の低下という中世末期西欧における全般的状況とも相俟って、#5 スペイン・ポルトガルにおけるユダヤ教徒に対する追放・強制改宗・異端審問等の迫害の原因ともなった。とりわけ、「血の純潔法」(Estatutos de limpieza de sangre)

が、経済的実力を維持し続けていたコンベルソ（改宗ユダヤ人）を公職から排除するために制定されたことは、ヨーロッパのキリスト教徒が「ユダヤ人」を宗教集団ではなく「人種的」集団として公的に位置付ける重要な先例となった。[#6]

一四九二年一〇月、「黄金の国ジパング」を目指していたジェノヴァ商人コロンブスは西インド諸島に到達した。彼は、出資者である両王に対して「今回の事業によるすべての収穫はヘルサレム（イェルサレム）の征服のために使われますように」と述べており、また、インディアス住民に対しては、「でき得る限りをつくして、我らの聖なる教えと全世界に信徒をもつ聖なる主教会に対する信仰について語」ることに大きな価値を置いていた。[#7]

他方、ポルトガルのマヌエル一世に派遣されたヴァスコ・ダ・ガマ（Vasco da Gama, 1460?-1524）は、一四九六年にインドのカリカットに到達し、現地のムスリム領主ザームーリ（Zamorin of Calicut）に向かって「魂とスパイスを取りに来た」と言った。[#8] さらに彼等の航海の目的には、アジアないしアフリカにあるキリスト教団で、十字軍に参加することを望んでいるとされる「プレスター・ジョン」の王国を見つけるということが含まれていた。[#9]

このように、キリスト教世界の「他者」であるユダヤ教徒およびムスリムを敵視する宗教的イデオロギーは、ポルトガルとスペインにおける絶対王政成立と海外進出競争の重要な要素となっていた。この両国の競争を調整した一四九四年のトルデシリャス条約は、帝国主義時代にまで続く、列強による世界分割の嚆矢となるものであった。

（二）　西欧主権国家体制の成立と宗教改革およびカトリック改革

しかし、ポルトガル・スペイン両国の覇権は、イタリア戦争（一四九四〜一五五九年）やアルマダの会戦（一五八八年）、オランダ独立戦争（一五六八〜一六四八年）などを通じて次第に切り崩されていった。その際、オスマン帝国は、そのときどきにハプスブルク帝国を共通の敵としたフランス、イギリス、オランダと、キャピチュレーション（通商特権）の付与を通じた戦略的友好関係を築き、中世カトリック・キリスト教の普遍的世界観にくさびを打つことで、勢力均衡にもとづくヨーロッパ主権国家体制の形成――ヨーロッパ的近代の誕生――に寄与した。#10

アメリカ・アジアにおけるグローバルな植民地／商業利権獲得競争と結びついたヨーロッパ主権国家体制の成立という新たな状況に適応したイデオロギーを準備したのがルター、カルヴァンによる宗教改革であった。一五五五年のアウグスブルクの和議では、「ひとりの支配者のいるところ、ひとつの宗教」という原則が立てられ、領民は、領主が選んだ教派に従うか、そうでなければ他領域に移住するかの二択を強制されることになった。#11 その後、主権国家における政治権力とキリスト教とのイデオロギー的結合は、資本主義の発展や印刷技術等、通信・交通手段の発達にともない、次第に近代的ナショナリズムとして民衆の間に浸透していくこととなった。とりわけ、カトリック的世界観から独立した世界観を必要としたプロテスタント諸国においては、十字軍的な宗教的不寛容を継承しつつも、旧約聖書に重点を置いたナショナルな聖書解釈が積極的に行われ、ドイツ語やオランダ語、英語に翻訳された聖書を通じて次第に一般信徒の国民意識形成に寄与するようになった。中でも「アリマタヤのヨセフ」が直接キリスト教をもたらしたとする「聖杯伝説」が伝わるイングランドにおいては、自分たちの国を神によって選ばれた存在とみなすナショナルな聖書解釈が広く行われるようになった。#12

他方、イタリア戦争を終結させるために一五五九年にフランスとスペインの間で締結されたカトー・カンブレジ条約は、ヨーロッパで誕生した国際法の適用範囲を大西洋上に引かれた「友誼線」の内側に限定することで、ヨーロッパの主権国家間における戦争を抑制しつつ、アメリカ大陸における暴力的な植民地獲得競争を加速した。#13 スペイン・ポルトガルにおいては、カトリック改革（対抗宗教改革）を担ったイエズス会をはじめ、フランシスコ会やドミニコ会等の修道会が、アメリカ大陸の先住民族に対する土地収奪や労働管理・布教を目的とした強制集住政策において中心的役割を担った。そこでは必然的に彼らを支援する主権国家の利権が意識され、その植民地政策を正当化する聖書解釈が考案された。#14

先住民族やアフリカ人の奴隷労働を基礎とした、アメリカ大陸での銀採掘や砂糖プランテーション経営等による富の収奪は、ポルトガル・スペインの東アジア進出のための原資を用意した。ポルトガルは、一五一〇年にゴアを、一五一一年にはマラッカを征服した。さらに一五四一年、それらの地域における宣教活動を行うため、ポルトガルは、オスマン帝国の勢力拡大で聖地訪問計画の中止を余儀なくされていたフランシスコ・ザビエル（Francis Xavier, 1506-1552）らイエズス会士を東アジアに派遣した。ザビエルは、一五四九年に日本を訪問し、それまで拠点としていたゴアやマラッカ等の布教地と異なり「イスラム教徒もユダヤ教徒も」いない日本に対して大きな期待をもって、宣教活動を開始した。[#15]

南蛮貿易の仲介者としての価値を認められたイエズス会は、織豊政権下において布教活動を認められた。スペインも一五六五年にはフィリピンを正式に植民地化し、メキシコ―フィリピン間のガレオン貿易を開始、一六世紀末には同国の支援を受けたドミニコ会やフランシスコ会による日本布教が始まった。

しかし、キリシタン大名の所領を中心にキリスト教が拡がると、宣教師の指導の下、領民の強制改宗や神社仏閣の破壊が行われるようになった。また、スペインのポルトガル併合という情勢下でイエズス会とフランシスコ会の対立が表面化するようになった。これらの問題が深刻化する中、折しも「天下統一」事業を支えるイデオロギーとしての「神国意識」を強めていた豊臣秀吉（一五三七―一五九八）は、一五八七年に伴天連追放令を出し、宣教師の国外退去を求めた。[#16] 徳川政権では、キリスト教への弾圧と寺請制度を通じた宗教統制を強める一方で、一時期はポルトガル・スペインに加え、オランダ、イギリスにも貿易の許可を与えていたが（イギリスは一六二三年のアンボイナ事件以降、日本から撤退）、島原の乱を契機として、一六三九年には南蛮貿易自体を禁止した。以降、幕府がとった管理貿易体制において、ヨーロッパ諸国の中で唯一通商が認められた国は、「近代世界システム」の覇権国に躍り出ていたプロテスタント新興国オランダであった。

ヨーロッパ主権国家体制を背景とした宣教師らの対抗宗教改革の情熱は、日本の封建支配者による宗教統制・貿易統制という防衛的反応を引き起こした。そのことは後に明治維新によって成就することとなる上からの国民国家化を準備することにもなった。

第二節　ピューリタン革命とジェンタイル・シオニズム

（一）　宗教改革と「ユダヤ人帰還論」

コロンブスの評価と同様あるいはそれ以上に、近代日本ナショナリズムとシオニズム運動双方の展開に深く関わるのが、オリヴァー・クロムウェル（Oliver Cromwell, 1599-1658）およびアメリカに渡ったピューリタンの評価である。名誉革命以降、「王殺し」として蔑まれてきたクロムウェルは、一九世紀に入り、トーマス・マコーレー（Thomas Macaulay,1800-1859）らのウィッグ史観やトーマス・カーライル（Thomas Carlyle,1795-1881）の「ピューリタン史観」の中で、再評価されるようになった。[#17] 英米の自由主義思想に範を取ろうとした日本の自由民権運動家やキリスト教知識人は、そうしたクロムウェルを英雄視する歴史観に共感し、積極的に紹介した。[#18] 他方、シオニズム運動が英米の政治家・世論の支持を得ようとする努力においても、クロムウェルは一六五五年にイングランドへのユダヤ人定住を許可した人物として称揚され、同時に、シオニズム運動は、欧米キリスト教世界、とりわけプロテスタント国における自由主義の伝統と親和的なものだという議論がされた。近代日本ナショナリズムおよびシオニズム運動において重要な位置を占めた自由主義的ないし英米協調主義的知識人に共通して言えることは、理想化された欧米自由主義の歴史の流れの中に自らのナショナリズムを位置付けようとする姿勢であったといえる。

本節では、そうした歴史観を相対化するために、イギリス革命および北米植民地建設期における「ユダヤ人問題」と植民地主義の問題について検討する。前節で述べたように、中世末期から近世初期にかけての西ヨーロッパにおける商業発展は、各国内における土着商業ブルジョワジーの成長を伴い、それまで封建体制のなかで遠距離交易や金融業を独占的に担ってきたユダヤ教徒の立場を次第に揺るがすようになった。一三世紀から一五世紀にかけてイギリスやフランス、ドイツの各諸侯領、そして、スペイン・ポルトガルにおいてユダヤ教徒追放政策が行われ、対抗宗教改革以降のカトリック国においてはユダヤ教徒のゲットーへの囲い込み政策が追い打ちをかけた。#19　とりわけ、反ユダヤ教徒暴動が頻発したドイツのユダヤ教徒の多くは、西欧の産業先進国の後背地として封建的性格を強めていたポーランド等、東欧地域に移動し、そこで国王や封建領主の保護を得て、「商人、高利貸、居酒屋の主人、貴族の代官、あらゆる物の仲介者」として経済基盤を築いた。#20　また、イベリア半島のユダヤ教徒の多くは、オスマン帝国へ逃れるか、マラーノ（改宗ユダヤ人）としてポルトガルに留まった後、重商主義の下で交易都市として栄えていたオランダのアムステルダムや、フランスのバイヨン、ボルドーなどに移住し、ユダヤ教徒コミュニティを形成した。#21

西欧主権国家体制の形成に伴い、キリスト教徒とユダヤ教徒との関係が大きく変化する中、プロテスタント国においては、これまでもっぱら差別ないし排除の対象であったユダヤ教徒に関する新しい聖書解釈が現れるようになった。アウグスチヌス以来のローマ・カトリックにおける伝統的解釈では、神が「イスラエルの民」に与えた約束は、イエス以降、霊的イスラエルとしてのカトリック教会において成就しつつあるとしていた。#22 このような解釈において、ユダヤ教徒は、神の祝福を拒否した人々としてスケープゴート的な反ユダヤ主義の対象とされることはあっても、ナショナルな存在としての意味付けをされることはなく、ましてやパレスチナへの「帰還」が同時代の問題として想起されることもあり得なかった。#23

ところが、宗教改革以降、プロテスタント諸国では、旧約聖書のイスラエルに新たな主権国家イメージがあてがわれ、自国こそが「新しいイスラエル」としての世界史的使命――すなわち世界のキリスト教化の使命――を帯びていると考えられるようになった。そのため、ユダヤ教徒に対し、それまでの宗教的他者としてのイメージに加え、各々の主権国家における「外国人」とする見方が強まった。こうして、ユダヤ教徒のキリスト教への集団改宗に加えて、パレスチナへの移住（＝「帰還」）を促すことが世界のキリスト教化の完成（＝終末）を導くための鍵であるとする考えが現れるようになった。この「ユダヤ人帰還論」は、プロテスタントへの改宗とセットになっており、「ムスリムによって占拠されている聖地」をユダヤ教徒の移住・改宗を通じてプロテスタントの手に取り返すという意味をもつものであった。ここに伝統的な反ユダヤ主義と十字軍意識との新たな神学的結合を見ることができる。

この「ユダヤ人帰還論」の「発明」には、旧約聖書研究のためにヘブライ語を学ぶようになったプロテスタント神学者が、ユダヤ教神秘主義者のメシア信仰を都合よく再解釈したという面もあった。

#24 ユダヤ教のメシア信仰では、ヘブライ語聖書の記述にもとづき、ユダヤ教徒が世界中に散らばされた後、メシア（救世主）が現れ、パレスチナへの「帰還」を含めた理想世界が実現すると信じられていた。しかし、その「帰還」はあくまでも超自然的なものであって、メシアが現れる前に人間の判断で勝手にパレスチナへの集団的帰還を行うことはタルムードによって固く禁じられていた。

終末論的ユダヤ人帰還論がもっとも明確に現われたのが、一五三六年の首長令によりいち早くローマ・カトリックからの離脱を実現し、国教会を確立したイングランドであった。長老派の牧師トーマス・ブライトマン（Thomas Brightman, 1562-1607）による『黙示録の黙示』*Apocalypsis Apocalypseos* は、改革への期待と重なり合った千年王国論と「ユダヤ人」の改宗・「帰還」を結びつけたジェンタイル・シオニズムの先駆的著作として知られる。ブライトマンの死後一六〇九年に出版されたこの著作では、一五八八年のアルマダの海戦が「ヨハネの黙示録」一〇章の「七番目のラッパ」を示すものと解釈され、反キリストであるカトリック国スペインに対するプロテスタント国イギリスの勝利に特別の意味が込められていた。さらに、反キリストであるローマ教皇も、偽預言者であるオスマン帝国も、間もなく滅亡すること、続いて「ユダヤ人」の改宗・「帰還」が行われるであろうことが黙示録の預言の中に読み込まれた。#25

絶対王政の下で醸成されつつあった原初的なナショナリズムや帝国意識を「ユダヤ人」の改宗・「帰還」に結び付けたブライトマンの議論は、イングランドにおける宗教改革の進展、さらにはニューイングランドにおける神権政治体制の成立に影響を与えるとともに、現代にまで続くジェンタイル・シオニズムのプロトタイプとなった。イングランドにおける宗教改革において、「選ばれた民」としての自己像の延長に千年王国を見ようとする排外主義的な宗教的情熱が高まる中、イスラームに対する十字軍意識とユダヤ教徒に対する異民族視が組み合わさることで、ジェンタイル・シオニズムの種が撒かれたのである。

(二) ピューリタン革命と大西洋両岸における「ユダヤ人問題」の展開

ピューリタン革命の進展にしたがい、ブライトマンらが定式化した千年王国論は、階級を越えて革命に人々を動員する政治イデオロギーとして機能するようになった。そうした中、ブライトマンが描いたユダヤ人の改宗と「帰還」という考えが、現実の政策に交錯する局面が現れることになった。

一六四九年一月、独立派が実権を握ったイングランド政府に対し、アムステルダムの亡命ピューリタンであるカートライト母子（Johanna Cartwright and Ebenezer Cartwright）が、ユダヤ人のパレスチナ帰還への支援と、彼らのイギリス居住および商取引の自由の認可を求める請願を提出したことがそれである。そこでは、ユダヤ人がプロテスタント国イギリスに居住するようになることで、集団改宗が可能となり、また「主は地の果てから果てに至るまで、すべての民の間にあなたを散らされる」(申命記二八章六四節)[#26]という預言が成就することで、パレスチナへの「帰還」という、次の預言へのステップが可能になるという議論が展開された。[#27]

このカートライト請願の背景には、ピューリタンの千年王国論とともに、当時アムステルダムでピューリタンと深い交流をもっていたセファラディ系ラビ、メナセ・ベン＝イスラエル(Menasseh ben Israel, מנשה בן ישראל, 1604-1657)の影響があったと考えられる。というのも、当時、ポルトガルによる異端審問が強化され、またポーランド支配下ウクライナでもユダヤ教徒迫害が起きており、同胞ユダヤ教徒の避難場所を確保するという義務感がメナセにはあった。また、メナセは、一六四四年にアムステルダムに着いたユダヤ教徒の商人アントニオ・モンテシノス(Antonio de Montezinos)による、中央アメリカで「失われた十支族」の子孫と思われる先住民族に出会い、彼らとヘブライ語で会話し、ユダヤ教の儀式も目撃したとの証言に接し、当地のピューリタンと共に、そのメシア信仰を刺激されてもいた。[#28] メナセにとって、メシア信仰への訴えは、苦難の只中にある同胞に希望を与えることを意味した。[#29]

カートライト請願が出された翌月には、メナセが変名を使って執筆したと思われる『尊敬すべきユダヤ人とすべてのイスラエルの息子達のための弁護』*An Apology for the Honorable Nation of the*

Jews, and all the Sons of Israel というパンフレットがロンドンで発行され、「失われた十支族」が将来パレスチナに「帰還」することは神が約束したことであり、イングランドは、この神の意志を助けるためにも、ユダヤ人を迫害せず、その居住や貿易を認めるべきだとされた。#30

こうした動きは、イングランドでの弾圧を逃れて北米大陸に移住し、「丘の上の町」を築くべく、ニューイングランドで神権政治体制を築き、アメリカン・インディアンに対する侵略戦争を進めていたピューリタン達の動向とも連動していた。#31 彼等が英王室から得ていた特許状には、先住民族への伝道が重要な目的の一つとされており、ピークウォート戦争(一六三六—一六三八)による虐殺を経た一六四〇年代初期からは、ジョン・エリオット(John Eliot)やトマス・メイヒュー(Thomas Mayhew)によるインディアン伝道が行われるようになった。北米大陸におけるインディアン伝道は、すでに一六二〇年代からニューイングランド北方のヌーベルフランスにおいて、フランス宰相リシリューの植民地政策の下、イエズス会によって熱心に行われており、#32 こうしたカトリックによる伝道活動に対抗する必要があったのである。一六四六年には、インディアン伝道に対する資金援助を得るため、マサチューセッツ総会によってエドワード・ウィンスロー(Edward Winslow)がロンドンに派遣された。ウィンスローはメイフラワー号に乗船していた「ピルグリム・ファーザーズ」の一人で、ピークォート戦争ではプリマス植民地総督としてインディアン掃討戦争を指揮した人物であった。ピューリタンの独占する残部議会(長期議会)に対してウィンスローは、インディアンの中には「失われた十支族」の子孫がおり、その改宗が千年王国の到来を早めるという議論を展開した。彼のロビイング活動の結果、一六四九年、「ニューイングランド福音宣教協会」(Society for propagating of the Gospel in New England) の設立が許可された。#33

一六五〇年には、メナセがモンテシノスの証言をまとめた『イスラエルの希望』*Esperança de Israel* がスペイン語で出版され、すぐにラテン語や英語にも翻訳され、大きな反響を呼んだ。#34 また同年、「失われた十支族」の「発見」の終末論的な意義とともに、スペインやフランスの伝道活動に対抗して、ニューイングランドにおけるインディアン伝道を成功させることの重要性を訴えるトマス・ソローグッド (Thomas Thorowgood) による『アメリカのユダヤ人』*Iewes in America* もロンドンで出版された。#35

ただし、メナセは現在のインディアンは、直接の「十支族」の子孫ではなく、彼らの文化的宗教的影響を受けたに過ぎないとしており、当然のことながら、「ユダヤ人」の集団改宗をキリスト再臨に結びつけるピューリタンの議論とは一線を画そうとしていた。また、「ユダヤ人」のパレスチナへの帰還について言及してはいても、それはあくまでもイギリスへの定住許可を得るための議論の一環としてなされたものであった。#36

一六五三年、クロムウェルが護国卿として独裁権を握ると、翌五四年にメナセはロンドンに使者を送り、ユダヤ教徒のイングランド居住の権利を求める請願を提出、さらに五五年九月にはメナセ自身がイングランドを訪問し、改めて、居住許可のみならず、シナゴーグやユダヤ教墓地の設置の許可、ユダヤ教徒を排除する法律の撤廃などを求める請願を同年一一月に提出した。#37

クロムウェルはこの請願を受け、一二月にホワイトホール会議と呼ばれる会議を招集し、その是非を議論させ、ユダヤ教徒の入国を禁じる法律が存在しないことを確認したものの、経済的利権を奪われることを恐れる商人の反対も強く、最終的な結論を出すことができないまま解散に至った。ところが、一六五六年、折からの英西戦争（一六五四―一六六〇）の中で、これまでスペイン人の資格でロンドンに在留していたマラーノの貿易商人アントニオ・ロドリゲス・ロブレス（Antonio Rodrigues Robles）に対して敵性財産没収の命令が下されると、同様の立場にあった在英貿易商達は、自分達がスペイン人ではなくポルトガル系ユダヤ教徒であることを明らかにし、自宅での礼拝の公認やユダヤ教墓地の設置許可等を求める請願をメナセと共に改めて提出した。これについても、共和国政府は明確な結論を避けたが、同年、礼拝所と墓地の設置が許可されたことで、事実上、イングランドにおけるユダヤ教徒の居住が保障されることになった。#38

イングランド内戦に続き、アイルランド侵略戦争、英蘭戦争、英西戦争（ジャマイカ侵略戦争を含む）を次々と行い、常に戦費捻出を急務としていたクロムウェルにとって、ユダヤ教徒コミュニティは貴重な税収源であるとともに、軍需物資の調達や諜報活動への協力といった点においても、革命政権を運営する上で貴重な存在であった。#39　また、メナセもそのことを十分計算に入れた上で、イングランドでのユダヤ教徒の権利拡大に向けた働きかけを行ったものと考えられる。しかし、これらの対外戦争の背景に重商主義政策があったことを考えれば、クロムウェルがユダヤ教徒以外の商人の利害を無視することができなかったことも当然であり、一六五六年のユダヤ教徒に対する権利保障が事実上の黙認というかたちしか取れなかったことは、これらの相対立する利害を折衷した結果と解釈すべきであろう。このクロムウェルがとった対ユダヤ教徒政策は、王政復古以降も引き継がれ、一九世紀になるまでユダヤ教徒は、イングランド／イギリスにおいて、カトリック教徒とともに、公職および議員になることを禁じられた二級市民としての地位が固定されることになった。#40

これらの一連のエピソードは、イギリス帝国において、千年王国論を援用することでユダヤ教徒を政治利用しようとした最初のケースといえるが、実際にはユダヤ教徒の定住は黙認されたに過ぎなかった。クロムウェルによる「ユダヤ人定住黙認」は、後にシオニズム運動の歴史記述において、イギリスにおける「親ユダヤ主義」の伝統を証明するものとして位置づけられるようになるが、共和国政府の帝国意識と、ユダヤ教徒同胞の生活の場と安全を確保しようとするメナセの意図との間には、決定的な溝があったと考えるべきである。また、北米入植地においては、先住民に対して「ユダヤ人」のイメージがあてがわれ、同化政策推進の宗教的根拠とされた。

イギリス革命期に大西洋を挟み英米で展開した両義的な——旧約聖書の古代ユダヤ人に自らをアイデンティファイしつつ、現実の「ユダヤ人」に対しては宣教ないし排除（＝「帰還」）の対象として扱う——ユダヤ人観は、後に、神の摂理史におけるユダヤ人／非ユダヤ人の役割を明確に区別するディスペンセーショナル神学を生み出すことになる。

（三） シャブタイ・ツヴィとイングランド

ピューリタン革命で顕著な役割を果たしたイングランドの千年王国論は、カトリック国における迫害を背景としてユダヤ教徒の間で同時期に広がっていたメシア待望と、相互に影響を受け合っていたものであった。その顕著な例が、オスマン帝国下イズミルでイングランドとの貿易を営んでいた大商人の息子シャブタイ・ツヴィ（שבתי צבי, 1626-1676）のメシア運動であった。ピューリタン急進派である第五王国派から、キリストの再臨が一六六六年にあるという予言を聞いたツヴィは、メシアの到来が近づいていると信じた。一六六五年、パレスチナ地方ガザの預言者ナータンからツヴィこそがメシアその人であると告げられたことを契機として、シャブタイ運動と呼ばれることとなるメシア運動が、オスマン帝国からヨーロッパに至る各地のユダヤ人コミュニティに広がった。この運動は、王政復古期のイングランドのキリスト教徒の終末意識を刺激し、ユダヤ教徒のパレスチナ帰還によってオスマン帝国が崩壊することを期待するパンフレットが出回るなどした。#41

当時、オスマン帝国は、大宰相キョプリュリュ・アフメト・パシャの下でハプスブルク帝国との戦争を行い、中央ヨーロッパにおける攻勢を強めていた。そうした中、ユダヤ教徒のメシア信仰は、オスマン帝国の脅威に対抗するものとして期待され、実態とはかけ離れた軍事的なものとして想像されたのである。しかしながら、翌一六六六年九月、よく知られている通り、ツヴィはオスマン帝国官憲によって逮捕され、死刑かイスラームへの改宗かの二者択一を迫られると、後者を選んだ。イングランドにおけるツ

ヴィの評価は「ペテン師」へと急転し、千年王国への期待は急速に収束していくこととなった。#42

第三節　一八世紀の英米植民地主義と海外ミッションおよびジェンタイル・シオニズム

（一）　啓蒙期イギリスにおける「帝国的プロテスタンティズム」

名誉革命を経たイングランドは一七〇七年にスコットランドと合同し、外交的には、三度の英蘭戦争への勝利を経てオランダとの対立関係を解消、環大西洋奴隷貿易で得た利益を原資にして徐々にアジア経済圏にも進出していった。そうした中、グレートブリテン連合王国（以後、イギリスと表記する）は、「ヨーロッパ世界システム」における主要なライヴァル国となったカトリック国フランスとの植民地戦争をインドや北米植民地で繰り返し、その中であらためてプロテスタンティズムをナショナル・アイデンティティの核として位置付けていくことになった。

また、人々の移動の活発化や印刷技術の発達を通じて、プロテスタンティズムは、より広範なイギリス人の宗教的・世俗的生活のなかに浸透していった。イギリスの歴史学者リンダ・コリー（Linda Colley）は、この啓蒙主義時代のイギリスのナショナリズムと植民地主義に対してプロテスタンティズムが果たした役割について、次のように分析している。

この時期を皮切りに、イギリスは、キリスト教を信奉していない異国の地までも広大な帝国を切り開くことに、しだいに心を砕くようになる。他者を体現するとみなされがちな人びとと恒常的に、しかも暴力を介して接するという状況のなかで、プロテスタンティズムは、人びとを統合し他者との差異を確認するよりどころという役割を果たすことが可能になった。一連の戦争と結びついた宗教的な忠誠心を分かち合うことで、イギリスのナショナル・アイデンティティという意識が出現したのである。#43

このような「帝国的プロテスタンティズム」の空気のなかで多くの人々は、自分達が神の特別な加護のもとにあると信じ、自分達の国はイスラエルの再来であり、それ以上にすばらしい地であると信じることになっていった。非国教会派の牧師、アイザック・ワッツ（Isaac Watts, 1674-1748）は、一七一九年に出した賛美歌の翻訳において、原典中で「イスラエル」に言及していた箇所を「グレイト・ブリテン」という語に置き換え、ベストセラーとなった。作曲家ジョージ・フレデリック・ヘンデル（George Frideric Handel, 1685-1759）も、イギリスの歴史上の事件を旧約聖書の預言書と英雄の苦労に重ね合わせた歌詞をみずからの歌に挿入し、国民的な人気を博した。#44

ピューリタンの千年王国論が急進的な社会変革を求めたのに対し、綿織物や紅茶・砂糖・タバコなどの植民地物産がもたらす「生活革命」にさらされ、また、オスマン帝国の軍事的脅威が感じられることのなくなったこの時代の人々にとって、大英帝国の発展こそが「新しいイスラエル」の実現であると感じられた。植民地インドへの交通路として、イギリスが地理的・政策的な意味において「聖地パレスチナ」を強く意識するようになるには、ナポレオンのエジプト・シリア遠征の衝撃を待つ必要があった。

他方、大英帝国の発展は、聖書解釈のナショナライゼーション／世俗化だけでなく、教会との関係を持たない多数の工業労働者・炭鉱労働者を生み出した。彼らの貧困や犯罪が社会問題として認識され始めると、国教会司祭のジョン・ウェスレー(John Wesley, 1703-1791) は、彼らに対して禁酒や規律のある生活を説くメソジスト運動を始めた。そこでは、信者個々人の霊的経験が重視され、やがて、この運動は、労働者自身の組織化・政治化を促すことにもなった。#45 産業発展にともなう世俗化への反動として、メソジスト運動は、イギリスにおける信仰復興運動の先駆けとなり、また、ジョージ・ホイットフィールド(George Whitefield, 1714-1770) を通じて、アメリカの大覚醒にも大きく寄与することとなる。

(二)　北米植民地戦争と米国の「市民宗教」

上述した通り、一七世紀末から一八世紀中頃までにかけての大英帝国の発展の大きな要因は、北米植民地の拡大、とりわけ南部奴隷制プランテーションの発展（およびジャマイカの砂糖プランテーションの発展）にともなう大西洋貿易の伸張にあった。[#46] 産業構造の転換にともなうイギリス本国の余剰人口の存在が、北米植民地の拡大を担保した。[#47] その北米植民地においては、イギリス本国に比べて王政復古の政治的影響は小さく、千年王国論的ピューリタニズムの影響力は比較的強く維持されることになった。しかしながら、ウィリアム王戦争（一六八九―一六九七）、アン女王戦争（一七〇二―一七一三）、ラル神父戦争（一七二二―一七二五）、ジョージ王戦争（一七四四―一七四八）、フレンチ・インディアン戦争（一七五五―一七六三）といった、欧州政局と連動した対フランス植民地戦争――それらは、対インディアン民族浄化戦争でもあった――の継続は、一七三〇～四〇年代に起きた大覚醒（Great Awakening）[#48] とともに、米国的千年王国論の形成に大きく寄与したと考えられる。[#49]

ニューイングランドを中心とする北米入植地における大覚醒の火付け役となったジョナサン・エドワーズ（Jonathan Edwards, 1703-1758）は、リバイバルの高揚の中にあった一七四二年、『ニューイングランドの現在の宗教復興に関する考察』という説教で、ニューイングランドを中心としたアメリカ大陸こそが神の王国建設の出発点になるとして、アメリカ中心の摂理史観を主張した。[#50] 一七世紀半ばに一つのピークを見たイングランドの千年王国論においては、例えば、ブライトマンの影響を受けたケンブリッジ大学の神学者ジョセフ・ミード（Joseph Mede, 1586-1639）が、アメリカ大陸はサタンが最終戦争にむけてゴグとマゴグの軍としてインディアンを保存している地だと論じ、それに対して、ニューイングランドのピューリタン聖職者コトン・マザー（Cotton Mather,1663-1728）が、旧大陸から新大陸へと神の王国が拡大することでニューイングランドもその一員になるのだと反論するなど、

いずれにしてもアメリカ大陸の位置付けはイングランドに対する「辺境」であった。[#51]

エドワーズは、ニューイングランドの入植地における世俗化の流れに抗し、厳格な二重予定説にもとづくカルヴィニズムを維持していたが、その彼が大覚醒の中で、アメリカにおける入植地建設を神の王国の建設に重ね合わせ、漸進的な神の国の発展（後千年王国論）を訴えたことは、結果的に、ピューリタンの「選ばれた民」としての自意識を「アメリカの市民宗教」へと拡大することに大きく貢献したといえよう。

こうしたアメリカ中心の摂理史観においても、その終末イメージには、欧米キリスト教世界にとっての伝統的「他者」であるユダヤ教徒とムスリムに対する排除の論理が相も変わらず組み込まれていた。エドワーズは、ブライトマンの伝統を引き継ぎ、神の王国の完成に際しては、ユダヤ人の改宗とパレスチナへの「帰還」が実現し、パレスチナを支配しているオスマン帝国は、ローマ・カトリックとともに滅亡すると考えていたのである。[#52]「神の国」の完成に先だつユダヤ人の改宗および「帰還」、そしてイスラームに対するキリスト教の勝利というブライトマンが定式化したプログラムは、その中心がイングランドからニューイングランドへと移動してもなお、継承されることになった。

（三）「東方問題」の展開と世紀転換期における千年王国論の興隆

一八世紀、大西洋貿易や喜望峰回りのアジア貿易が発展する中で、ヨーロッパにとってのオスマン帝国領の地政学的な意味にも変化が生じつつあった。第二次ウィーン包囲の失敗を経て一六九九年に締結されたカルロヴィッツ条約でオスマン帝国はヨーロッパ領を大幅に縮小していた。当時、大英帝国の最大のライヴァルであったフランスは、一五三五年に得ていたキャピチュレーションを更新するかたちで、一七四〇年、オスマン帝国のカトリック教徒に対する保護権を得た。また、プロシアやロシアなどの新興国も重商主義政策の下で領土拡張をともなった経済成長を達成しつつあった。とりわけ一八世紀に入り近代化と領土拡張を進めてきたロシアは、オスマン帝国との度重なる戦争を有利に進め、一七七四年のキュチュク・カイナルジ条約によって黒海進出を果たすと同時に、オスマン帝国内のギリシア正教徒に対する事実上の保護権を得た。こうして、オスマン帝国における利権をめぐる列強の角逐――「東方問題」――がキリスト教少数宗派の政治的取込みというかたちをとったことで、ギリシア人、ブルガリア人、セルビア人などの名でオスマン帝国からの分離をはかろうとする民族運動が促進され、宗派問題が民族問題に転化する途が開かれた。[#53]

他方、繰り返される英仏戦争による両国の疲弊は、一七七五年の米国独立戦争、さらには一七八九年のフランス革命を導いた。[#54] 北米植民地を失ったイギリスは、その植民地政策の重心をアジア・太平洋地域へと移し、特に一七五七年のプラッシーの戦い以降本格化させたインドの植民地支配が重視されるようになった。その結果、イギリスにとって対インド貿易の中継地であった中東・パレスチナの戦略的重要性が一段と高まることになった。

この大英帝国の要衝を奪うことで、世界市場におけるヘゲモニーを奪い返そうとした試みが、一七九八年から九九年にかけて行われたナポレオン（Napoléon Bonaparte, 1769-1821）のエジプト・シリア遠征であった。ナポレオンは、一七九九年三月、パレスチナのアッカを包囲し、そこで、オスマン帝国下のユダヤ教徒を味方に付けるために、「エルサレムを、フランスによる保障と保護とともに、正当なる継承者であるあなた方に与えよう」という宣言を発表した。#55　ナポレオンは、バルフォア宣言の一世紀以上前にパレスチナにおけるユダヤ国家建設を最初に唱えた政治家であった。フランス軍の敗退によって彼の宣言が効力を持つことはなかったが、ユダヤ教徒を政治的に利用しようとするナポレオンの試みはさらに続いた。ナポレオン戦争の最中の一八〇六年、彼はフランスとイタリアのユダヤ教徒有力者による「ユダヤ議会」を招集し、ユダヤ教徒の市民が国家の法をユダヤ教の律法に優先させることを確認させた。さらに翌年には古代ユダヤ王国時代の議決機関を模した「大サンヘドリン」を招集し、帝国支配地域から再度ユダヤ教徒有力者をパリに集め、前年の決定に宗教的認可を与えた。すでにフランス革命によって完全な市民権を獲得していたユダヤ教徒に対するナポレオンの働きかけの背景には、「ユダヤ民族の組織化」を通じて大陸封鎖令や対ロシア戦争等に協力させるという意図があったと考えられている。しかし、戦争に巻き込まれる危険を認識していたユダヤ教徒有力者らは、ナポレオンの意図に反し、いかなる「ユダヤ人組織」の結成を提案することもなく、「ユダヤ教徒はもはや民族を構成するものではない」と明確に宣言した。#56

ナポレオンのエジプト・シリア遠征と、ユダヤ教徒に対する政治的利用の試みは、イギリスの「中東」に対する政治的・軍事的関心を強めるとともに、革命後のヨーロッパ情勢の不安定化やカトリッ

クの権威の凋落を背景として、千年王国論にもとづく海外伝道熱や「ユダヤ人」への関心を引き起こすことになった。#57

また、同時期の米国においても、独立後の急激な「フロンティア」の拡大による教会や牧師の不足が認識されるなか、「第二次大覚醒」が起き、キャンプミーティングや巡回伝道が熱心に取り組まれた。同時に、独立戦争と米英戦争においてより穏健な先住民族政策を打ち出していたイギリス側に多くのインディアンの部族が加勢したことを背景に、連邦政府はインディアンに対する同化政策を強め、インディアン伝道も、ミッショナリーによる同化教育に連邦予算が支出されるなど、民族浄化政策の中に位置づけられるようになっていった。#58

さらに、独立後まもなく米国は独自の中東戦略を迫られることにもなった。というのも、地中海域と交易していた米国の貿易商は、独立戦争以前はオスマン帝国や北アフリカ諸国と通商関係を結んでいたイギリスの保護下にあったが、同国との関係が断絶してからは、海賊や私略船の被害を頻繁に受けるようになったからである。#59 多くの米国籍の船舶が襲撃され、乗員が捕虜に取られたことは、イスラーム世界に対する米国世論に負の影響を与えたが、#60 第二次大覚醒の最中に起きたオスマン帝国下北アフリカ諸邦との二度にわたるバーバリ戦争（第一次：一八〇一―一五、第二次：一八一五）での勝利を通じて米国は、中東との交易関係を強化することになった。

以上に見てきたような、英米両国における信仰復興運動と、植民地との交易の拡大、そして中東等における列強間の利権獲得競争を背景とした海外伝道の戦略的重要性の高まりは、両国における中産階級の拡大とも相俟って、一八世紀末から一九世紀初めにかけて英米で多くの海外伝道団体、そしてユダヤ人伝道団体の設立をもたらした。

まず、海外伝道団体としては、一七九二年に「バプティスト伝道協会」(Baptist Missionary Society)、一七九五年にイギリス会衆派の「ロンドン伝道協会」(London Missionary Society)、一七九九年に国教会系の「英国教会伝道協会」(Church Missionary Society)、一八一〇年に「アメリカ海外伝道局」(American Board of Commissioners for Foreign Missions. 以下、アメリカン・ボード)など、代表的な伝道協会がこの時期に相次いで設立された。#61

さらに、ユダヤ教徒に対する伝道団体として、一八〇九年に「ユダヤ人キリスト教普及ロンドン協会」(London Society for Promoting Christianity amongst the Jews. 以下、ＬＳＪ)が、一八四二年には非国教会系の「ユダヤ人福音伝道イギリス協会」(British Society for the Propagation of the Gospel amongst the Jews)がロンドン伝道協会や英国教会伝道協会の支援を受けて設立された。#62　これらの伝道団体は、ユダヤ教徒の改宗だけではなく、パレスチナへの「帰還」をも目的としていた。パレスチナに対するイギリス人の政治的関心が高まる中、ＬＳＪは、一八一五年には英国教会傘下の伝道協会となり、カンタベリー大主教や奴隷廃止論者ウィリアム・ウィルバーフォース（William Wilberforce, 1759-1833）など多くの有力者が会員に名を連ね、英国教会内で大きな影響力を持つようになった。#63

第四節　帝国主義時代の海外ミッションとジェンタイル・シオニズム

（一）　帝国主義時代のイギリスにおける海外ミッションの展開

ナポレオンの敗北はイギリスにとって長年繰り返されてきた対仏植民地戦争への勝利を意味したが、同じく勝者であったロシアは、ユーラシア大陸における広大な土地に勢力を広げつつあり、英露間の長期的対立が始まる契機にもなった。この英露対立は、一九世紀中盤には、聖地問題を契機に始まったクリミア戦争の最中、英仏連合艦隊がロシア領カムチャッカ半島のペトロパブロフスクを攻撃したことを端緒として東アジアでも本格化することとなる。

一九世紀のイギリスの植民地政策においては、ロシアの影響力に対抗することが強く意識され、キリスト教伝道による親英の現地エージェントを創出することが目指された。特に一八三八年のイギリス・オスマン通商条約締結以降、列強がアジア各国に「開港」を強要していく過程において、「布教権」を認めさせることが重要な課題となった。こうして、一八七三年、日本においてもキリスト教が実質的に解禁されることとなった。

植民地主義との共犯関係のなかで、イギリスの海外伝道は、西洋文明を野蛮な非西洋社会に伝えるという「文明化の使命」の担い手としての性格を強めていった。植民地統治機関の協力のもと、地道な教育・福祉活動と伝道活動とを通じて、少しずつ世界のキリスト教化＝文明化を実現していくという一九世紀前半の伝道活動は、基本的に後千年王国論を神学的根拠としたものであった。それは、イギリス帝国の順調な発展を人々が信じ続けられる限りにおいて、成り立つ楽観的伝道観であった。一八五六年、アフリカ大陸横断を果したロンドン伝道協会の宣教師デヴィッド・リヴィングストン(David Livingstone, 1813-1873)の凱旋帰国にイギリス人が示した熱狂は、そうした伝道観のピークを期するものであった。

しかし、一八五七—九年のインド大反乱や一八六五年のジャマイカ事件(モラント・ベイの反乱)に象徴されるように、一九世紀後半、イギリス植民地主義の矛盾が表面化してくるにしたがい、楽観的な伝道観は徐々に変化していくことになる。その変化は、二つの側面に分けて見ることができる。第一には、植民地主義や「文明化の使命」から距離をおき、キリスト教伝道に重点を置く方向への転換である。このことは、現地キリスト教徒による教会の自給自立への道を開くことにもなった。

第二の側面は、前千年王国論の再興隆である。そこでは、千年王国の完成は、伝道の努力によって徐々に実現するのではなく、キリストの再臨によって突然実現するものだとされる。そして、伝道の意義は、再臨の前にできるだけ多くの異教徒をキリスト教化し、地獄に落ちるのを防ぐことだとされた。＃64

これらの伝道活動・伝道観の変容は、帝国主義時代に入るにあたってのイギリスにおける植民地観の変化に対応するものだと言える。インド史研究者の松井透によれば、一九世紀半ばまでの産業資本段階では、「暗黒と迷妄の支配する世界であるアジアに高度な文明を持つヨーロッパイギリスが光を導入し、『アジア社会をヨーロッパ化』するという、『開明的・楽観的で、改革の事業に熱意を燃やして疑うことのない』アジア観・植民地支配理論が支配的」であったのに対し、一九世紀後半以降の帝国主義段階においては、「自由主義時代の開明的装い」が脱ぎ捨てられ、アジアの停滞性・劣等性を本源的なものと見なすアジア観と、帝国の擁護・植民地の確保を強調する植民地観が支配的となったという。#65 イギリスが、非ヨーロッパ世界に対する「文明化の使命」を素朴に信じ得るだけのワールド・パワーとしての自信と実力を失いつつあったとき、宣教師たちは、世界のキリスト教化への可能性を「文明化の使命」から切り離すこと、あるいは、神の介入に期待することによって救い出そうとしたのである。

（二）帝国主義時代のイギリスにおけるジェンタイル・シオニズムの展開

イギリスにおける植民地観の変化が伝道活動にもたらした影響は、ユダヤ人キリスト教普及ロンドン協会（LSJ）によって本格的口火を切ることとなった同時代のジェンタイル・シオニズムの動向にも伺うことができる。

ナポレオン戦争後の中東では、アッカ攻囲戦でイギリス軍がオスマン帝国軍に加勢したこともあり、イギリスの政治的影響力が増した。しかしイギリスは、フランスとロシアがオスマン帝国においてそれぞれカトリック教徒およびギリシア正教徒の保護権を得ていたのに対し、そうした足がかりをもたなかった。そこでイギリスが注目したのが、かつてナポレオンが利用しようとしたユダヤ教徒であった。こうしてイギリスの中東政策の中にジェンタイル・シオニズムが組み込まれることになった。

その際に大きな役割を果たしたのが、ルイス・ウェイ(Louis Way, 1772-1840)やジョセフ・ウルフ(Joseph Wolf, 1795-1862)など、LSJの聖職者達であった。一八一五年、LSJの英国教会傘下組織への再編を主導したルイス・ウェイは、一八一八年には、ナポレオン戦争後のアーヘン会議で、列強首脳を前にユダヤ人の改宗とパレスチナ帰還を支援するよう訴えた。#66　また、ジョセフ・ウルフはドイツ出身の改宗ユダヤ人で、彼のヘブライ語聖書に関する知識は、イギリスの千年王国論者のサークルの中で大きな権威をもった。#67

一九世紀中頃のイギリスのパレスチナ政策においては、一八三三年の工場法成立などに貢献した社会改良活動家で、一八四八年から死去するまでLSJの総裁を務めたシャフツベリー卿（Anthony Ashley Cooper, 7th Earl of Shaftesbury, 1801-1885）が決定的な役割を果たした。パレスチナがイブラーヒーム・パシャの支配下にあった一八三八年、彼は、縁戚関係にあったパーマストン外相（Henry John Temple, 3rd Viscount Palmerston, 1784-1865）に働きかけ、エルサレムにイギリス領事館を設置し、初代領事に、ジェンタイル・シオニストのウィリアム・ヤング（William T. Young)を就任させることに成功した。領事館の目的には、パレスチナに住むすべてのユダヤ人の保護が含まれていた。#68　シャフツベリー卿は、一八三九年には『クォータリー・レビュー』*Quarterly Review* に無署名で発表した論文のなかで、次のように述べた。

彼［エルサレム領事］の管轄は古代における聖地の境界線内の国土全体に及ぶであろう。こうして彼は、言わばかつてのダヴィデと十二支族の王国に派遣されたといえる。パレスチナの土壌と気候はイギリスが今すぐ必要とする作物の栽培にちょうど適している。最上の綿花がほとんど無尽蔵に収穫できるかもしれない。絹とあかね［染料］はこの国の主要産物である。そしてオリーブオイルはこれまでと同様に今も土地の豊かさの象徴である。資本と技術のみが必要とされている。・・・他の地では自分自身で農業を行うことのなかったユダヤ人達は、イギリス領事を彼らとパシャの仲介者と見做し、おそらくこれまで以上の大人数で帰還するようになり、再びユダヤ地方とガリラヤ地方における農場経営者となるであろう。#69

彼のユダヤ人帰還論においては、千年王国論と帝国意識とが見事に融合していた。そこでは、パレスチナにおけるアラブ人住民は完全に無視されていた。また、シャフツベリー卿は、パレスチナに「帰還」したユダヤ人がLSJの宣教活動により「我々の宗教」に改宗することも期待していた。#70 彼のジェンタイル・シオニズムは、ユダヤ人国家設立というよりはむしろ、ユダヤ人植民と彼らのキリスト教への改宗を通じた、イギリス帝国の中東への膨張というイメージにもとづいていたといえる。

一八四一年、シャフツベリー卿は、ドイツのルーテル教会とイギリス国教会の合同教区をエルサレムに設置し、初代の教区司祭に改宗ユダヤ人のソロモン・アレキサンダーを就任させるにあたっても主導的な役割を果たした。[#71]

一八六五年には、シャフツベリー卿はパレスチナ探検基金（Palestine Exploration Fund）の設立に加わり、その会長となった。パレスチナ探検基金の目的は、パレスチナを中心とした東地中海地域についての学術的な調査研究の推進であったが、それらの多くは、後のユダヤ人シオニズムの発展に大きな貢献を果たした。とりわけ、一八七一～七八年にクロード・コンダー（Claude Reignier Conder）、ホレイショ・キッチナー（Horatio Kitchener）らによって行われた地図作成調査は、パレスチナへの入植に役立つ自然資源や地形に関する貴重な情報をシオニズム運動に提供した。[#72]

ＬＳＪに関わるジェンタイル・シオニスト達は、ユダヤ人の改宗と「帰還」のうち、前者に力点を置いていたという点で、後に米国のキリスト教シオニズムにおいて主流となるディスペンセーショナリズムとは異なる。スコットランド教会の牧師エドワード・アーヴィング（Edward, Irving, 1792-1834）が始めに提唱し、ジョン・ネルソン・ダービー（John Nelson Darby, 1800-1882）が米国に伝えたディスペンセーション主義は、ユダヤ人の改宗をパレスチナ「帰還」の後に実現することとしており、力点は「帰還」に置かれる（ディスペンセーショナル・キリスト教シオニズム）。そのため、ユダヤ人シオニズムとの親和性がより強いといえる。

ステファン・サイザー（Stephen Sizer）は、イギリスにおいて、ディスペンセーショナリズムに近い立場からシオニズムに大きな政治的貢献をした人物としてウィリアム・ヘクラー（William Hechler,

1845-1931)を挙げている。LSJの牧師を父にもち、ウィーンのイギリス大使館付の牧師だったヘクラーは、ヘルツルが一八九六年に『ユダヤ人国家』を出版する一二年前に『ユダヤ人のパレスチナへの帰還』*Die bevorstehende Rückkehr der Juden nach Palästina* を出版していた。#73 ヘクラーは、ヘルツルによる政治的シオニズム運動の開始を知ると、ドイツ皇帝ヴィルヘルム二世(Wilhelm II,1859-1941)にヘルツルを引き合わせるなど、献身的にシオニズム運動への政治的・財政的援助を行った。#74 ヘクラーは、第一回世界シオニスト会議にも招待されており、ユダヤ人シオニストと共闘した最初のジェンタイル・シオニストと言える。

このユダヤ人シオニズムの登場に伴う、ジェンタイル・シオニズムにおける「改宗」から「帰還」への力点の移行は、一見すると、同時期の海外伝道活動における「文明化」から「改宗」への力点の移行とは逆行しているかのように見える。しかし、これらの変化は、より確かな現地エージェントの確保というイギリス帝国主義の観点から見れば整合している。日本を含め、アジアの非イスラーム地域においてキリスト教宣教が一定の成果を収められたのは、華夷秩序に代表される「旧秩序」からの脱却を目指す民族主義者が欧米列強との連携を志向したからであった。

したがって、彼らの改宗は「アジア」におけるナショナリズム勃興と深く関わっており、欧米ミッショナリーは、それが反欧米的ナショナリズムに結びつかないように注意する必要があった。他方、パレスチナを含めたイスラーム地域においては、宗派共存のバランスを変えようとすることは厳しく制限されており、イスラーム教徒であれ、ユダヤ教徒であれ、宣教活動を受け入れる地盤はほとんどなかった。そうした中、これまでクリスチャンの側でしか提唱されてこなかった「ユダヤ人のパレスチナ帰還」に呼応する動きがヨーロッパの世俗ユダヤ人の中から出てきたことは、福音伝道の妨げとなるイスラーム的秩序に介入する好機として、前千年王国論者を中心に歓迎されたのである。また、「遅れた人びとに文明を分け与える」という植民地主義正当化の論理が説得力を失いつつあるなか、迫害されているユダヤ人の「祖国復帰」を支援することは、イギリス植民地主義の「人道性」を担保する名目となった。キリスト教化と文明化が手を携えて非キリスト教世界・非文明世界を徐々に「開化」していくという従来のイギリス帝国のヴィジョンが行き詰まるなか、シオニズムはその打開策として浮上したのである。

このイギリス帝国のヴィジョンの行き詰まりの一つの帰結が第一次世界大戦であり、一九一七年のバルフォア宣言であった。その背景として、一八六九年のスエズ運河開通や、一八七七—七八年の露土戦争におけるオスマン帝国の敗北といった東方問題の帝国主義的展開が、イギリス帝国にとってのパレスチナ利権の重要性を否が上にも高めていたことは間違いない。しかし、上述したような、現実から著しく乖離したヨーロッパ中心主義的な前千年王国論のパレスチナ観やユダヤ人観からの影響を抜きに、イギリスの「三枚舌外交」[#75]の稚拙さを説明することは難しいように思われる。

一九一六年一二月、デヴィッド・ロイド・ジョージ（David Lloyd George, 1863-1945）を首相とする戦時内閣が成立、ジェームズ・バルフォア（Arthur James Balfour, 1848-1930）は外務大臣となった。彼らがシオニズムを強く支持した背景には、イギリスの植民地主義的利害に加え、保守的プロテスタントの環境に育った二人の宗教的バックグランドがあったことは見落とせない。#76 彼らへのロビイングに尽力していたハイム・ワイツマン（Chaim Weizmann, 1874-1952）は、後に、バルフォア宣言の成立について、「おそらく決定的な要因」は宗教的だったとし、「古いタイプの政治家たちは純粋に宗教的であった。彼らはユダヤ人のパレスチナ復帰という考えをまるで現実のことのように考えていた。復帰は彼らの伝統と信念に訴えかけたのだ」と語っている。#77

イギリスは、バルフォア宣言という、シオニズムの発展にとって決定的な貢献をした。しかし、第一次世界大戦・第二次世界大戦を経て、世界のヘゲモニーがイギリスから米国に移行したことが誰の目にも明らかになったとき、イギリスにとってもユダヤ人シオニストにとっても、イギリスがシオニズムのパトロンである必然性はなくなった。こうして、ジェンタイル・シオニズムの中心地は米国に移っていくことになった。

第五節　帝国主義時代の米国における海外ミッションとキリスト教シオニズム

（一）　一九世紀米国における海外ミッションの展開

アメリカ合州国における植民地主義の展開は、イギリスのそれとは多くの点で異なるものの、互いに深く影響しあってきた。もともとイギリスの植民地であった米国が、同国からの独立を通じて強力な国民国家となった経緯は、米国のナショナリズムそのもののなかに、植民地主義を内包させることになった。

一九世紀を通じて、米国は「西部開拓」の名の下に、先住民族に対するジェノサイドと彼らの土地の植民地化とを一貫して押し進めた。このプロセスは、一八九〇年、ウーンデッドニーの虐殺と国勢調査局によるフロンティア・ライン消滅の報告によって、一つの区切りを迎え、一八九八年の米西戦争による新たな海外植民地の獲得というステップへとつながっていく。[#78] 一方、英仏を中心とするヨーロッパ諸国の植民地主義は、ドイツ・日本等、後発植民地主義諸国による「再分割」要求や植民地民衆による激しい抵抗運動に足をすくわれつつあった。

こうした状況は、英米両国において様々な帝国主義批判を引き起こすことになった。内村鑑三がその非戦論を展開するにあたり依拠した新聞『スプリングフィールド・レパブリカン』*Springfield Republican* は、そうした欧米における論調の一環を成すものであったし、彼が序文を書いた幸徳秋水の『廿世紀之怪物帝国主義』(一九〇一)は、イギリスの急進的自由主義者ジョン・ロバートソン (JohM. Robertson, 1856-1933)の影響の下に書かれたものであった。また、矢内原忠雄が翻訳したJ・A・ホブスンの『帝国主義』(一九〇二)は、この時代の最も代表的な帝国主義批判だといえるだろう。

しかし、このような欧米における帝国主義批判は、一九世紀末以降の情勢変化に焦点を絞ったもので、帝国主義時代以前の植民地、とりわけ、イギリスを中心としたプロテスタント入植者が形成した、アメリカ合州国やオーストラリア、ニュージーランド、南アフリカといった移住植民地における先住民族のジェノサイドは、せいぜい、帝国主義の前史としてわずかに言及されるにとどまっていた。特に、白人入植者による母国からの独立をいち早く果たしたアメリカ合州国においては、「明白な使命」「約束の地」といったイメージが、アングロ・サクソン中心の世界観形成に貢献していた。

そうした中、一九世紀末の米国は、行き詰まりつつあるヨーロッパ植民地主義との比較において、より楽観的かつ肯定的な文明発展史観を保ち得た。その肯定的自己イメージは、一八九八年の米西キューバ戦争を境にした本格的な海外進出に際しても、「文明化の使命」の名において維持・正当化された。植民地戦争に疲弊したヨーロッパ列強と異なり、アメリカ帝国主義は、一九世紀を通じた「フロンティア・スピリッツ」の延長線上に位置するものとして展開することができたのである。この楽観的植民地主義に対し、政治的・軍事的に対峙していくことになるのが、同時期に植民地帝国化を開始し、アジア・太平洋地域における植民地主義的利権をめぐって対立することになる日本であった。

こうした米国における植民地主義の歴史的性格は、その海外ミッションおよびキリスト教シオニズムにも独自の性格を与えることになる。第三節で述べた通り、米国の代表的伝道団体であるアメリカン・ボードが設立されたのが一八一〇年のことであった。アメリカン・ボードは、インドやハワイ、パレスチナ、[#79]中国、日本等、世界各地で伝道活動を行うと同時に、チェロキーやチョクトーなどのインディアン諸部族も伝道の対象とした。一八一六年には、アメリカン・ボードは、コネティカット州コーンウォールに外国伝道学校を設立、アメリカ先住民族やハワイ人の生徒が英語で教育を受けた。ところが、一八二三年、チェロキーの生徒が学校の白人の給仕人の娘と結婚し、翌年にも同じ様な結婚があったことが、大きな社会問題となった。白人たちは、先住民族の文明化という理念を支持しつつも、同等の人間として扱うことは考えていなかったのである。さらに、生徒の多くが気候的・文化的に異なる場所での適応ができず、病気になったり、自分の社会に戻ったときに不適応を起こしたこともあり、一八二六年に伝道学校は閉校した。#80　一八三〇年には、アンドリュー・ジャクソン(Andrew Jackson)政権の下でインディアン移住法（Indian Removal Act）が成立し、米国南東部に暮らしていたチョクトー、チカソー、クリーク、セミノール等の諸部族が次々と西部に強制移住させられ、最後まで抵抗していたチェロキーも一八三八年、後にオクラホマ州となる居留地までの三〇〇キロ以上の道のりを強制移動させられることになった。後に「涙の旅路」(Trail of Tears)と呼ばれることになるこの強制移送の過程で、約四〇〇〇人のチェロキーの人々が犠牲となった。当時、チェロキーは、北米先住民族のなかで最もキリスト教をよく受け入れ、「文明化」しており、一八一七年には、二院制議会を設立、二七年には憲法を制定、二八年には初代大統領を選出していた。しかし、そのような本格的な「文明化」は米国の膨張を妨害するものとして、容認されなかったのである。

このような「文明化とキリスト教化」の矛盾を抱えていたアメリカン・ボードの伝道活動は、一八三二年に海外通信担当幹事となったルーファス・アンダーソン（Rufus Anderson, 1796-1880）のイニシアチヴのもと、一九世紀半ばには、キリスト教化のみを目的とする方針に転換することになる。これは、前節で言及したイギリスの海外伝道においても見ることのできた変化である。しかし、後に見るように、米国におけるこの「文明化」から「キリスト教化」への人種差別を伴った転換は、米国に根強く浸透していた楽観的文明発展史観や、一九世紀末に起り、貧困や人種問題等に取り組んだ社会的福音運動の影響によって、イギリスに比べ、不徹底なものとなる。

一八六九年から始まった日本ミッションでは、キリスト教が日本社会の変革に果たす役割が強調され、学校教育や医療活動が重要視された。一八七四年には、アメリカン・ボードは滞米中の新島譲（一八四三―一八九〇）に学校設立のための資金を託し、準宣教師として日本に派遣することにもなった。しかし、多くの日本人が英米ミッショナリーの影響下で改宗した背景には、伝道国における文化やナショナリズムへの配慮を一定程度意識せざるを得ないようになっていた一九世紀後半以降のミッショナリー運動の状況もあったといえるであろう。

さて、一九世紀後半には、ドワイト・L・ムーディー（Dwight L. Moody, 1837-1899）らの影響の下で第三次大覚醒が起こり、その熱狂の中で「海外伝道のための学生ボランティア運動」（Student Volunteer Movement for Foreign Missions）が一八八八年に設立されるなど、海外伝道熱が大きな盛り上がりを見せる。一八六九年には、宣教師グループの数において米国はイギリスの半分に過ぎなかったのが、エディンバラ世界宣教会議が開催された一九一〇年には、イギリスの伝道活動を予算においても宣教師の人数においても凌ぐようになっていた。[#81] このことは、世紀転換期を挟み、イギリスと米国の世界的なヘゲモニーが逆転することに対応している。一九世紀後半は、イギリスにおいても、伝道集会の影響などから信仰復興が起こり、一八九二年には、SVMの英国版である「イギリスおよびアイルランドの学生ボランティア宣教師連合」(Student Volunteer Missionary Union of Great Britain and Ireland) が設立されているが、SVMほどの運動の広がりを見せることはなかった。

海外伝道運動に大きな影響を与えたムーディーら大衆伝道家が前千年王国論者だったこともあり、一九世紀末の米国の海外伝道運動において、イギリスと同様、前千年王国論への傾斜が強く見られたことは間違いない。しかし、同時に、この時期の米国では、上述した通り、社会的福音運動が大きな影響力をもち、ジョサイア・ストロング (Josiah Strong, 1847-1916) などの後千年王国論者も海外伝道運動において大きな存在感を持っていた。SVMにおいても、前千年王国論者と後千年王国論者は共に参加していた。ウィリアム・ハッチソンは、この時期の米国の海外伝道活動において両者を結び付けていた最大の力は「キリスト教文明のために『征服する権利』への確信」にあり、その確信を支えていたものは、何がキリスト教で、何が「文明」なのかを定義する権利を彼らが持っているという傲慢な思い込みであったと言う。#82

こうした海外伝道観の背景として、当時の米国がヨーロッパの古い植民地主義の行き詰まりに対し、倫理的政治的経済的に優位な位置から「文明化の使命」を引き受けようとしているという認識が広く社会の中に浸透していたことが考えられる。そして、そのような認識は、米国の前千年王国論者の論調にも、楽観的・社会福音的な色彩をもたらすことになった。当時の代表的前千年王国論者であり、「クリスチャンと宣教師連合」(Christian and Missionary Alliance) の創設者でもあるアルバート・B・シンプソン (Albert Benjamin Simpson, 1843-1919) は、福音の成果として、社会・国民の向上、教育や生活の向上、女性の地位の改善を挙げることに何の躊躇もなかった。#83

米国の伝道活動に一貫して見られるこうした楽観的な傾向は、現在にまで続く、「キリスト教文明」を軸とした米国の自己中心的な世界認識に根ざしたものだと思われる。かつてのイギリスと同様、世界的覇権国家となった米国にとって、自国の帝国的発展とキリスト教の伝播、人類の幸福との間の関係を深く疑う必要はなかった。内村が米国に留学した一八八六―八八年は、こうした大国意識と深く結びついた信仰復興運動が超教派的広がりを見せていた時期であった。

（二）　一九世紀米国におけるジェンタイル・シオニズムの展開

次に一九世紀米国のジェンタイル・シオニズムについて概観する。これまで、一七世紀前半のジョン・エリオットによる先住民族伝道が「ユダヤ人伝道」の文脈に位置付けられていたことや、一八世紀の第一次大覚醒においてジョナサン・エドワーズがユダヤ人の改宗とパレスチナへの帰還を後千年王国論の枠組みにおいて唱えていたことを紹介した。これらは北米入植地におけるジェンタイル・シオニズムの原初的形態と言うこともできるが、具体的なパレスチナとの関わりをもったジェンタイル・シオニズムの実践ということでは、一九世紀前半に始まるアメリカン・ボードによるパレスチナ宣教がその発端となる。その試みは、当初、千年王国論にもとづいたユダヤ人伝道を主たる目的としてはいたものの、ほとんど成果を挙げることができずに終わる。#84　アメリカン・ボードは、一九世紀全体を通じて、その派遣区域のなかでも中東地域に最も多数の宣教師を派遣していたにも関わらず、シオニズムによる最初の入植が始まる直前の一八八一年の段階で、パレスチナを含むオスマン帝国領シリア全体のプロテスタント信者はたったの一五四二人に過ぎなかった。#85 しかし、米国人ミッショナリーが本国に送ったパレスチナに関する様々な情報は、アメリカン・ボードの機関紙『ミッショナリー・ヘラルド』*Missionary Herald* 等を通じて、米国の一般民衆におけるパレスチナのイメージ形成に大きな役割を果たした。一九二九年、コロンビア大学のエドワード・アールは、『フォーリン・アフェアーズ』*Foreign Affairs* で次のように述べている。

ほとんど一〇〇年間、中東に関するアメリカの世論は宣教師たちによって形成されてきた。もし、アメリカの世論において情報不足や、誤解、偏見があるとすれば、大体において宣教師が責められねばならない。キリスト教の伝播という観点から歴史を解釈することで、彼らは、イスラーム教徒やイスラームについて不適切で歪んだ、そしてしばしば、醜悪なイメージを与えてきた。#86

例えば、アメリカン・ボードによるパレスチナ伝道の最初の宣教師の一人であるプリニー・フィスク (Plimy Fisk,1792-1825) は、一八二五年、伝道活動の行き詰まりについて、次のように書いている。

このような人びとにとって、論理や科学、聖書釈義や雄弁が役に立つでしょうか？　彼らが話を聞こうとするのは、口先だけ流暢で、声が大きく、偉そうな顔をしている人に対してだけです。

この国の人々の心にどのようなやり方で関わろうとしても、それは古代都市の砕け散った城壁や壊れた石柱の間を歩くようなものです。すべては廃墟であり、混乱であり、荒れ地です。[#87]

彼らが、パレスチナから届けたこうしたメッセージは、「異教徒によって占領され、荒れるがままにされた約束の地」という十字軍以来のヨーロッパにおける伝統的パレスチナ観にリアリティを与え、一九世紀の米国において数多く産出された「聖地文学」に対して、大きな影響を与えた。[#88] こうした世界観形成は、移住植民地国家アメリカ合州国の一九世紀における急速な領土拡大と並行するものであり、「古いエルサレム」に対する「新しいエルサレム」というナショナル・アイデンティティと分かち難く連動したものでもあった。このことは後に、「インディアンの襲撃に反撃しながら荒野を開拓するピューリタン」のイメージに「ベドウィンの襲撃に反撃しながら荒野を開拓するユダヤ人シオニスト」を重ね合わせて見る、特殊米国的なパレスチナ観の形成へとつながっていく。[#89]

こうした土壌の上に、一九世紀後半、イギリスで始まったディスペンセーショナル前千年王国論が、ジョン・ネルソン・ダービーによって米国に伝えられた。ディスペンセーショナリズムは、第三次大覚醒におけるムーディーらの宣教活動によって、米国の保守的福音主義における中心的な教義としての位置を占めるようになる。一八七七年にボストンで行った説教において、創世記一二章における神によるアブラハムに対する契約[#90]に関してムーディーは次のように述べている。

> 私はユダヤ人に対して、深遠な尊敬の念を抑えることができません。なぜならば、彼らは神に選ばれた民だからです。・・・彼らはいつの日か［新たに］生まれる民族なのだと私は考えます。そのとき、彼らは改宗し、キリストのもとに戻されるのです。地上において彼らは偉大な力を持つことになるでしょう。そして宣教師たちは喜ばしき知らせを世界中に伝えるのです。[#91]

ここにおいて、ムーディーは、アブラハムへの契約が現代のユダヤ人に対しても有効であり、キリストの再臨において、ユダヤ人が改宗するとの考えを明らかにしている。そして、そのことが異邦人（＝非ユダヤ人）の改宗に連動すると考えられているのである。[#92]

一八八六年にムーディーがシカゴに設立した聖書学院（Chicago Evangelization Society. 後に改称し、Moody Bible Institute）は、通常の国内・海外宣教だけでなく、ユダヤ人宣教にも特別な関心を持ち、ユダヤ人への布教をするのに完全な訓練プログラムのある「最初にして唯一の学校」であることを誇りにしていた。[#93]　このムーディー聖書学院には、後に内村と再臨運動を行うことになる中田重治や木村清松が学ぶなど、日本を含めた国際的なディスペンセーショナリストの人脈形成において重要な役割を果たすことになる。

ムーディーの影響を受けた重要なジェンタイル・シオニストにウィリアム・E・ブラックストーン（William E. Blackstone, 1841-1935）がいる。シカゴ近郊で不動産会社を営んでいた彼は、一八七八年、『キリストは来る』*Jesus is Coming* を出版し、ディスペンセーショナリズムの影響力拡大に大きく貢献した。同書は、一九一六年までに二度、改訂され、一九二七年までに日本語を含む三六か国語に翻訳され、一九三五年までに一〇〇万部が印刷された。[#94] 一九〇八年の第二版以降では、ヘルツルらのシオニズム運動についても言及され、イスラームによるエルサレム支配が始まる六三七年からちょうど一二六〇年後の一八九七年に第一回世界シオニスト会議が開催されたことは重大な意味を持つとしている。[#95]

さらに一九〇九年には、キュロス・I・スコフィールド（Cyrus Ingerson Scofield, 1843-1921）によって、ディスペンセーショナリズムにもとづく注釈の入った『スコフィールド引照付聖書』*Scofield Reference Bible* が出版され、翌年からは、キリスト教原理主義の名前の由来にもなる『ザ・ファンダメンタルズ』*The Fundamentals* の発行が始まる。

ブラックストーンにおいても、ムーディーと同様、海外伝道と原理主義的なキリスト教シオニズムは一体のものであった。内村がアマースト大学留学中であった一八八六年一一月にシカゴで行われた国際預言会議で、ブラックストーンは、次頁のような図を参加者に配布している。そこでは、世俗化した人も含めたすべてのプロテスタントの総数（一億三六〇〇万人）よりも、過去一〇〇年間におけるムスリムおよび他の異教徒の人口増の方が上回っているとの注記が付されている。この不利な状況を打開する鍵となる位置を占めているのがユダヤ人の改宗およびパレスチナへの帰還であり、それは、キリストの再臨に伴うかたちで、近い将来、短期間の間に起こるというのが、ブラックストーンの主張であった。[#96]

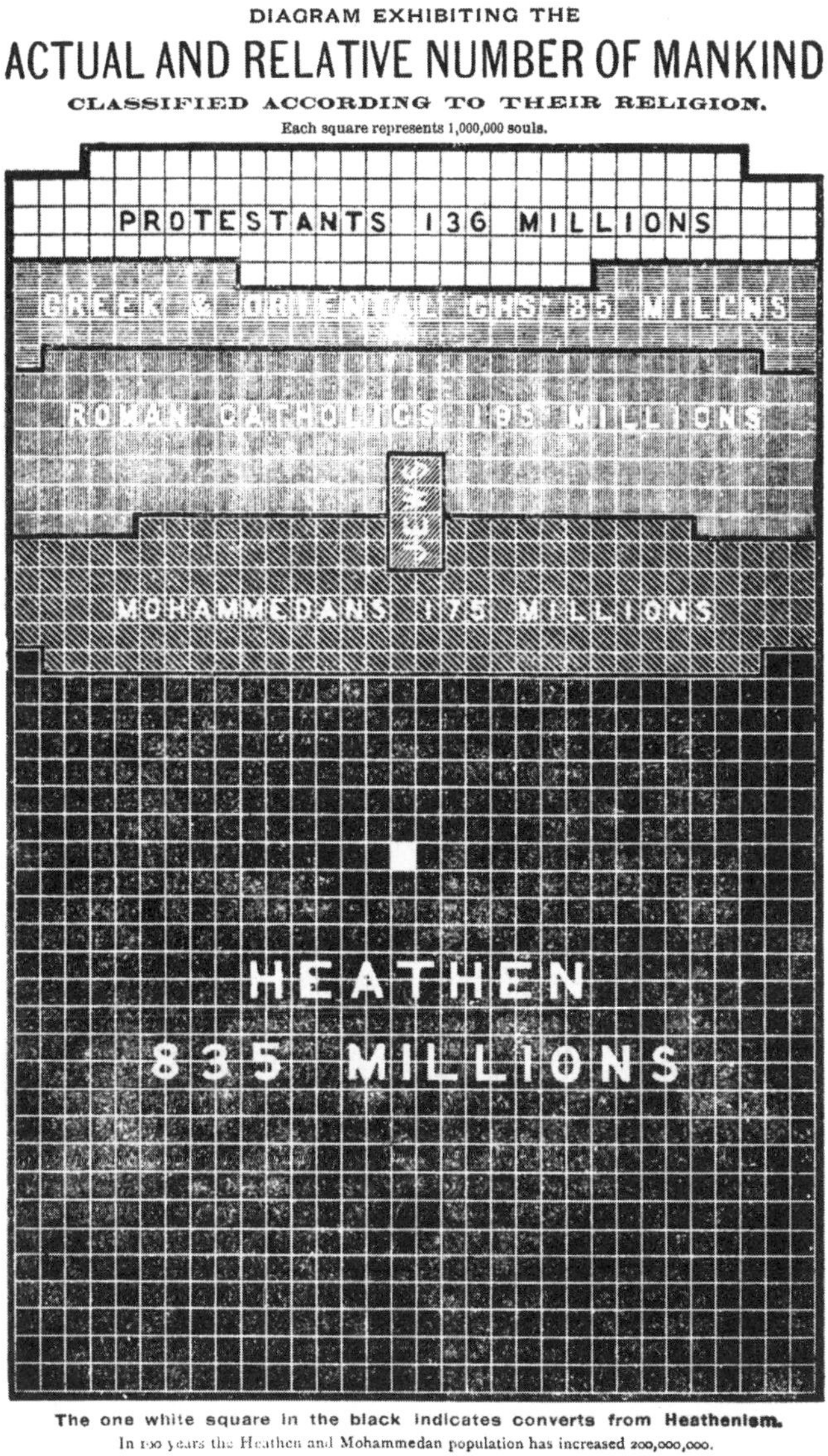
DIAGRAM EXHIBITING THE
ACTUAL AND RELATIVE NUMBER OF MANKIND
CLASSIFIED ACCORDING TO THEIR RELIGION.
Each square represents 1,000,000 souls.
PROTESTANTS 136 MILLIONS
GREEK & ORIENTAL CHS 85 MILLIONS
ROMAN CATHOLICS 195 MILLIONS
JEWS
MOHAMMEDANS 175 MILLIONS
HEATHEN
835 MILLIONS
The one white square in the black indicates converts from Heathenism.
In 100 years the Heathen and Mohammedan population has increased 200,000,000.

【図１】「宗教によって分類した人類の人口とその割合」（国際預言会議 1886 年、シカゴ）＃97

この図は、同年一月に発行されたアメリカン・ボードの機関紙『ミッショナリー・ヘラルド』に掲載されたもの（第二章第二節参照）に酷似している。しかし、ブラックストーンの図では、ユダヤ人の位置が、キリスト教世界とイスラーム世界の間に食い込むように入れ込まれており、それは、キリスト教世界の最下部に位置する他者であると同時に、キリスト教世界がイスラーム世界へ侵入していくための楔であるようにも見える。また、イスラーム教徒の位置づけも異教徒よりも上位に位置が移されており、あたかもキリスト教が異教徒（heathen）の世界に侵入することを妨害する位置にあるかのようである。

この会議におけるブラックストーンの講演の大半は、海外伝道の重要性に費やされているものの、この図には、すでに、後のキリスト教シオニズムへの傾倒の萌芽が現れていると見ることができる。

（三） ブラックストーン請願と米国におけるシオニズム運動の始動

以上に見た米国におけるジェンタイル・シオニズムの興隆の背景には、一八八一年のアレクサンドル二世暗殺を契機としたロシアにおけるポグロムの発生と、反ユダヤ政策を逃れるため、多くのユダヤ人移民が米国に押し寄せたことがあった。その背景には、米国の西部開拓や鉄道や汽船の発達に伴い大量の穀物が欧州に輸出されたことが、ロシアの農村経済を直撃したということがあった。結果として同じ大西洋航路を逆方向に向かって、一八八〇年から一九二五年までの間にロシアのユダヤ人の約三分の一にあたる二五〇万人が米国に移住した。[#98]　また同時期、この地域のユダヤ人の中に、ビルー運動（Bilu, ביל"ו）や「シオンの愛慕者」（Hovevei Zion, חובבי ציון）などの理想主義的グループが生まれ、後に「第一次アリヤー」と呼ばれることになるパレスチナへの植民運動を開始した。[#99]

ウィリアム・ブラックストーンが活動していたシカゴにもウェストサイド地区にロシア系ユダヤ人移民街が形成され、貧困や犯罪が社会問題化していた。また一八八六年までには「シオンの愛慕者」の支部が設立されていた。[#100]　彼が一八八八年に娘とともにパレスチナを訪ねた背景には、当時米国の都市部を中心に広がりを見せていた第三次大覚醒の影響とともに、「ユダヤ人問題」への社会的関心の高まりも無視することはできない。

パレスチナで「第一次アリヤー」によるユダヤ人入植地に感銘を受けたブラックストーンは、シオニズム支持のための具体的行動を開始する。一八九〇年一一月、彼はシカゴの著名なキリスト教指導者と改革派ユダヤ教ラビを招き、「イスラエルの過去、現在、未来」と題した会議を主催した。しかし、そこでシオニズムを支持したのはキリスト教徒だけで、改革派ラビはパレスチナへの帰還について強く反対した。これに驚き、危機感を持ったブラックストーンは、ロシアで迫害されているユダヤ人にパレスチナを「供与」するという案について国際会議の開催を求める請願署名運動を開始し、四一三名以上の著名なキリスト教徒とユダヤ教徒の指導者の署名を得て、一八九一年、ベンヤミン・ハリソン（Benjamin Harrison）大統領およびジェイムズ・ブライアン（James Brian）国務長官に提出した。

署名者のなかには、ジョン・ロックフェラー（John Davison Rockefeller）やJ・P・モーガン（John Pierpont Morgan）などの著名な実業家、ニューヨーク・タイムズやワシントン・ポストなどの大新聞の編集者、最高裁判所長官メルヴィル・ヒューラー（Melville Fuller）や、六年後に大統領となるウィリアム・マッキンリー（William McKinley）などが含まれていた。署名の前文でブラックストーンは、膨大な移民の波を引き起こしている「ロシアのユダヤ人に対して何がなされるべきでしょうか？」と問いかけた上で、彼らはロシアにとって「重荷であり、農民の生活に害になる」と信じられているため、ロシアに対処を求めるのは無駄だとする。また、移民の受け入れ先として、ヨーロッパは狭すぎ、米国は多大な費用がかかるので困難だとする。そうして、「一八七八年のベルリン条約で列強がブルガリアをブルガリア人に、セルビアをセルビア人に与えたように、今、パレスチナをユダヤ人に返してあげるべきではないのでしょうか？　これらの地域は、ルーマニアやモンテネグロ、ギリシアと同様、トルコから奪い、本来の所有者に与えたものです。パレスチナはまさしくユダヤ人に所属するものではないのでしょうか？」と訴えていた。[#101]　ブラックストーン請願が、ディスペンセーショナリストの枠を超えて、米国の錚々たるエスタブッシュメントの署名を得ることができたのは、彼らの間で広く共有されていた、増加するユダヤ移民への懸念と少数教派の独立を通じたオスマン帝国解体への期待、そして、パレスチナを「ユダヤ人の民族的故郷」であると考えるジェンタイル・シオニストの歴史観に訴えかけるものであったからだといえる。この運動は短期的には成果を生まなかったものの、米国におけるシオニズム運動のさきがけとなった。[#102]

一八九七年の第一回世界シオニスト会議の翌年には、アメリカ・シオニスト連盟 The Federation of American Zionists（以下、FAZ）が設立されていたが、米国社会への同化に価値を置く多くのユダヤ人はシオニズムに賛同しなかった。しかし、第一次世界大戦が始まり、ベルリンに本部を置いていた世界シオニスト機構が機能不全化したことと、同時期にルイス・ブランダイス（Louis Brandeis, 1856-1941）という著名かつ有能な指導者を得たことで、FAZは、自立性を高め、大きく躍進した。当時、ブランダイスは、労働運動を支援する「人民の弁護士」として名を馳せており、一九一六年には、ウィルソン（Thomas Woodrow Wilson, 1856-1924）大統領によって、ユダヤ人初の最高裁判事に任命された。その彼が、一九一四年八月、戦争勃発を受けて緊急に開催された「シオニストの全般的事務を行う臨時執行委員会」（Provisional Executive Committee for General Zionist Affairs）において、議長に選出されたのである。ブランダイスは、FAZの組織整備を進めると同時に、シオニズムの目的は主として、行き場のないユダヤ人のパレスチナ移住を支援することにあり、自分達自身が移住する必要はないことを強調することで、米国人アイデンティティとユダヤ人アイデンティティの間で揺れる人々が積極的に運動に参加できる論理を提供した。#103　このようなブランダイスの指導の下、一九一四年に一万二〇〇〇人強に過ぎなかった会員は、一九一九年には一七万六〇〇〇人以上にまで増えた。#104

このように、第一次世界大戦の勃発は、ユダヤ系米国人によるシオニズム運動の興隆に寄与した一方、アメリカのキリスト教徒の終末意識を刺激し、前千年王国論にもとづくキリスト教シオニズムをも活発化させた。つまり、第一次大戦は、米国のユダヤ人シオニストにとってもジェンタイル・シオニストにとっても、イギリスと同様、あるいはそれ以上に、追い風として作用したと言える。こうした状況において、ブラックストーンは、ヨーロッパにおいて、ウィリアム・ヘクラーがヘルツルに接近し、政治的財政的な協力者となったのと同じように、ブランダイスに接近し、米国のシオニズム運動の強力な支援者となった。ブランダイスはヘルツルと同様、世俗的環境で育っており、ユダヤ教についてはほとんど無知であったものの、ブラックストーン請願に強い関心を持ち、ウィルソン大統領に対しシオニズムへの支持を訴える上で、ブラックストーンに再度、署名キャンペーンを行うことを促すなど、ロビイング活動におけるキリスト教シオニズムの重要性を強く意識していた。バルフォア宣言の一か月前の一九一七年一〇月、ウィルソン大統領は、ブランダイスに対して、自分がユダヤ人の民族的郷土という提案について全面的に同意していることをバルフォア卿とイギリス政府に伝えても良いと認めた。#105 当時の英米の力関係のなかで、このウィルソン大統領の支持がなければ、バルフォア宣言の成立は無理だったと言われる。後にブランダイスらは、この政治的勝利の背景には、シオニズム運動の政治的外交的な技術の高さだけでなく、ウィルソンのキリスト教信仰に訴えるのに成功したことがあったと述べている。#106

一九一七年一一月のバルフォア宣言の発表と翌月のアレンビー将軍のエルサレム入城は、米国中のディスペンセーショナリストのなかで終末への期待を高めた。しかしながら、第一次世界大戦後には、米国のキリスト教シオニズムは、一九一八年にＦＡＺが改変されるかたちで発足した「アメリカ・シオニスト機構」(Zionist Organization of America. 以下、ＺＯＡ)を中心としたユダヤ人シオニストのイニシアチブのなかで目立たないものとなる。しかし、米国のユダヤ人シオニストは、ブランダイスの教訓をよく学び、米国におけるキリスト教シオニズムの伝統への訴えかけを重視し続けることになる。

(四) 米国のシオニズム運動とジェンタイル・シオニズム

スコープス裁判(一九二五年)以降の、米国におけるキリスト教原理主義の退潮のなか、エマニュエル・ノイマン(Emanuel Neumann, 1893-1980)らユダヤ人シオニストは、より広範な米国社会、そして議会のなかに、協力者を見出す努力を精力的に行った。ブランダイスは一九二一年には、ハイム・ワイツマンとの路線対立からシオニズム運動の第一線から退くことになる。一九二二年には、米国の両議会において、バルフォア宣言の実行を支持するロッジ・フィッシュ決議が満場一致で可決されるが、これについて、後に、当時ZOAの若手活動家だったノイマンは、「新しい世代のユダヤ人ロビイストによる最初の政治的勝利」と評価している。#107

しかし、一九二九年八月には、エルサレムの「西の壁」におけるユダヤ人とアラブ人との衝突事件が、パレスチナ全土に波及し、双方に一〇〇人以上の犠牲者を出した「西の壁事件」(ثورة البراق, מאורעות תרפ"ט)が発生すると、これを受けて翌年一〇月にイギリスはパレスチナへのユダヤ人移民数の制限を勧告したパスフィールド白書を発表した。さらに翌三一年にはシオニストの強い抗議によって白書が事実上撤回されるなど、イギリスのパレスチナ政策はパレスチナ・ナショナリズムの発展の中で不安定化していった。

こうした状況に危機感をもったノイマンらの働きかけによって、一九三二年一月頃、シオニズム支援を目的として、チャールズ・カーティス（Charles Curtis）副大統領やハーラン・ストーン（Harlan Stone）最高裁判所裁判官、ヘンリー・レイニー（Henry Rainey）下院多数党院内総務等の有力者からなる「アメリカ・パレスチナ委員会」（American Palestine Committee）が発足した。[#108]

一九三三年一月のナチス・ドイツによる政権掌握は、ユダヤ人住民の大量脱出をもたらし、その一部は、同年八月に締結されたナチス＝シオニスト協定（ハアヴァラ協定、הסכם העברה）を通じてパレスチナへ向かった。これまでのロシア・東欧からの入植者に比べ、比較的裕福な中間層がパレスチナに来ることで、行き詰っていた土地購入が進むと同時に、何世代にもわたり耕作してきた土地を奪われたパレスチナ人の小作農達の間に不満が鬱積していった。こうして一九三六年から三九年にかけて、「アラブ高等委員会」（اللجنة العربية العليا）を中心とする「パレスチナ大蜂起」（الثورة الفلسطينية الكبرى）が勃発した。都市部でのゼネストに加え、農村部では武装農民によるゲリラ闘争が戦われた。[#109]

これに対し、イギリスは三九年五月には「マクドナルド白書」を発表し、ユダヤ人移民の制限に加え、パレスチナをユダヤ人国家にはしないことを明言し、シオニストに大きな衝撃を与えた。

第二次世界大戦直前の一九三九年八月、世界シオニスト機構は、第一次世界大戦時の経験から開戦後のヨーロッパで各国にまたがるシオニストの活動が麻痺することを予想し、ロンドンに本部を置く執行委員会の権限をニューヨークでＺＯＡを中心に新たに立ち上げた「シオニズムに関する緊急委員会」(Emergency Committee for Zionist Affairs. 以下、ＥＣＺＡ)に移すことを決定し、米国を中心にマクドナルド白書撤回に向けた動きを本格化させていく。

第二次世界大戦勃発後には、強制収容所の存在も知られるようになり、そうした危機感を反映して一九四二年五月にＥＣＺＡが招集したビルトモア会議の決議では、パレスチナへの無制限移民や、それまで主流派シオニストが敢えて明確化してこなかった「ユダヤ人国家」建設が目標に掲げられ、翌年の非シオニストを含めた全米ユダヤ会議でも同様の決議採択に成功した。同年一二月には、ラインホールド・ニーバー（Reinhold Niebuhr）やパウル・ティリッヒ（Paul Johannes Tillich）、ウィリアム・オルブライト（William Foxwell Albright）など著名な自由主義神学者を中心に「パレスチナに関するキリスト教徒評議会」(Christian Council on Palestine)が発足し、社会啓発活動を行った。また、再組織化されたアメリカ・パレスチナ委員会も積極的にロビイング活動を行い、一九四四年には上下両院でビルトモア決議に沿った決議が採択された。このようなユダヤ人社会を含めた米国社会におけるシオニズムの急速な浸透は、ナチスの迫害に対する人道的関心とともに、先住パレスチナ人の権利を重視しない植民地主義的偏見、さらにはシオニズムが米国への難民受け入れを伴わない「解決策」であったということも大きかったと考えられる。

第二次世界大戦終結後の一九四六年には、キリスト教徒評議会とアメリカ・パレスチナ委員会とが合併するかたちで「アメリカ・キリスト教徒パレスチナ委員会」(American Christian Palestine Committee.

以下、ACPC）が結成された。ACPCは、一九四七年のパレスチナ分割決議に至るまでの決定的な時期において、米国の世論に対し、シオニズムへの支持を訴えかける広報キャンペーンを精力的に行った。#110 ここにおいて、エドワード・サイード（Edward W. Said, إدوارد وديع سعيد, 1935-2003）が言うところの「リベラルな西洋人の観点とシオニスト＝イスラエル人の観点との、完璧なヘゲモニー的癒着」#111 が成立したと考えられるのである。

以上に概観したユダヤ人シオニストとジェンタイル・シオニストの共闘関係は、イスラエル建国後、米国とイスラエルの外交関係に大きな影響力を及ぼすようになった。とりわけ、一九六七年の第三次中東戦争以降は、イスラエル（および米国のユダヤ教徒）においてはユダヤ教原理主義が興隆し、米国ではキリスト教シオニズムの教義を強調するキリスト教原理主義が興隆することになり、両者の協力関係が中東「和平」問題の解決を決定的に阻害するようになる。

近年、「イスラエル・ロビー」による米国外交への影響に注目が集まっているが、「イスラエル・ロビー」が米国において大きな力を持ち得る背景には、ジェンタイル・シオニズムの存在があることは看過されてはならない。

なお、現在の米国におけるジェンタイル・シオニズムの影響力を考える際、(三)で見たブラックストーンとブランダイスの共闘の背景として、シオニズムという共通の目的に加え、「アメリカ・ナショナリズム」への信奉があったことも重要である。ブラックストーンは、米国には、ユダヤ人のパレスチナ帰還を実現する神聖な使命が神により与えられていると考えるナショナリストでもあった。#112

一方、ブランダイスは、「良いアメリカ人であるためには、より良いユダヤ人でなければならない。より良いユダヤ人であるためには、シオニストにならなければならない」[#113]と主張し、米国において愛国者であることとシオニストであること、多民族国家としての米国の理想とユダヤ人国家を支持することは両立するとした。ホレイス・カレン（Horace Meyer Kallen, 1882-1974）の文化多元主義の影響の下、ブランダイスが考えた「アメリカの理想」とは、すべての「ハイフン付アメリカ人」が自由と平等、そして自分たちの文化を発展させる権利を持つというものであった。そして、そのためには、国民国家を持つことによって自他共にユダヤ人が「民族」として認められることが必要だと考えたのである。[#114]

こうした米国のナショナリズムとシオニズムにおける「理想」の共有が、一方で、「植民地主義の不正義の隠蔽・許容」の共有でもあったことは、デヴィッド・ベングリオン（David Ben-Gurion, דוד בן-גוריון, 1886-1973）の、次のような言葉に如実に示されていると言えよう。

> アメリカの入植地の歴史は、新世界に新しい郷土を求めてやってきた入植者が取り組んだ仕事がどれだけ大変なものであったかを示している。・・・［米国の］自然や手に負えないインディアンとどれだけたくさんの、そして恐ろしい闘いをこなし、多数の移民と植民地化のために大陸を解放するまでに、どれだけの犠牲が払われたことか。[#115]

小括

本章では、イギリスおよび米国におけるジェンタイル・シオニズムおよびキリスト教海外ミッションの歴史を、両国におけるナショナリズムおよび植民地主義とのかかわりに注目しつつ概観した。ここで簡単に全体の議論をまとめておきたい。

スペイン・ポルトガルを先駆けとする大航海時代に始まるヨーロッパの膨張は、オスマン帝国の東西中継貿易とイスラームに対抗するものであり、その根底には「エルサレムの回復」という十字軍意識が不可分のものとしてあった。宗教改革を経て、ヨーロッパに宗派別に区分けされた領域主権国家体制が成立すると、ユダヤ教徒に対する異民族視が強まり、プロテスタント国を中心に、ユダヤ教徒の改宗だけでなく、パレスチナへの「帰還」が、「エルサレムの回復」のために必要と考える「ユダヤ人帰還論」が現れた。それは、ヨーロッパにおけるイスラーム敵視と人種主義的反ユダヤ主義を組み込んだ聖書解釈であった。後にジェンタイル・シオニズム、あるいはキリスト教シオニズムと呼ばれるようになるこうした考えは、弱体化するオスマン帝国における利権をめぐる列強の角逐が激化する中、ミッショナリー運動を通じて足場となる宗教コミュニティを確保しようとする努力と結びつき、一八三九年のエルサレム領事館の開設においてはユダヤ教徒の保護が目的に掲げられた。

イギリスのミッショナリー運動は、一九世紀初頭よりの英帝国の交易拡大に貢献するとともに、信教の自由をはじめとした、西欧的な「文明化」イデオロギーの担い手ともなった。それは、主観的には世界の発展・改革に貢献しようとしながらも、客観的にはイギリスの帝国主義的利害に与するものであった。ミッショナリー運動は、日本を含めたアジアの諸地域において一定の成功を収めたものの、ムスリムとユダヤ教徒の改宗者を得ることはほとんどできなかった。とりわけ、社会構造の中に宗教的アイデンティティが深く根付いているイスラーム社会においては、福音伝道という概念そのものを受け入れる地盤がなかった。そうした中、福音伝道とは異なるかたちで、ユダヤ教徒の改宗とイスラーム社会の改造を実現するイデオロギーとして発明されたのがジェンタイル・シオニズムであった。もちろん、大半のユダヤ教徒とムスリムはシオニズムを受け入れることはなかった。しかし、一九世紀末の帝国主義戦争の危機の中でヨーロッパにおける反ユダヤ主義が高まると、同化を妨げられた世俗ユダヤ人の中からパレスチナへの移民を呼びかける動きが起こった。さらに、オスマン帝国の弱体化が急速に進むなかで、ジェンタイル・シオニズムはイギリスの帝国主義政策により深く組み込まれるようになっていった。こうした複合的状況が、イギリスにおけるジェンタイル・シオニズムの政治的達成として、一九一七年のバルフォア宣言を可能にしたのである。

第一次世界大戦後、覇権国がイギリスから米国に移る頃には、ミッショナリー運動の主力も同国の宣教団体が担うようになっていた。米国のミッショナリー運動が米国の帝国主義および「文明化」イデオロギーと密接に関係していたことは、イギリスにおけるそれと同様であった。しかし、移住植民地である米国のナショナリズムの中に「荒野の試練」「丘の上の町」という旧・新約聖書のイメージと結びついた、ピルグリム・ファーザーズや西部開拓の理想化されたイメージが組み込まれたことは、同国においてキリスト教シオニズムが深く根付く重要な一因となった。さらに、革新主義の影響を強く受けた米国のシオニズム運動が、諸民族を抱擁する米国の民主的発展とユダヤ人国家設立を求めるシオニズムとは両立するとの主張をもとに、ユダヤ教徒だけでなくキリスト教徒にも積極的にシオニズム支持を訴えたことも、イギリスにおけるシオニズム受容とは異なる国内的文脈を加えることになった。

ユーラシア大陸の西端に始まる英米植民地主義がミッショナリー運動と表裏一体のかたちで、キリスト教シオニズムの伝統を引き継いできたことは、そのグローバル戦略において、中東・アジアの交易ネットワークの中で生まれ、発展してきたイスラーム世界を常に潜在的敵対者として意識してきたことを示しているように思われる。そこでは、ヨーロッパにおける宗派別の領域主権国家を原型とする国民アイデンティティの在り方が、自らの反ユダヤ主義を不可視化させるとともに、諸宗教を抱擁してきたイスラーム世界の秩序観に対する偏見と敵意の源泉となってきた。その初期段階において、シオニズムを支持したユダヤ人／教徒は、世俗ユダヤ人を中心とした一部の人々に過ぎなかったものの、ナチスによるホロコーストは、欧米諸国においてユダヤ難民問題の解決策としてのシオニズムへの支持を押し上げ、パレスチナ分割決議、そしてイスラエル独立の容認へとパレスチナ問題の形成を進めることになった。こうして、ユダヤ人／非ユダヤ人の人種的区別に基づく植民地国家の創立は、「ユダヤ人」アイデンティティのあり方に決定的な影響を与えるとともに、パレスチナ人に対する継続的な民族浄化の暴力をもたらすことになった。

他方、明治維新以降、一九三〇〜四〇年代の一時期を除き、アジアにおいて英米植民地主義との提携を最も熱心に追及してきた国である日本は、東アジアにおける華夷秩序を西欧的国民国家システムに置き換える中心的な役割を果たした。その過程においてアイヌ民族や琉球民族など、華夷秩序の周縁部において広域貿易に従事していた先住民族社会は領域主権国家に暴力的に組み込まれ、経済的文化的自立性を奪われていくことになった。さらに英米両帝国主義がロシアの植民地主義に対する防波堤として日本の対外膨張を支援ないし容認したことが、台湾や朝鮮、中国東北部の植民地化を可能にした。しかし、欧米諸国におけるキリスト教の役割に倣うかたちで、国民統合イデオロギーの中心に国家神道に基づく天皇制を置いたことは、日本の植民地政策に大きな蹉跌をもたらすことになった。キリスト教や儒教と異なり、国家神道はエスニックな日本人以外の民族を引き込む明確な論理を持っていないからである。自民族中心主義的な周辺諸民族の序列化という面において華夷秩序的世界観を維持しつつ、欧米帝国主義の勢力圏拡大競争に参画した日本が周辺諸民族に対して与えた植民地主義の暴力のインパクトは、深い傷痕をこの地域の民族間関係に残した。

次章以降においては、日本人プロテスタントにおける、キリスト教シオニズムの影響とその背景を彼らの具体的言説を通じて分析することにする。

註

#1 内村鑑三『内村鑑三全集』(以下、『全集』)第一巻（岩波書店、一九八一年）、三一〇頁。

#2 例えば、Elmessiri, *The Land of Promise*, 113; Ella Shohat, *Taboo Memories, Diasporic Visions* (Duke University Press, 2006), 220-221; Steven Salaita, *The Holy Land in Transit : Colonialism and the Quest for Canaan* (Syracuse University Press, 2001), 49-81.

#3 Andre G. Frank, *Reorient: Global Economy in the Asian Age* (University of California Press, 1998), 277. 日本語訳は、A・G・フランク『リオリエント――アジア時代のグローバル・エコノミー』山下範久訳（藤原書店、二〇〇〇年）、四六五頁。

#4 Frank, *Reorient*, 78-82. 日本語訳は、フランク『リオリエント』、一六四―一七〇頁。

#5 Immanuel Wallerstein, *The Modern World-System: Capitalist Agriculture and the Origins of the European World-Economy in the Sixteenth Century* (Academic Press, 1974), 103-104. 日本語訳は、I・ウォーラーステイン『近代世界システム――農業資本主義と「ヨーロッパ世界経済」の成立』I、川北稔訳（岩波書店、一九八一年）、二一八頁。

#6 Ruether and Ruether. *The Wrath of Jonah*, 70-71.

#7 増田義郎『コロンブス』(岩波書店、一九七九年)、一八三―一八五頁。

#8 エンゲルベルト・ヨリッセン「魂とスパイス――十六世紀のポルトガル植民地政策とイエズス会士ルイス・フロイス」山折哲雄、長田俊樹編『日本人はキリスト教をどのように受容したか』(国際日本文化研究センター、一九九八年)、二一四；内藤雅雄「ゴア解放運動史 一九四七―一九六一年」『専修大学人文科学研究所月報』二五九（二〇一二年）、七頁。

#9 加藤祐三、川北稔『アジアと欧米世界』世界の歴史二五（中央公論社、一九九八年）、一一三―一一四頁。

#10　キャピチュレーションとは、オスマン帝国領土内にある西洋人居住者に対し、領事裁判権を認め、かつ関税の優遇措置を与えた通商条約の条項を指す。有賀貞、宇野重昭、木戸蓊、山本吉宣、渡辺昭夫編『国際政治の理論』講座国際政治一（東京大学出版会、一九八九年）、一九―二一；中岡三益『アラブ近現代史』（岩波書店、一九九一年）、一二―一三頁。

#11　森田安一「宗教改革とその影響」松本宣郎編『キリスト教の歴史Ⅰ　初期キリスト教～宗教改革』（山川出版社、二〇〇九年）、二四六―二四七頁。

#12　Rosemary Radford Ruether, *America, Amerikka: Elect Nation and Imperial Violence* (Equinox Publishing, 2007), 17-18; Tuchman, *Bible and Sword*, 13-21.

#13　Carl Schmitt, *Der Nomos der Erde im Völkerrecht des Jus Publicum Europaeum* (Danker&Humblot,1950),60-67. 日本語訳は、カール・シュミット『大地のノモス――ヨーロッパ公法という国際法における』上、新田邦夫訳（福村出版、一九七六年）、八三―九四頁。

#14　Michael Prior, *The Bible and Colonialism: A Moral Critique* (Sheffield Academic Press, 1997), 52-57.

#15　フランシスコ・ザビエル『聖フランシスコ・ザビエル全書簡』二、河野純徳訳（平凡社、一九九四年）、一九八―二〇二頁。

#16　五野井隆史『日本キリシタン史の研究』（吉川弘文館、二〇〇二年）、二五六―二六八頁。

#17　今井宏「明治時代のピューリタニズム観」『紀要』三二巻（東京女子大学比較文化研究所、一九七二年）、一九―二〇頁。

#18　今井宏『明治日本とイギリス革命』（筑摩書房、一九九四年）。

#19　石田友雄『ユダヤ教史』（山川出版社、一九八〇年）、二八四―二八五頁、二九七―二九八頁。

#20　Wallerstein, *The Modern World-System*, 104. 日本語訳は、ウォーラーステイン『近代世界システム』Ⅰ、二一八―二二一頁; Abraham Leon, *La Conception materialiste de la question juive* (Marxists Internet Archive), https://www.marxists.org/francais/leon/CMQJ00.htm (accesed November 19, 2015). 日本語訳は、アブラム・レ

オン『ユダヤ人問題の史的展開――シオニズムか社会主義か』湯浅赳男訳（柘植書房、一九七三年）、一三四頁。

#21　イラン・ハレヴィ『ユダヤ人の歴史』（三一書房、一九九〇年）、二二九―二三一頁。

#22　Ruether and Ruether. *The Wrath of Jonah*, 25-26.

#23　Sharif, *Non-Jewish Zionism*, 11-12.

#24　Ruether and Ruether. *The Wrath of Jonah*, 71-72.

#25　Sizer, *Christian Zionism*, 28.

#26　以下、新旧約聖書からの引用は日本聖書協会の新共同訳による。

#27　Tuchman, *Bible and Sword*, 121-123; Sharif, *Non-Jewish Zionism*, 24-25.

#28　Tuchman, *Bible and Sword*, 137-138.

#29　Ismar Schorsch, "From Messianism to Realpolitik: Menasseh Ben Israel and the Readmission of the Jews to England," *Procedings of the American Achademy for Jewish Research* 45（1978）, 200-207.

#30　Robert O. Smith, *More Desired than Our Owne Salvation: The Roots of Christian Zionism*（Oxford University Press, 2013）, 104-107.

#31　アメリカ合州国の先住諸民族の総称としては、アメリカン・インディアン（American Indian）やネイティヴ・アメリカン（Native American）などがある。インディアンという呼称はコロンブス以来の西欧人のステレオタイプと結びついているとして、一九六〇～七〇年代からは、ネイティヴ・アメリカンという用語が使用されるようになったが、先住民当事者からは、その呼称を迫害の歴史を隠蔽するものであるとする批判もあった。一九九五年の調査では、先住民の四九・七六％がアメリカン・インディアンを、三七・三五％がネイティヴ・アメリカンを好ましいと答えている。本書ではこうした事実を踏まえ、アメリカン・インディアン（文脈的に混同する恐れがない場合は単にインディアン）の呼称を主に用いることにする。Kathryn Walbert, "American Indian vs. Native American: A Note on Terminology." http://www.learnnc.org/lp/editions/nc-american-indians/5526（二〇一六年二月二二日閲覧）

#32　Ruether, *America, Amerikka* (Equinox Publishing, 2007), 15.

#33　宣教協会の援助を受けたエリオットらは、改宗したインディアンを元のコミュニティから隔離し、「祈りの町」と呼ばれる区域に集住させ、そこで農業に従事させるなど白人に近い生活をさせようとした。しかし、一六七五～六年にニューイングランドの入植者とインディアンとの間でフィリップ王戦争が起こると、一四か所に拡大していた「祈りの町」の住民は他のインディアンと区別されることなく白人入植者による虐殺の対象となり、エリオットらの同化プロジェクトは灰燼に帰した。Charles M. Segal and David C. Stineback. *Puritans, Indians and Manifest Destiny* (G. P. Putnam's Sons, 1977), 148.

#34　Smith, *More Desired than Our Owne Salvation*, 107.

#35　Thomas Thorowgood, *Iewes in America, or, Probabilities that the Americans are of that race : with the removall of some contrary reasonings, and earnest desires for effectuall endeavours to make them Christian* (T. Slater, 1650).

#36　Schorsch, "From Messianism to Realpolitik", 189; Nabil Matar, *Islam in Britain: 1558-1685* (Cambridge University Press, 1998), 170.

#37　Barbara Coulton, "Cromwell and the 'readmission' of the Jews to England, 1656." (The Cromwell Association, 2001) http://www.olivercromwell.org/jews.pdf (accessed November 19, 2015), 11.

#38　Ibid., 14-16.

#39　Cecil Roth, *A History of the Jews in England* (Clarendon Press, 1964), 159.

#40　カトリック教徒解放法は一八二九年、ユダヤ教徒が庶民院に議席を持てるようになったのは一八五八年。

#41　Franz Kobler, *The Vision Was There: A History of the British Movement for the Restoration of the Jews to Palestine* (Lincolns-Prager, 1956).

#42　市川裕『ユダヤ教の歴史』（山川出版社、二〇〇九年）、一一四―一一八頁。

#43　Linda Colley, *Britons: Forging the Nation, 1707-1837* (Yale University Press, 1992), 18. 日本語訳は、リ

ンダ・コリー『イギリス国民の誕生』川北稔監訳（名古屋大学出版会、二〇〇〇年）、二〇—二一頁。

#44　Ibid., 30-32. 日本語訳は、同上、三三頁。

#45　浜林正夫『イギリス宗教史』（大月書店、一九八七年）、一九五—一九八頁。

#46　清水知久『アメリカ帝国』（亜紀書房、一九六八年）、二五—二七頁。

#47　加藤、川北『アジアと欧米世界』、一八二—一八三頁。

#48　一八世紀に入り、次第に衰退しつつあったピューリタニズムの理想に回帰することを目指した信仰復興運動。ジョナサン・エドワーズや、イギリスから訪米したメソジスト派の牧師ジョージ・ホウィットフィールド（George Whitefield, 1714-1770）らによって、ニューイングランドを中心に広がった。

#49　例えば、ニューイングランドにおける会衆派教会の有力な指導者であったソロモン・ストッダード（Solomon Stoddard, 1643-1729）は、ニューイングランド教会は神とイスラエルとの契約に倣い、回心体験をもたない信徒を含めた国民教会であるべきと主張（ストッダード主義）したが、その背景には、絶え間ない戦争の中での孤立と恐怖という、彼が司牧したコネティカット入植地における集団的経験があったという分析がある。Paul R. Lucas, "'The Death of the Prophet Lamented': The Legacy of Solomon Stoddard" in *Jonathan Edwards's Writings: Text, Context, Interpretation*, ed. *Stephen J. Stein* (Indiana University Press, 1996), 75-77.

#50　Jonathan Edwards, *Some thoughts concerning the present revival of religion in New-England : and the way in which it ought to be acknowledged and promoted, humbly offered to the publick, in a treatise on that subject.* (S. Kneeland and T. Green, 1742).

#51　Smith, *More Desired than Our Owne Salvation*, 129-131.

#52　Ibid., 133-135.

#53　中岡『アラブ近現代史』、六—七頁。

#54　加藤、川北『アジアと欧米世界』、二〇二—二〇五頁。

#55　Sharif, *Non-Jewsh Zionism*, 50-51.

#56 Franz Kobler, *Napoleon and the Jews* (Schocken Books, 1976), 139-161.

#57 Sharif, *Non-Jewish Zionism*, 54-55; Sizer, *Christian Zionism*, 30-32.

#58 Ruether, *America, Amerikka*, 47-48. Mary A. Stout, *Native American boarding schools* (Greenwood, 2012), 15-16.

#59 Fuad Sha'ban, *Islam and Arabs in Early American Thought: The Roots of Orientalism in America*, (Acorn Press, 1991), 68-69.

#60 Ibid., 76-81.

#61 例えば、一八〇四年、ジョン・リヴィングストンはニューヨーク伝道協会での演説において、黙示録一四章における「永遠の福音」を携えてきた天使が海外ミッションのことを指すとして、終末論と海外伝道とを結び付けた。Richard L. Rogers, "'A Bright and New Constellation': Millennial Narratives and the Origins of American Foreign Missions." in *North American Foreign Missions, 1810-1914*. ed. Wilbert R. Shenk (Wm. B. Eerdmans Publishing Company, 2004), 45.

#62 アメリカに関しては、アメリカン・ボードが一八一九年にユダヤ人伝道のために宣教師をパレスチナに送っている。しかし、大きな成果を挙げられず、一九三一年には、伝道の対象を東方キリスト教徒に限定する方針に転換している。この方針転換は、一方では、シリア・プロテスタント・カレッジ（現ベイルート・アメリカン大学）の設立等を通じてのアラブ民族主義の勃興を促し、他方では、アメリカの中東外交におけるアラビストの影響力を強めることにも貢献することになる。Abdul L. Tibawi, *American Interests in Syria, 1800-1901: A Study of Educational, Literary and Religious Work* (Clarendon Press, 1966)を参照。

#63 Yaron Perry, *British Mission to the Jews in Nineteenth-Century Palestine* (Frank Cass Publishers, 2003), 12-13.

#64 Ibid., 54-55.

#65 松井透「近代西欧のアジア観——イギリスのインド支配をめぐって」『思想』五三〇（一九六八年）、五一—

五四頁。

#66 Sizer, *Christian Zionism*, 35.

#67 Ibid., 37-38.

#68 Sherif, *Non-Jewish Zionism*, 55-57.

#69 Anthony Ashly Cooper, "State and Prospects of the Jews," *Quarterly Review* 63（126）(1839), 188-189.

#70 Ibid., 186-187.

#71 Tibawi, *British Interests in Palestine*, 50-51.

#72 Sizer, *Christian Zionism*, 33.

#73 サイザーは、一八九四年に出版されたという *The Restoration of the Jews to Palestine* に言及しているが、ブリティッシュ・ライブラリーのオンライン・カタログには、同じ著者と書名で一八八四年にロンドンで出版されたものが掲載されている。また、ドナルド・ルイスによれば、ドイツ語のオリジナル版と思われるものが一八八二年に出版されたことになっている。ここでは、ルイスの記述に従った。Donald M. Lewis, *The Origins of Christian Zionism: Lord Shaftesbury and Evangelical Support for a Jewish Homeland* (Cambridge University Press, 2010), 329.

#74 Merkley, *The Politics of Christian Zionism*, 12-25; Sizer, *Christian Zionism*, 60-62.

#75 第一次大戦後のアラブ国家独立を約束した一九一五年七月～一六年一月のフサイン・マクマホン書簡、英仏露三国間で戦後の勢力範囲を約束し合った一九一六年五月のサイクス＝ピコ秘密条約、そしてシオニストにパレスチナを民族的郷土として与えることを約束した一九一七年のバルフォア宣言は互いに矛盾し合う内容を含んでいた。板垣『石の叫びに耳を澄ます』五三―五四頁。

#76 渡会好一『ユダヤ人とイギリス帝国』（岩波書店、二〇〇七年）、一九五―二〇二頁。

#77 同上、一九五頁で引用。Chaim Weizmann, *Trial and Error* (East and West Library, 1950), 226.

#78 清水『アメリカ帝国』、一〇四―一一一頁。

#79　アメリカン・ボードのパレスチナ宣教は、ユダヤ人宣教を目的として一八二〇年には現地で始まるが、成果を挙げることができず、一八三一年にはコンスタンティノープルを拠点としたアルメニア正教徒を対象とした伝道活動と、ベイルートを中心としたアラブ人キリスト教徒を対象とした伝道活動を行うようになる。後者は、一八六六年、後にベイルート・アメリカン大学となるシリア・プロテスタント大学を設立するなど、アラブ・ナショナリズムの誕生を大いに促進する役割を意図せずして果たした。Joseph L. Grabill, *Protestant Diplomacy and the Near East* (University of Minnesota Press, 1971), 6-8, 24, 54-56.

#80　Hutchison, *Errand to the World*, 65.

#81　Ibid., 93.

#82　William R. Hutchison, "A Moral Equivalent for Imperialism: Americans and the Promotion of 'Christian Civilization,' 1880-1910" in *Missionary Ideologies in the Imperialist Era: 1880-1920*, ed. Torben Christensen and William R. Hutchison (Aros, 1982), 168-169.

#83　Ibid., 173.

#84　Tibawi, *American Interests in Syria*, 100-101.

#85　Ibid., 303.

#86　Edward Mead Earle, "American Missions in the Near East," *Foreign Affairs* 7 (3) (1929), 417.

#87　Hilton Obenzinger, "HolyLand Narrative and American Covenant: Levi Persons,Plimy Fisk and the Palestine Mission," *Religion&Literature* 35 (2-3)(2003), 263.

#88　オベンジンガーによると、一九世紀に入り、ユダヤ人シオニストの入植が始まる一八八二年までに、米国においても、オスマン帝国時代のパレスチナに関する個人的体験を文章化した「聖地文学」Holy Land literatureが多数書かれ、それらは、何百冊もの本や膨大な新聞・雑誌の記事から成り、「ニュー・エルサレム」としてのアメリカ・アイデンティティ創出に重要な役割を果したという。なお、それらのほとんどが、旧約聖書の予型論的解釈や千年王国論における聖地の復活といったイメージをベースとしているのに対し、メルヴィルの*Clarel: A Poem* *and Pilgrimage to the Holy Land* (1876) とトウェインの *The Innocents Abroad, or, The New Pilgrim's Progres's* (1869) は、それらの作品群の中にあって、キリスト教的・植民地主義的なアメリカ例外主義 American exceptionalism に批判的な視点を持ち合わせていたという点で例外的といえる作品であった。(Obenzinger, *American Palestine*, 3-5)

#89 Steven Salaita, *The Holy Land in Transit: Colonialism and the Quest for Canaan* (Syracuse University Press, 2006), 57-61.

#90 「わたしは大いにあなたを祝福し、大いにあなたの子孫をふやして、天の星のように、浜べの砂のようにする。あなたの子孫は敵の門を打ち取り、また地のもろもろの国民はあなたの子孫によって祝福を得るであろう。あなたがわたしの言葉に従ったからである」(創世記二二:一七—一八)。以下、新旧訳聖書からの引用は日本聖書協会の口語訳によるものとする。

#91 Sizer, *Christian Zionism*, 69.

#92 このユダヤ人伝道と異邦人伝道の相補的関係というテーマは、ロマ書一一章の「イスラエル」の解釈に関わる。アウグスティヌスやルター、カルヴァンは、神の契約はユダヤ人に対しても異邦人に対しても同じひとつの契約しかないと考えたのに対し、その後の世代のプロテスタントのなかから、旧約聖書におけるユダヤ人に対する契約は新約の時代の現代においても、異邦人に対する契約とは区別されたかたちで有効であるという聖書解釈が出現した。そのもっとも系統的なものがディスペンセーショナリズムである。この解釈によるとロマ書一一章二五章の「・・・一部のイスラエル人がかたくなになったのは、異邦人が全部救われるに至るときまでのことであって」という章句は、異邦人伝道、すなわち海外伝道を進めることがユダヤ人伝道の成功にもつながる、ということを意味し、そのことによって終末が到来する、という認識が成立する。また、旧約聖書のなかには、イザヤ書一一章一二節「主は国々のために旗をあげて、イスラエルの追いやられた者を集め、ユダの散らされた者を地の四方から集められる」、エレミヤ書二三章三節「わたしの群れの残った者を、追いやったすべての地から集め、再びこれをそのとおりに帰らせよう」など、終末における「ユダヤ人の帰還」をテーマとした箇所がいくつかあり、これ

らと先のロマ書の解釈とを総合すると、「ユダヤ人のパレスチナ帰還」＋「ユダヤ人の改宗」＋「異邦人の改宗」がそれぞれ連動しつつ、終末の到来につながっているという解釈が可能になる。この三つの「終わりの徴」のどれに重点が置かれるか、それぞれの順番がどうなるかは、さらに細かい聖書解釈によって異なってくる。

#93　デヴィッド・グッドマン、宮沢正典『ユダヤ人陰謀説——日本の中の反ユダヤと親ユダヤ』（講談社、一九九九年）、九六頁。

#94　Sizer, *Christian Zionism*, 70-71.

#95　William E. Blackstone, *Jesus Is Coming* (Freming H.Revell Company, 1908), 241. 一二六〇日というのは、ダニエル書四：六「一時期、二時期、そして半時期たって、聖なる民の力が全く打ち砕かれると、これらの事はすべて成就する」にもとづく計算。「一時期」を一年とし、三・五年すなわち四二か月を一か月三〇日として算出している。

#96　Needham, G. C. (ed.), *Prophetic Studies of the International Prophetic Conference* (Fleming H. Revell, 1886), 194-202.

#97　Ibid., 204.

#98　Melvin I. Urofsky, *American Zionism from Herzl to the Holocaust* (Anchor Books, 1976), 52.

#99　臼杵陽『イスラエル』（岩波書店、二〇〇九年）、三七—三八頁。

#100　Isidore S. Meyer (ed.), *Early History of Zionism in America* (American Jewish Historical Society and Theodor Herzl Foundation, 1958), 159-161.

#101　Jonathan Mooahead, "The Father of Zionism: William E. Blackstone?" *Journal of the Evangelical Theology Society* 53 (4) (2010), 790-791.

#102　Merkley, *Politics of Christian Zionism*, 65-70.

#103　Urofsky, *American Zionism*, 122.

#104　Ibid., 134.

#105 すでに同年六月には、ウィルソンは、ステファン・ワイズ（一九一六年、ブランダイスの後任としてFAZ議長に就任）に対し、「適当な時期が来て、あなたやブランダイスが、私にとって発言と行動の機が熟したと感じるときが来れば、私はいつでも、そうする［シオニズムへの全面的支持を明確にする］用意が出来ている」と伝えていた。Merkley, *Politics of Christian Zionism*, 91.

#106 Ibid., 88-92.

#107 Ibid., 98.

#108 Irvine H. Anderson, *Biblical Interpretation and Middle East Policy: The Promised Land, America, and Israel, 1917-2002* (University Press of Florida, 2005), 76.

#109 板垣『石の叫びに耳を澄ます』、六四—六八頁。

#110 Markley, *Politics of Christian Zionism*, 141-143.

#111 Edward W. Said, *The Question of Palestine* (Vintage Books, 1992), 37. 日本語訳は、エドワード・W・サイード『パレスチナ問題』杉田英明訳（みすず書房）、五五頁。

#112 ディスペンセーショナリストは、最初から熱烈なナショナリズムと結びついていたという点において、一九世紀末、同様に千年王国到来への準備を説きつつ、世俗の国家には価値を置かない「エホヴァの証人」などのセクト的教派とは対照をなしている。Yaakov Ariel, *On Behalf of Israel: American Fundamentalist Attitudes Toward Jews, Judaism, and Zionism, 1865-1945* (Carlson Publishing Inc, 1991), 93.

#113 Jacob De Haas, *Louis D. Brandeis: A Biographical Sketch* (Bloch Publishing Company,1929), 163.

#114 ただし、ハイム・ワイツマンは、ブランダイスの考えに対して、シオニズムの理念を曖昧にするものとして反対し、ワイツマンが世界シオニスト機構の議長となった一九二一年には、ブランダイスはシオニズムの第一線から退くことになる。

#115 Salaita, *Holy Land in Transit*, 56 における引用。

第二章
内村鑑三におけるシオニズム論と植民地主義

はじめに

近代日本における代表的プロテスタント知識人の一人である内村鑑三（一八六一―一九三〇）は、第一次世界大戦終結前後に行った再臨運動と呼ばれる信仰運動の中で、シオニズム運動について繰り返し好意的に言及した。このことは、第一次世界大戦中、戦時需要に応えるかたちでグローバル経済への大幅な進出を果たした日本と、イギリスの政治的支持を獲得することでやはりグローバルな存在感を一気に獲得したシオニズム運動との間の、最初期の思想的連鎖を示すものと考えられる。しかしながら、軍事的な帝国主義政策に対して批判的な視点を持っていた内村が、イギリスの帝国主義政策の中に位置付けられた侵略的な植民運動を支持したのはどのような動機によるのか、必ずしも十分に分析されてきたとは言えない。また、再臨運動が約一年半という短い期間で終わり、シオニズム運動に対する内村の言及もほとんどその時期に限定されていることについても、解明すべき点が多く残されているように思われる。

こうした問題意識を前提として、本稿では、当時の国際情勢との関係において再臨運動がもつ時代的意味を考察したい。

内村鑑三の思想については、日本近代思想史やキリスト教史など、様々な角度から議論されてきた。たとえば、丸山真男は内村の非戦論について、「『・・・世に迷想多しと雖も軍備は平和の保障であると云ふが如き大なる迷想はない、軍備は平和を保障しない、戦争を保障する』・・・こうした内村の論理がその後の半世紀足らずの世界史においていかに実証されたか、とくに原爆時代において幾層倍の真実性を加えたかはもはや説くを要しない」と高く評価している。#1 また、家永三郎は、「内村のように、一度は徹底的に近代化の線を推し進める為に奮闘し、それにもかかわらず、近代の限界を正しく突きとめて、近代精神の根本の病弊を鋭く衝くという、そういう立場をとった思想家はあまり他に例を見ないようであります」として、日本の「復古主義的」ナショナリズムとは質を異にする内村の近代批判の先駆性について述べている。#2

こうした戦後民主主義的な立場からの評価に対して、内村の朝鮮人観に見られる植民地主義の問題を指摘する論考が、一九八〇年代以降の日本における戦争責任論の興隆の中で現われるように

【図2】
内村鑑三　1912年、札幌（『内村鑑三全集』第19巻口絵より）

なった。早い時期のものとしては、韓国経済史を専門とする滝沢秀樹の、内村が「朝鮮民族をはじめとするアジア諸民族史・民族形成史をそれとして内在的にみようとする視点を欠いていた」とする指摘を挙げることができる。#3

他方、最近では保守的論客による内村の再評価というべき動きもある。新保祐司による「東日本大震災によって一層深刻化した危機の中にある日本を立ち直らせるためには、『明治の精神』の代表的存在である内村鑑三を深く理解し、そこから精神的エネルギーを汲みとらなければならない」、「『非戦論』も、当時の時代的文脈を完全に無視して、戦争反対の先駆だと祭り上げられた。それが良くなかった」といった発言はその代表的なものといえる。#4

しかし、内村の思想的円熟期におけるメルクマールともいえる再臨信仰について考察した議論は決して多くなく、さらに、終末到来への信仰的備えを広く訴えた再臨運動の中でしばしば語られたシオニズム論についてはほとんど注目されてこなかった。これまで原島正や、近藤勝彦、李慶愛などが内村の再臨運動について同時代の思想潮流を踏まえた考察を行っているが、シオニズムとの関連についてはわずかに言及するにとどまっている。#5

上述した通り、内村は、再臨運動をわずか一年半ほどで終えた後、シオニズムへの言及をほとんどしていないため、一見、彼の幅広い思想的射程の中で、シオニズム論はそれほど重要な位置を占めていないようにも思える。しかし、内村のシオニズム論は、直弟子である矢内原忠雄の植民政策論に大きな影響を与えており、また、無教会主義の流れを汲む手島郁郎の「キリストの幕屋」が、一九六〇年代以降、イスラエルとの交流を深め、日本における代表的なイスラエル・ロビーとしての立場を固めていることなどを考えると、その影響を等閑視することはできない。

この問題に取り組むためには、内村のキリスト教理解の背景にある欧米キリスト教の世界認識におけるユダヤ人観の問題を押さえつつ、同時に、近代日本におけるキリスト教受容のあり方の歴史的特殊性をも考慮に入れる必要がある。これまで、内村のユダヤ人観について考察した研究としては、ドロン・コーヘン、原島正、森山徹などの研究がある。#6 コーヘンは、内村のユダヤ人観の変遷を追いつつ、そのいずれのユダヤ人観も、現実のユダヤ人やユダヤ教から乖離しており、自らのキリスト教信仰の枠組の中で完結しているとの指摘を行った。原島は、内村のユダヤ人観の変化を再臨運動前・再臨運動期・再臨運動後の三期に分けて整理し、彼にとって救済史と世界史との接点に「ユダヤ人」が位置していると論じた。森山は、内村の「ユダヤ観」を、反ユダヤ主義に対するキリスト教の神学的議論の中に位置付けようと試みた。

本章では、これらの議論を踏まえつつ、内村の再臨信仰およびユダヤ人観が、彼のキリスト教思想全体においてどのような位置を占めているのか、さらには、よりグローバルな歴史的地政学的コンテクストの中で、再臨運動期のシオニズム支持を含め、内村の無教会主義や再臨信仰がどのような意味を持つのかについて、宗教とナショナリズム、植民地主義のトランスナショナルな連鎖と交差という視点から考察しようと思う。

第一節　内村鑑三の米国体験と贖罪信仰

（一）一九世紀米国のミッショナリー運動と札幌バンド

明治期日本のキリスト教受容は、内村がそうであったように、佐幕派士族の子弟を中心として始まった。彼らは、藩閥政府が主導する近代国家建設に取り残されないための手段として、洋学校や宣教師の私塾などで欧米の知識を身に付けようとした。そうして彼らは西洋文明を受け入れると同時に、崩壊した封建秩序に代わる、近代国家によりふさわしい価値規範としてキリスト教を受容することとなった。

彼らにキリスト教を伝えたのは、一九世紀米国におけるミッショナリー運動の高揚に鼓舞された宣教師や平信徒で、キリスト教と西洋文明を一体のものとして捉える欧米中心主義的な宗教観を強く有していた。そして、彼らを通じて改宗した初期日本人プロテスタントの多くは、キリスト教伝道に留まらず、西洋文明の紹介者としても大きな役割を果たした。しかし、明治政府の欧化政策とそれへの排外主義的反動の中、欧米キリスト教に従属しない、「日本的キリスト教」をどのように形成するかは、日本人プロテスタントにとって共通の課題とならざるを得なかった。

そうした中で、内村や新渡戸稲造ら、札幌農学校の一期・二期生から生まれた「札幌バンド」は、ニューイングランドのピューリタニズムの影響を強く受けつつも、同時に北海道開拓のための科学的農業教育を学んだという点においてユニークな性格をもっていた。マサチューセッツ農科大学をモデルとした札幌農学校は、当初、教頭ウィリアム・S・クラーク（William Smith Clark, 1826-1886）を始め、スタッフの多くがニューイングランド出身者であり、授業はすべて英語、寄宿舎生活も米国のそれに倣ったものであった。一般社会から隔絶した環境に置かれた学生らは、西洋文明とキリスト教の一体性を、より深く人格的なレベルにおいて受容したといえる。

ところが、一八八一年七月に内村が札幌農学校を卒業し、開拓使に就職した直後には、開拓使官有物払下げ事件が起き、これが契機となって明治一四年の政変が起き、「親英派」の大隈重信（一八三八―一九二二）が失脚、翌年には、札幌農学校の政治的後見人であった黒田清隆（一八四〇―一九〇〇）も失脚に追い込まれた。そうした中で開拓使が廃止され、三県一局時代（〜一八八六年、その後は北海道庁）となるなど、北海道行政は安定せず、また、以前から明治政府によってキリスト教伝道の場とされていることが問題視されていた札幌農学校についても、廃止・縮小論が浮上した。

同じ頃、札幌バンドのメンバーによって立ち上げられた札幌独立基督教会は、内村らの努力によってメソジスト監督派教会からの借金を完済することで、特定の教派に属さない独立の立場を鮮明にしていた。しかしながら、札幌農学校における聖書研究会が禁じられるなどの圧力を受ける中、[#7]開拓使の官吏や農学校の教員になった札幌バンドのメンバーの多くは、キリスト教信仰と国家に仕える官吏としての立場を明確に分けるようになり、近代国家建設に貢献する「日本的キリスト教」という当初の理想からは次第に後退していった。佐藤昌介や新渡戸稲造が、この頃、さらなるキャリアップのために、キリスト教色の薄いジョンズ・ホプキンス大学に留学し、ドイツ歴史学派の流れを汲むリチャード・T・イリー（Richard T. Ely, 1854-1943）の下で農業経済学を学んだことも、こうした風向きの変化に対応した選択であった。彼らは、クラークが伝えた米国的ピューリタニズムと日本のナショナリズムは、公的な次元では調和し得ないという「現実」に適応したのだともいえる。

（二）「エレミヤ書」とナショナリズム

内村は一八八四年の秋、当時働いていた農商務省を辞職し、「第一に人となること、次に愛国者となること」[#8]をめざすとして、佐藤や新渡戸の後を追うように渡米した。この米国体験は内村にとって、キリスト教信仰と愛国心との関係についての思索を深めるという点において大きな意味をもつものとなった。そこで体験したのは、急速な産業化の只中にある、ピューリタン的理想からは程遠い「金ぴか時代」の米国の現実であり、また、多くの米国人クリスチャンの「異教徒」に対する差別的態度であった。そうした中で、キリスト教徒としての使命感と日本人としての使命感とをどのように調和させるかが、内村にとって重大な信仰的・知的課題となったのである。

渡米後、ペンシルヴァニア州の福祉施設で働いていた時期の内村は、旧約聖書の預言書のナショナルな解釈を通して、キリスト教信仰とナショナリズムとを有機的に関連付けようとした。一八八五年五月、内村はエレミヤ書から強いインスピレーションを受け、「エレミヤに語りたもうたその同じ神は、よしそれほど明瞭ではなくとも、余の国人中の或者にもまた語りたもうたということ、・・・この長い幾世紀の間、我々を愛し我々を見守りたもうたのである」という認識を得、さらに「ロシアをバビロニアに、ツァーをネブカドネザールに、そして余の国を義の神を告白することによってのみ救われる無力なユダヤに、比較した」という。#9

ここでの内村の切迫感の背景には、当時の緊迫した国際情勢の推移を考慮しておく必要がある。一八八四年一一月から一八八五年二月にかけて開催されたベルリン会議がアフリカ分割を決定付けると、三月にはロシアがアフガニスタンのパンジュデを占領、翌月にはロシアの南下政策を警戒するイギリスが朝鮮半島南部の巨文島を占領した。英露開戦の可能性がにわかに高まるなか、アメリカでは、両国の対立を文明と野蛮の対決として捉え、イギリスを支持する論調が多く現れていた。例えば、四月二七日の『ニューヨーク・タイムズ』紙が紹介したユニタリアン派牧師の説教は、グラッドストーン英首相によるロシアとの交渉開始の努力を「イザヤ書」における平和の預言の成就に近づくものと高く評価しつつ、「もしイギリスとロシアの間で戦争になれば、この国の同情がイギリスに向かないわけにはいかない。それは準野蛮（semi-barbarism）に対する文明の戦争になるだろう。イギリスは進歩的時代における最も価値あるもの全てを代表し、ロシアは迷信の主導者である」としていた。#10

内村の「エレミア書」解釈は、英米におけるロシアの中東・東アジア進出への危機感を共有するものであり、そこでは、日本の文明化とキリスト教化が、英米協調主義的な世界認識の中に位置付けられていたのである。

（三） 帝国主義的ミッショナリー運動への反発

こうした状況において日本が生き残るためには、西洋文化を表面的に摂取するだけでなく、その土台にあるキリスト教を受け入れることが不可欠であると深く信じた内村は、福音伝道を通じて日本に貢献しようと決意し、一八八五年九月、当時米国滞在中であった新島襄の紹介で、ウィリアム・クラークの母校でもあり、保守的キリスト教色の強いアマスト大学に入学した。

その内村に大きなインパクトを与えたのは、入学の翌月にジュリアス・シーリー学長（Julius Hawley Seelye, 1824-1895）に誘われて参加したアメリカン・ボードの第七六回年次総会であった。内村は、この大会で、南アフリカのズールー人への伝道活動を行っている宣教師の活動報告に感銘を受け、「カフィル人とホッテントット人との彼らの道徳的戦争のことを語る時、そのときショーはショーであることをやめ、我々もまた燃やされるのである」と述べる一方、[#11] 改宗したインド人青年に母語で讃美歌を歌わせ、宣教資金の寄付を募る様子については、「あの寄付金を、馴らされたオランウータンをショーにして集めた金を評価する以上に評価しない」と憤りを露わにしている。[#12] つまり内村は、ズールー人への宣教については宣教する側に感情移入し、インド人への宣教については宣教される側に感情移入している。その受け取り方の差異は、語り手／歌い手の立場の違いによるとも言えようが、同時に、当時の欧米社会における「未開―半開―文明」という序列を受け入れ、インドについては、「半開」から「文明」に移行しようとしている日本と同段階にあるとして共感の対象としつつ、南アフリカについては、「未開」とみなし、共感の対象から外しているように思われる。

内村が戸惑いを示さざるを得なかった米国のミッショナリー運動における帝国主義的性格は、当時、植民地獲得競争が激化する中でミッショナリーの存在がより政治的な意味を帯びざるを得ないようになった情勢を反映していたものと考えられる。というのも、ベルリン会議以降、植民地獲得の条件としての「実効支配」が重視されるようになり、結果として、ミッショナリーとその母国政府との政治的紐帯が強化されることになったからである。#13

この帝国主義時代における米国のミッショナリー運動の世界認識を垣間見せるものとして、アメリカン・ボードの機関誌である『ミッショナリー・ヘラルド』の一八八六年一月号に掲載された、世界の宗教別人口のダイアグラムがある。

アメリカン・ボード大会への感想に続けて内村が記している次の感想は、この図に対するものだと考えられる。

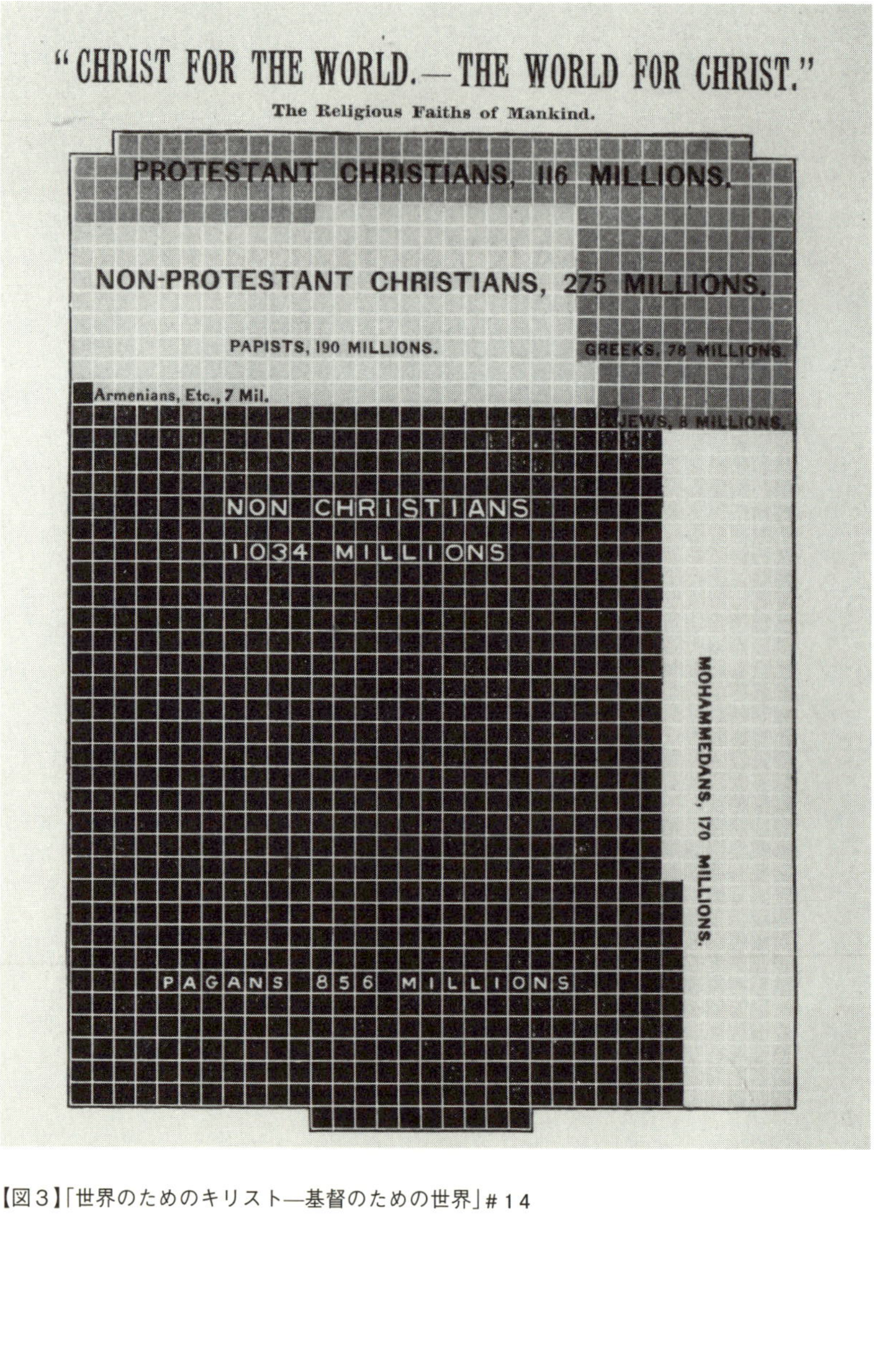

【図３】「世界のためのキリスト—基督のための世界」＃１４

実際、ミッションの本義はただ異教徒の暗黒を基督信徒の光明と比較して描くことによってのみ支持され得るものと想像しているかと思われる或人々がある。そこで彼らは異教徒をまっ黒な正方形によって、プロテスタント基督教徒を白色正方形によって示す図表を作る。#15

図の最上部にプロテスタントを、下部に非キリスト教徒を配置したこの図は、次第にプロテスタントが下方に向って浸透し、全世界をプロテスタント化するという、ジョサイア・ストロングの抱いていたのと同様の自民族中心主義的な優越感の下で書かれているといってよい。この年の夏には、長老派教会牧師のアーサー・T・ピアソン（Arthur Tappan Pierson, 1837-1911）らによって海外伝道学生ボランティア運動が発足し、「この世代における世界の福音化」という性急なスローガンを掲げた。キリスト教国による世界分割が急速に進められていた時期におけるミッショナリー運動の空気に内村は違和感を感じざるを得なかったのである。

（四）　贖罪信仰への回心とナショナリズム

なお、以上に述べた内村の帝国主義的ミッショナリーに関する感想は、帰国後、『余は如何にして基督信徒になりし乎』*How I Became a Christian* の執筆に際して整理されたものであって、体験時はより混沌としたものであったと思われる。福音伝道を通じて日本に貢献しようと考え、アマスト大学で勉強をしていた内村にとって、ミッショナリー運動の帝国主義的性格はきわめて深刻なものとして受け止められたであろう。同じ時期に内村が、贖罪信仰に目覚める「回心体験」を経験したことは偶然ではないと思われる。

「一八八六年」三月八日　余ノ生涯ニ於ケル甚ダ重大ナル日ナリキ。「キリスト」の贖罪の力ハ今日ノ如ク明瞭ニ余ニ啓示セラレシコト嘗テアラザリキ。神ノ子ガ十字架ニ釘ケラレ給ヒシ事ノ中ニ、今日マデ余ノ心ヲ苦シメシ凡テノ難問ノ解決ハ存スルナリ。・・・彼ハ彼ノ栄光ノタメニ余ヲ用ヒ給フベシ・・・[#16]

この回心体験について宗教学者の徳田幸雄は、内村の進路選択の問題について激しい葛藤が背景にあったと述べているが、[#17] ここでの葛藤は、徳田の指摘する「地位や名声、財」の問題にとどまるものではなく、神への献身と日本への献身が両立し得るかどうかをめぐるものでもあったと思われる。そうであるからこそ、贖罪信仰への目覚めは、必然的に「余ハ選民ノ一人ナラザルベカラズ」[#18](六月五日)、「神ノ摂理ハ我ガ国民ノ中ニアラザルベカラズ」[#19](一二月五日)といった認識に結びついたのであった。つまり内村は、「個人の救い」に「国家の救い」を重ね合わせることで、贖罪信仰とナショナリズムとを調和させようとしたのである。

旧約聖書読解に依拠したナショナルなキリスト教受容のあり方は、日本の初期プロテスタントにおける典型的なパターンであるだけでなく、中国や朝鮮など、非キリスト教国におけるプロテスタント受容のあり方として広く見ることができる。この「民族の救い」[#20]という発想は、旧約聖書のイスラエルに米国を重ね合わせ、神への服従こそが国を救う道だと考える米国的ピューリタニズムの伝統に共通する考え方でもあったが、内村の場合、日本人だけを選民とするのではなく、日本人もまた選民なのだと考えるところに、特徴があった。

（五）二つの移住植民地と文明発展史観

以上に見たような、自民族中心主義的なバイアスを克服し、より普遍的な世界観を獲得しようとする姿勢は、その後の内村の思想の発展を大きく特徴づけるものであった。しかしながら、その際に「カフィル人とホッテントット人」に対する欧米ミッショナリーの差別的視点に疑問を持たず、むしろ同調したということもまた、彼の思想を根底から拘束し続けることになる限界点として注意しておく必要がある。こうした文明の序列に関する思考枠組は、彼が初期の思想形成を遂げた地であり、キリスト教への改宗と贖罪信仰への回心を経験した地である北海道／アイヌモシリとアメリカ合州国という二つの移住植民地の持つ歴史的環境からの影響を無視することができない。

内村が札幌農学校に入学した時期、その近郊の対雁（ツイシカリ）では、樺太から強制移住させられたアイヌ民族八四一名のおよそ半数が伝染病で死亡するという悲劇が起きていた。[#21]　また、内村が米国に滞在していた時期は、アメリカン・インディアンに対する殲滅戦争の最終段階でもあった。一八八六年一月、ジェロニモ（Geronimo/Goyathlay, 1829-1909）に率いられていたチリカウア・アパッチの人々が投降したことは大きな話題となっていた。このとき捉えられたアパッチの子供たち一一二名は、強制的にペンシルベニア州のカーライル・インディアン工業学校に収容されたが、そのうち三〇名が三年以内に病死するという悲劇が起きていた。[#22] 内村は、帰国する直前の一八八八年二月、この寄宿学校を訪ねている。校長のリチャード・ヘンリー・プラット（Richard Henry Pratt,1840-1924）は、インディアン戦争を戦った将軍で、「インディアンを殺し、人間を救う」を合言葉とし、親元から強制的に引き離したインディアンの子供たちに対し、母語の使用を禁止するなどの同化政策を進めていた。国家や国境という概念に捉われずに自然と共生してきた先住民族は、列強による世界分割と経済競争が進む中、存在そのものを否定されるようになっていたのである。

内村はプラットとの会話のなかで、アメリカ先住民族と似たものとして「『アイノ』人種」が日本にいることを伝えると、彼が非常に関心を示したということをもって、「蒙昧可憐のアイノ人、彼等は此処に推察に富める一友人を得たり」と得意げに書き記している。また、内村は六〇〇余名のインディアンの生徒を前に、「日本起て亜細亜を救ふの時は亦汝の頭を擡げ得る時にして我今汝に接して我が責任の益々重且大なるを知る」[#23] とも述べている。ここに見られる内村の民族的使命感は、《野蛮―文明》の価値基準を深く内面化した「日本版マニフェスト・デスティニー」と呼べるものであった。

第二節　贖罪信仰と「日本の天職」

(一)　天皇制ナショナリズムとの衝突

一八八八年、キリスト教と愛国心とを統一的に捉える展望をもって内村が米国から帰国したとき、列強による「世界分割」はより激烈さを増していた。一八八七年には仏領インドシナ連邦が成立、また、同年、米国はハワイ王国から真珠湾の使用権を獲得していた。アジアにおける植民地獲得競争が過熱する中、欧化政策の下で急成長を続けていたキリスト教会への社会的な風当りは次第に厳しくなっていった。

また、一八八九年には、大日本帝国憲法が発布され、「天皇ハ神聖ニシテ侵スヘカラス」(三条)とする一方、「安寧秩序ヲ妨ケス及臣民タルノ義務ニ背カサル限ニ於テ」という条件の下で信教の自由が認められるようになった(二八条)。その祝賀式では、「日の丸・君が代・御真影・万歳」という国民統合の「四点セット」がはじめて勢ぞろいした。#24　しかも、この近代的国家祭典を演出した文部大臣森有礼は、その式典のある朝、欧化主義者である彼の「不敬」を疑った右翼青年によって刺殺された。翌年には、神武天皇・皇后を祭神とする橿原神宮が創建され、さらに教育勅語が発布された。こうした神格化された「万世一系の天皇」を前面に押し出した国民的政治文化の創出という状況は、内村が米国に発つ前の、鹿鳴館に象徴される欧化政策を取っていた時期の日本には、まだ見られないものであった。国民統合理念として急ごしらえされつつあった天皇制ナショナリズムは、三年余りの異国体験を経て「愛国的キリスト者」としての自覚を新たに帰国した内村のナショナリズム理解とは異質なものであった。そのことは、一八九一年の有名な「一高不敬事件」の原因になった。

当時、第一高等学校の嘱託教員をしていた内村が教育勅語奉読式で明治天皇の「御親筆」に最敬礼をしなかったことに対する社会的バッシングは、内村のみならず、日本のキリスト教界の指導者にも大きな衝撃を与えた。日本基督教会の植村正久（一八五八―一九二五）は「吾人は今日の小学中学等に於て、行わるる影像の敬礼、勅語の拝礼を以て、殆ど児戯に類することなりといわずんばあらず。憲法にも見えず、法律にも見えず、教育令にも見えず、唯当局者の痴愚なる、頭脳の妄想より起りて、陛下を敬するの意を誤り、教育の精神を害し・・・」と痛烈に勅語礼拝の強制を批判した。#25 内村も、キリスト教と臣民教育とは相容れないと主張する井上哲次郎に対して「公開状」を発表し、「天皇陛下は我等臣民に対し之に礼拝せよとて賜はりしにあらずして、是を服膺し即ち実行せよとの御意なりしや疑ふべからず」として、井上の議論は形式的な国家主義に捉われていると反論した。#26

しかし、植村にせよ、内村にせよ、形式的な礼拝の強制が天皇の意志や勅語の要請する内容とは異なるという点において反論しており、天皇の権威や教育勅語の内容そのものを批判する論理は全く展開していないという点に注意が必要であろう。

（二）　不敬事件後の「贖罪の哲理」

「一高不敬事件」の後の内村の旺盛な執筆活動には、キリスト教が愛国心と矛盾するものではなく、むしろ、日本の発展のために必要なものであることを示そうとする護教論的な意図が強く働いているように思われる。そこでは、自らの迫害の経験に歴史的意味を見出そうとする動機とアジアにおける新興国日本の将来に対する期待とが重ね合わせられていた。

たとえば、一八九三年に発表した『求安録』の中の「贖罪の哲理」という章において内村は次のように述べている。

> 人類は連帯責任を以て共に繋がるゝものなり、一人の罪は人類挙て之を感じ、一国の失政は万国の損害となる、我の兄弟が罪を犯して我は責任なしと謂ふを得ず、・・・罪なきものが罪あるもの丶罪を負ふにあらざれば其罪は消滅せざるべしとは天下普通の道理なり#27

キリストの贖罪をこのように解釈した内村は、反逆罪によって処刑された奴隷制廃止運動家ジョン・ブラウン（John Brown, 1800-1859）や、南部連合支持者に暗殺されたアブラハム・リンカーン大統領（Abraham Lincoln, 1809-1865）を引き合いに出し、「人類社会は実に義士仁人の功徳に依て成立するものなるが如し」と言う。これに対し、かつて不敬事件の際に内村を支援した横井時雄（一八五七―一九二七）

は、『六合雑誌』誌上で、「贖罪の主意をして志士仁人の犠牲的死と同一の主意」としているとし、これでは当時内村が批判していた「新神学者」の贖罪理解と区別がつかないと鋭く追及した。#28

ここで「人類の発展」に献身する義士として想定されているのは、内村自身、あるいは日本であった。そこでは、米国における「自由」の発展に寄与した人々の「殉教」に、日本における「自由」の普及のために「不敬事件」に遭った自らの犠牲を重ね合わせるという、自己肯定的・予定調和的な認識があった。

この書において内村は個人の内面的な罪の意識について掘り下げてはいるが、「民族／国家の罪」については全く議論していない。日清戦争前夜という状況を考えれば、上記引用における「一国の失政」として想定されているのは日本ではなく、甲申政変により開化派が失脚した朝鮮などが想定されていると考えられ、日本はその責任を負ってアジアの近代化に貢献しなければならない、という趣旨であると理解できる。「人類の発展」に献身する義士として想定されているのは、内村自身、あるいは日本であると考えられ、その犠牲的行為に対する「神の愛」を強調した自己肯定的・予定調和的な議論となっているのである。

（三）『地理学考』と文明発展史観

こうした楽観的な文明発展史観を前提とした議論は、日清戦争勃発二か月前の一八九四年五月に発表した『地理学考』において、より顕著に見ることができる。そこでは、地理学者アーノルド・ギヨー（Arnold Guyot, 1807-84）の『地球と人類』*The Earth and Man* の議論に依拠するかたちで、日本の世界的使命が、文明化・キリスト教化の世界史的展開の延長上にあるものとされた。ギヨーの議論は、一九世紀中頃の時代思潮ともいえる極めて楽観的な欧米中心主義的歴史観に則ったものであった。

文明の圏域は、徐々に拡大し、さらに拡がるに違いない。それは、地表面全体に至るまでとどまることがないであろう。自然と歴史における全てのことが、ヨーロッパ社会に対して、この光栄たる主導権を握り、仕事を進めるように駆り立てているのである。・・・現代のヨーロッパは、かつてのローマ帝国のように、世界征服へと行軍している。それは武力によるよりも、多くは、入植者や商業、文明、キリスト教をあらゆる国々に持ち込むことによって行われている。#29

内村は、ギヨーが「歴史の地理学的行軍」（Geographical march of history）#30 と呼ぶこうした議論を前提として受け入れつつも、ここに「東洋文明の東漸」を加え、さらに「日本の天職」を継ぎ足すことによって欧米中心主義の相対化を試みている。

例えば、日本がインドの仏教や中国の儒教を摂取したことをもって「東洋文明の東漸」とした上で、「西洋文明の西漸」と合わせ、「日本国の天職如何、地理学は答へて曰く、彼女は東西両洋間の媒介者なりと」「パミール高原の東西に於て正反対の方角に向ひ分離流出せし両文明は太平洋中に於て相会し、二者の配合に因りて胚胎せし新文明は我より出で再び東西両洋に普からんとす」として、日本の世界史的使命を東洋と西洋の仲介者であるとした。[#31]

また、ギヨーが繰り返し強調する疑似科学的な人種主義理論を排除していることも「地理学考」の特徴として指摘しておかなければならないだろう。例えばギヨーは、人類の発祥の地をコーカサス地方であるとし、そこで生まれた人間の特徴を最もよく保存している「最も純粋で最も完全なタイプの人間」が白人（白色コーカシアン）であるとしている。そして彼の理論によれば、「人類の地理的中心から離れるに従って、「身体的特徴における」均整が減少し、比率の調和が消滅する」という。[#32] 内村の議論では、パミール高原が人類文明発祥の地とされ、そこを起点に人類史が語られるが、ギヨーのような人種に関する疑似科学的記述は見られない。

しかしながら、こうした欧米中心主義的歴史観を修正しようとする努力は、その根底にある文明発展史観を相対化できていないため不徹底なものにならざるを得なかった。記述の重点は「西洋文明の西漸」に置かれ、「東洋文明の東漸」については、インドに対して「温暖の気、沃饒の地は民の懶惰淫逸を促がし、自然と戦ふの必要なきを以て之と和し、終に之が隷属となれり」、[#33] 中国に対して「其大思想に乏しきこと、・・・其外形の礼に流れ易くして真善を認むるの力弱きこと、其進歩の遅鈍なること」[#34] というように、アジア停滞論が強調された。アフリカについては、「コンゴ自由州を設立せし如く、劣等人種を遇するに人情と公義とを以てするに至らば亜非利加は其天職を充たせりと謂つべきなり」[#35] というように人種概念が適用され続け、完全にその住民の主体性が無視され、北米、南米、オーストラリア・南洋諸島に至っては、先住民族の存在や彼らに対する征服戦争の歴史が一切省かれ、欧米入植者中心の歴史観が記されている。

このように、内村は拭い難い欧米中心主義的な色眼鏡をもって世界の諸文明を俯瞰した後、『地理学考』の結論部分において次のように述べている。

「欧」は「非」を同化し、「北米」は「南米」に伸び、「亜」は其理想を「濠」に施こし以て益々其特質を発揚し得べし、・・・文明の西漸其極に達する時は其南漸の素まる時なり、南漸は已に素りぬ、未来一千年間人類の冀望は南にあるべし#36

ここで内村は、現在の主要な文明の担い手をヨーロッパ、北米、アジアの三者とし、それぞれがアフリカ（亜非利加）、南米、南洋・オーストラリアに「南進」することで人類の歴史が完成するという極めて図式的な展望を示している。

なお、内村はアジアの南進について次のように述べている。

東洋人の援助に依らずして彼等「ヨーロッパ人」が南洋を開発し能はざるは明かなり、而して実力を重ずる支那人にして永く南洋の植拓に使役さるゝならば彼れ等又実権を握らずして止まんや、聞く英領香港の如きも其実際上の商権は已に支那人の掌中にありと、濠洲亦終に香港の如く

ならざるを得んや、南洋占領問題は支那の振興を待たずして容易に決すべからざるなり。#37

このように内村は、次第に列強が進出しつつあったオーストラリア・南洋諸島の開拓は、今後、「東洋人」の移民と商業を通じてなされるであろうと希望的に主張している。ここでの中国の存在を重視した議論は、志賀重昂の『南洋時事』（一八八七年）からの影響があると推測できる。ちょうど内村がアマスト大学に留学中であった一八八六年、志賀は海軍練習艦「筑波」の約一〇か月間にわたる南洋航海に便乗を許され、その見聞録として同書を刊行した。志賀は、南洋諸島の先住民がヨーロッパ諸国の植民者によって征服されている状況に危機感を覚え、中国との連携を通じた列強との対等な協調外交を目指すことを提起していた。

近時此国〔清国〕外交上ノ制治ヲ観望シ、兼テ将来東洋ノ貿易上ニ彼此ノ関繫ヲ予想スレバ、最モ吾人ガ注意ヲ怱カセニス可カラザルモノアリ。我日本コレト協同連盟シ兼テ英国ト気脈ヲ通ジ以テ立国ノ基礎を鞏固シ、漸ク前ミテ欧米列国ニ対セバ、国旗ノ性名ヲ永遠ニ保維スル庶幾クハ難キニ非ザル可キ乎#38

清水元は、この志賀の日中連携論を「イギリスと協調するための有利な条件作り」にあったと指摘しているが、#39「東洋」の文明化を主導するのが日本という前提に立った内村の南進論にも、「南」

の開発を欧米と地域分業するために、中国の華僑ネットワークと連携するという発想があったように思われる。札幌農学校の二期後輩にあたる志賀の著書を内村が読んでいた可能性は十二分にある。しかし、志賀が、「濠洲、新西蘭、『フヰジー』嶋ニ至リテ『アングロ、サクソン』民族ガ跋扈強梁ヲ極メ其固有ノ地主ヲ放逐シテ自家コレガ新主人トナリタルノ実蹟ヲ目撃シ、『サモア』嶋ニ至リテ其宗社転覆ノ活劇ヲ実視シ、・・・」[#40]というように、先住民族の惨状を記していたのに対し、内村は一切そうした問題に言及していない。

志賀があくまでも弱肉強食の帝国主義時代を生き残る策としての南進を唱えたのに対し、内村にとってのオーストラリア・南洋は、日本が欧米列強と衝突することなく、世界の文明化という人類的使命を進めるための理想的「新開地」として捉えられていたのだといえる。「西漸し終り、南漸し終り、人慾悉く去り、天理悉く存し、善と真と美とが水の大洋を掩ふが如く地球全土を掩ふに至て、此地創造の目的は達せられし」[#41]という内村の摂理史的歴史把握のなかに、「アングロ・サクソン民族」による先住民族の虐殺・民族浄化という現実を位置づけることはできなかったのだと思われる。

内村の議論の背景には、この時期における一つの時代思潮であった、「平和的な経済進出」を基調とした明治期「南進論」があった。[#42]しかし、地球を経線に沿って三分割し、その中で、欧米の植民地・勢力圏拡大と並行するものとして日本の南進を意義付けるという大胆な世界認識は、既に東アジアにおいて加熱しつつあった列強の角逐という現実から逃避した理想論であり、むしろ、後のブロック経済論に結びつく側面を内包していたと言わざるを得ない。

第三節　世界帝国主義の進展と非戦論

（一）　日清戦争義戦論と預言書解釈の転換

よく知られているように、内村は日清戦争勃発に際し、義戦論を唱えた。開戦直後の一八九四年八月に英文で *Japan Weekly Male* 紙に発表した「日清戦争の義」では、清国を「野蛮主義の保護者」#43とし、日本を「東洋に於ける進歩主義の戦士」#44とした。その論調は、「我の兄弟が罪を犯して我は責任なしと謂ふを得ず」という「贖罪の哲理」の議論を朝鮮・清国への介入論として具体化したものであった。ある民族が自らの罪を顧みることなく他の民族の罪を贖えるのだとすれば、イエスが全ての人間の罪を贖ったとする贖罪信仰を出発点に置く必然性はないといえる。それは、キリスト教とともにヨーロッパからアメリカ大陸へと伝えられた「文明」が、日本を通してアジアに広げられ、世界のキリスト教化と文明化が完成するという、『地理学考』で展開された文明発展史観とも極めて整合的な議論であった。

このような内村の立論は、「日清戦争は文野の戦争なり」#45とした福沢諭吉や「日清戦争の真正なる動機は、新旧二様の精神的衝突なり」#46とした日本基督教会の植村正久など、当時の他の多くの知識人やキリスト教徒指導者がとった態度と大きく変わるものではなかった。しかし、メソヂスト教会の本多庸一（一八四九―一九一二）らとともに「清韓事件基督教同志会」を結成し、「征清軍慰問使」を派遣するなど、教会組織を通じた戦争協力を積極的に進めた植村が、「清国および朝鮮に対するわが兵隊、人夫、官吏、商人の道徳の高尚にし、もってわが国をして、たとい戦争に勝つも他を教化誘掖するの便を失うがごときことなからんを務むるは、キリスト教徒の最も注目すべきところなり」#47と具体的な論陣を張ったのに対し、内村の義戦論は、特に「日本の勝利は歴史の保証する所、人類進歩の促がす所、摂理の約する所」#48であることを強調する極めて抽象的なものであった。

しかし、一八九五年四月の下関条約で台湾・遼東半島割譲等が締結され、台湾・遼東半島の割譲を含む内容が伝えられると、内村は、自らの義戦論の主張が、現実の国際政治に当てはまらないことを悟り、米国の友人ベル宛に「『義戦』は掠奪戦に近きものと化し、その『正義』を唱えた預言者は、今や恥辱のうちにありす」#49と書き送ることになった。

さらに同年六月一三日、『国民之友』に発表した「農夫亜麼士の言」においては、「アモス書」の注釈というかたちでの隠喩を通じてではあるものの、日本の帝国主義政策に「民族の罪」が厳しく適用された。内村は冒頭で「この著作にして今世今時の時事に一つの関係を有するなく、之を掲載する雑誌にして発行停止の厄運に遭遇するの危険なきは勿論なり・・・若し其内に多少の隠語の存するあれば之れ読者の臆察より来りし者なるべし、読者心して之を読まれよ」#50と述べつつ、次のように明らかな日本批判を展開した。

西方亜細亜に於ける昔時の猶太亜人は東方亜細亜に於ける今日の日本人の如く、彼等は特種の歴史と国風とに誇り、異邦の民を見るに常に劣等人種の念慮を以てし、曰ふ我等は神国の民なり、列国亡ぶるに至るも我国の危殆に陥るの虞なしと、彼等は常に隣邦の腐敗残虐を算へ上げ、其厄運に遭ふを以て天罰の然らしむる所となせり、彼等の政治家と新聞記者とは異口同音筆を揃へて自国の仁と義とを称し、他国の暴と虐とを掲げり、然れども亜歴士は農夫にして新聞記者にあらず、彼は真面目にして正直なり、彼は天道の此民に優にして彼民に酷なるを信ずる能はず、スリヤ、モアブ、エドムの族は不徳の故を以て滅亡に帰するの徴あり、猶太亜若し其内に非倫非理の行為を蔵するあれば亦同一の運命を免がるゝ能はず、天に特愛の民あるなし、猶太亜若し改めずんば亦敗壊を免れざるべし・・・[#51]

ここで内村は、『救安録』において律法の下での個人の罪の認識を贖罪信仰の前提条件としたことを「民族の救い」においても適用したように思われる。つまり、それまでは「義の神を告白することによってのみ救われる無力なユダヤ」[#52]という被圧迫国のイメージにおいて日本を捉えていたのが、日清戦争によって日本が列強の地位に近づく中、「神によって審判にかけられる民」という自己批判的視点が加えられたのである。こうして内村は神の絶対性の下での自己批判を「日本」に対しても適用する「預言者的なナショナリズム」[#53]を主張するようになったのである。

さらにこの「預言者的ナショナリズム」において、神の審判は天皇に対するものでもあり得ることが強く意識されていたことは特筆に値する。例えば、「アモス書」三章一五節「我（神）又冬の家（紳士紳商の冬別荘）及び夏の家（同夏の別荘）を打たん、象牙の家亡び大なる家失せん」の引用の前の行が「、、、、、、、、、、、」と伏字にされているが、「アモス書」三章一四節にはこうある。「我イスラエルの諸の罪を罰する日にはベテルの壇を罰せん、其壇の角は折て地に落べし」。これは、イスラエル北王国の宗教的権威に対する天罰とその失墜を意味している。この伏字が国民之友社の判断なのか内村の判断なのかは不明であるが、いずれにせよ内村がここで言いたかったことは、「略奪戦」に対する神の罰は天皇の上に下り得るということであり、少なくとも聖書を参照したクリスチャンにはそのことが伝わるようになっていたのである。

内村は、この文章の最後で再度「農夫亜麼士の言は西方亜細亜に於ける紀元前九世紀の作なりと、其十九世紀に於ける東方亜細亜に何の関係を有する乎は余輩の全く知る所にあらず」[#54]と強調することで、逆に、「アモス書」が当時の東アジアないし日本の状況に関する警句であることをあらためて読者に思い起こさせている。

この文章は、内村の「日本的キリスト教」が天皇制ナショナリズムには収まりきらない性格を持っていたこと、そして内村自身、そのことを「不敬事件」以降、強く意識しており、少なくともこの時期においては、それとの対決姿勢をも持っていたことを示している。

ここで疑問に浮かぶのは、この時期、何が、内村をしてここまで激しい日本批判を展開せしめたのか、ということである。その背景としてまず考えられるのは、この文章を発表する前月五月一〇日の詔勅で明らかとなった三国干渉による遼東半島還付に対する強い世論の反発があった。厳しい報道統制が敷かれる中、新聞『日本』の五月一五日号と二七日号に三宅雪嶺（一八六〇—一九四五）が「嘗胆臥薪」という記事を発表し、伊藤内閣の外交政策の誤りを批判すると、この言葉は対露敵愾心を煽る「臥薪嘗胆」という流行語となって、瞬く間に一世を風靡した。さらに内村の文章の激しさに寄与したと考えられるのが、同月二五日、日本への割譲に反対する台湾官民が台湾民主国の成立を宣言し、同島に共和制を敷くことを布告したということである。翌二六日の東京朝日新聞の第一面には、「臺灣の共和制布告／臺灣にて共和制を布告したりとの風説あり／大統領は唐〔景崧〕巡撫なり」との短い記事が四倍角文字で掲載されていた。#55 二八日・二九日にも続報が出ているが、発行日の二週間前の段階で、内村が執筆時に参照したかどうかは微妙である。

先に議論した『地理学考』において内村は、古代ギリシアの「共和政治は個人的発達を促すが為めには最良制度として認められたり」、「羅馬帝国は亜細亜的団合にあらざりしなり、羅馬は共和国として起り、共和国の如く世界を支配せり」などと、「共和政治」を文明発展史観の中に位置付けていた。#56 わずか数か月の短命に終わるものの、アジア大陸において最初となる共和国の宣言という情勢に内村が強く刺激されたと考えるのが自然である。

内村は「共和国」が必ずしも天皇制廃絶を意味すると考えていたわけではなかったが、一高不敬事件の背景として、トーマス・カーライル（thomas carlyle, 1795-1881）の『クロムウェルの書簡と演説』

Oliver Cromwell's Letters and Speeches に感化されていたことを挙げていることからも、共和制を念頭に置きながら、天皇制の在り方の変革を強く望んでいたことは間違いない。[#57] そのことが文明発展史観への過剰な信奉を支えていたとも考えられる。

こうした思索と対照的な道を歩んだのが、内村を文壇に紹介した恩人である徳富蘇峰（一八六三―一八五七）であった。日清戦争中に発表した『大日本膨張論』で「天皇の心、国民の心と一致し、尊王心、愛国心と一致し、帝室国民と一致し。茲に始めて三千年来、世界無比の大日本国体を発揮するを得る也」[#58] と述べた蘇峰が、後に「大東亜戦争」の歴史的意義を説く中で、内村が『地理学考』で依拠していたアーノルド・ギヨーの議論について次のように批判していることは示唆的である。

私は今から六十年ばかり前に、ギヨーの『地人論』といふ書物を読みましたが、その中に次の様に書かれてゐるのを、今日でもはつきりと覚えてをります。

植物は動物の為に存する。動物は人類の為に存する。人類の中でも有色人種は白皙人種の為に存する。

これが即ちアングロ・サクソン人の原理原則なのであります。これを言葉を換へて申しますと、菜つ葉は鶏の為に存するものである。鶏はチキン・カツとか、チキンライスとかになつて人間に食べられる為に存するものである。人間の中でも東亜人は欧米人の為に存するものだといふ議論であります。鶏が人間に向つて未だ曾つて抗議したことがありません。これと同様に、東亜人も一

切を宿命の如く心得て、欧米人に抗議しなかつたのは、不思議と云へば、実に不思議なことでありました。[#59]

広い意味での民権派という点で同じ陣営にいた二人の対照的な思想的変遷は、日本帝国主義の「一面従属・一面侵略」という二面的性格を反映するものであり、その際、天皇制に対する姿勢の違いが決定的な意味をもった。唯一神信仰を通して天皇制を相対化する視点を有していた内村の場合、侵略戦争に人々を動員するナショナリズムを批判し得た反面、欧米中心主義的認識への「従属」を批判する視点は薄れざるをえなかった。それに対し、「従属」を拒否するために積極的に天皇制の下での「侵略」を選び取っていったのが蘇峰であった。その後の内村の思想的格闘は、この二項対立を克服することを中心的課題とすることになるのである。

(二)　相次ぐ帝国主義戦争と文明発展史観の変化

日清戦争義戦論への反省を通じて、藩閥政府に対する厳しい批判を展開するようになった内村は、一八九七年、黒岩涙香に誘われ『万朝報』の記者となり、英文欄主筆を担当するようになった。そして、そこでも、台湾における非人道的な武断統治や総督府の腐敗を厳しく追及した。しかしながら、キリスト教と文明を一体的に捉え、その発展に希望を託すという思考枠組そのものは変わらず、日本に対する失望はキリスト教国である米国の世界史的使命への期待に内村を引き戻すことになった。

日清戦争後、露仏独英の四列強が中国における利権獲得競争に熱を上げる中、米国は、アジア進出に遅れを取るまいと、一八九八年、キューバ危機を契機に始まった米西戦争によってプエルトリコ・グァム・フィリピンを併合し、また、戦時中の八月には、ハワイ併合を強行した。内村は、当初、この戦争をカトリック国統治者の圧制に対するプロテスタント国による正義の解放戦争として捉え、日清戦争勃発当時と同様の義戦論を唱えた。#60

しかし、開戦後間もなく、この戦争の帝国主義戦争としての性格が明らかになると、一八九九年二月、内村は「米国が隣邦帮助を名として竟に南洋のフィリッピン群島を併有するに至りしは確に盗賊の所業なり」と書き記すに至った。#61　内村の歴史観にとって重要な位置を占めていた「文明の南漸」というヴィジョンにおいて、米国のフィリピン併合は、単に不当・不法な行為であるばかりでなく、日本の台湾併合と同様、神の計画に逆らう行為として捉えられたのではないかと考えられる。

こうして日清戦争と米西戦争の二度にわたり義戦論を撤回した内村であったが、米国への期待は、フィリピン併合に反対する声の存在によってつなぎとめられた。マサチューセッツ州選出の上院議員ジョージ・ホア（George Frisbie Hoar, 1826-1904）が、フィリピン併合について独立宣言の精神を裏切るものとして反対する議会演説を行い、五〇年間所属していた共和党を離党するなどの動きに感銘を受けた内村は、「アメリカの上院がアメリカのフィリッピン群島領有を永続的としないという決定を下したという電信を、私は心に深い安堵をもって受けとったことを告白する。もしアメリカまでが挫折するならば、人類は平和と自由を他のどの国に求めたらよいのか?・・・彼の勇敢な行為と言葉に対し感謝なきをえない」と述べた。[#62] ここで言及されている上院の決定というのは二月一一日にされた決議で、実際には、「アメリカ合州国の領土の不可欠な一部として」の永続的併合に反対するというあいまいな文面ゆえに、政治的な効力をまったく持たないもので、ホア議員も反対したものであった。[#63]

さらに、一八九九年一〇月から始まる南アフリカ戦争においては、内村はブール人側を支持し、「希望は日本に絶へたり、英国米国亦た頼むに足らず、余輩の希望は南阿非利加一点の地に存す」[#64] と述べた。この内村のブール人側に対する同情は、当時の欧米キリスト教社会におけるリベラリストの反帝国主義者に広く見られた態度でもあった。しかし、ここでの内村の主張は、人類救済の鍵を握る「約束の地」が、これまでそこにあると信じてきた日本や米国にではなく、オランダ入植者にルーツをもつブール人国家に見出されるようになったということである。「文明の南漸」を神の計画とみなした『地理学考』における内村の歴史観は、ここにも垣間見ることができる。

こうした内村の国際政治への関心の持ち方は、「人類は聯帯責任を以て共に繋がるゝものなり」という「贖罪の哲理」の考え方によるものということもできるであろう。日清戦争における日本の罪を贖うものとして米西戦争への期待があり、さらに日米の罪を贖うものとしてブール戦争への期待があったと考えられるのである。

ところが、一九〇〇年に入り、オレンジ自由国の首都ブルームフォンテーンが陥落（三月一三日）した直後、内村は、「正義は決して腕力に訴へて勝つ者ではなひ、正義は常に負けて勝つものである」[#65]と述べ、重要な発想の転換を行う。アフリカ人の土地と資源をめぐって「白人」同士が戦争をしていること自体を問わないという重大な視点の欠落を残しつつ、内村は、帝国主義戦争の勝者ではなく、敗者の側にこそ、歴史を動かす鍵となる正義があるという発想に至ったのである。こうして、内村は、帝国主義時代の諸矛盾を打開する「時の徴」を国際政治の中に見出そうとすることを当面の間控えることになった。

（三）「戦争絶対的廃止論」の二面的性格

国際協調主義的な文明発展史観が帝国主義の現実の中で行き詰まりを見せたとき、理想的な世界の実現を希求する内村の前には二つの選択肢があるように思われた。一つは社会運動を通じた現実変革であり、もう一つは文明発展史観とキリスト教信仰とを切り離したうえで、伝道活動による個人の変革を通じて公正な社会をめざすという方向性であった。内村の非戦論の主張はこの二つのうち後者に大きな力点があったという点において、幸徳や堺らのそれとは異質なものであった。

内村は、『万朝報』英文欄主筆、『東京独立新聞』社主を経て、一九〇〇年九月から『聖書之研究』の刊行を開始し、ほぼ同時に毎週の聖書講義を自宅で行うようになった。この伝道活動への重心の移動は、

『聖書之研究』創刊号で「打て而して和ぐは神の正義なり、殺さずんば息まざるは人の正義なり」と書いているように、#66 これまで力を入れてきた藩閥政府や教会に対する批判一辺倒のやり方に限界を覚えたことが大きな要因となっていた。

しかし同時に、内村は、日清戦争後の日本の資本主義的発展に伴い、労働運動や社会主義運動が活性化する中、当時働いていた朝報社社主の黒岩涙香や同僚の幸徳秋水や堺利彦ら社会主義者と共にごく短期間ながらも社会運動に深く関わっていた。一九〇一年四月には、幸徳秋水の『帝国主義』に序文を寄せ、「君の如き士を友として有つことを名誉と」すると書き、#67 また、木下尚江らとともに足尾銅山鉱毒地を訪ね、一〇日間にわたり被害調査を行い、帝国日本の行う不義に対する激しい憤りを表明していた。七月には黒岩涙香呼びかけによる「理想団」にも幸徳や堺利彦とともに加わっていた。

ところが同じ年の九月には、内村はコリント前書一五章の注釈において、次のように語っている。

> 吾等の復活のキリスト再来の時にあるを聴て吾等は歓喜の上に更に歓喜を感ずるなり、・・・見よ、万物は悉く新しく、旧事は去て其痕跡だも留めず、暴虐は去り、詐欺は失せて、キリストの王国は既に此世に臨み居らん #68

これまでにない積極的な社会運動への参与の中で、この一見唐突なキリスト再臨への希望がなぜ出てきたのかについて考えてみたい。

まず考えられる要因としては、「先づ第一に自身を改良して然る後に社会を改良」[#69]すべきとの、贖罪信仰に根差した倫理的判断があったことは間違いないだろう。例えば一九〇二年四月の「足尾銅山鉱毒問題解決期成同志会」結成集会において内村は、誠実・公平・愛の三点を欠いた運動では問題の解決は望めないと運動の現状を批判している。[#70] この集会の後、東京日日新聞の記者で、長年にわたり足尾銅山の問題に取り組んでいた鉱毒地救済婦人会会員の松本英子に宛てた手紙の中でも、「鉱毒運動の今日まで取り来りし方針の如何にも皮層的にして、斯かゝる方法を以て此大問題の到底解決せられざるべきは最も明白なる事と存候、小生は輿論を起すと称して只僅かに残薄なる社会の感情にのみ訴へ来りし今日までの方法の寧ろ害有て益なきを信ずる者に御座候」と、運動に対する評価は非常に厳しい。[#71]

こうした内村の態度には、民衆運動の諸矛盾に対して民衆自身の解決能力を信頼するという発想ができなかったエリート主義という側面があった。しかし、もう一つの重要な要因として、労働運動や社会主義運動に対する弾圧がキリスト教に向けられることへの強い警戒心があったように思われる。一九〇一年五月には片山潜、木下尚江、安部磯雄、幸徳秋水らによる社会民主党が結成二日後に禁止され、宣言書を掲載した『万朝報』も発禁とされるなど、政府の社会主義運動に対する態度には厳しいものがあった。そしてこれらの初期社会主義者の多くがキリスト教徒であったことは内村の政治的警戒心を大いに刺激していたものと思われる。一九〇二年の一月と二月の『万朝報』紙上で内村は国家権力との関係について次のように言及している。

不義に依て立ち不義に依て持続されつつある此政府と社会彼等は正義の大敵である。若し正義を実行せんと欲せば此政府と社会とを斃さゞるを得ない。然し是「忠君愛国」の主義に反することであつて今の日本人の敵てする所ではない。彼等は皆な正義を圧しても「忠臣」たり「義士」たらんと欲する者である故に日本国の改善は今の日本人からは到底望めない。#72

警察権と陸海軍とを其掌中に握れる政府に対して、我等は抗する事は出来ない。然しながら我等は斯ふ云ふ政府を我等の心に於て卑める事が出来る。我等は我等の心に於て如斯き政治家に向て斬罪なり、絞罪なり勝手に申渡す事が出来る。・・・縦令如何なる大権を委ねられたる政府なりとも我等の良心は決して遣らないぞ。#73

要するに、「忠君愛国」の御旗の前には、どれだけ政府が腐敗しようと実力をもって抵抗することは不可能であって、心の中で抵抗するしかないというのである。その際、内村が「正義の大敵」として明治政府だけでなく日本社会そのものをも指弾していることにも注目すべきである。「不敬事件」での朝野にわたる迫害の経験をもつ内村にとって、政府と社会は切り離されたものではなかった。「正義を圧しても『忠臣』たり『義士』たらんと欲する」#74 日本人総体に不義を見いだしていたからこそ、内村は社会改良や労働運動といった実力行使による変革に希望を持つことができず、終末到来に期待を集中させることになったのだと考えられる。内村にとって「不敬事件」から得られた教訓は、不義に対して「無抵抗主義」をもって忍耐すれば、必ず神によって正義が回復されるという信仰的確信であった。

北清事変後のロシア軍駐留問題に刺激され、対露開戦の世論が高まっていた一九〇三年九月、内村は「平和の福音」という文章で、有名な「絶対的非戦主義」を主張するが、この「絶対」には、被抑圧者による実力行使に対する反対という意味も込められていた。内村は「自由と平和と独立と一致とに達する最捷径はキリスト御自身の取られた途で、即ち無抵抗主義であります」と述べている。[#75] 翌月には、主戦論の立場を明確にした『万朝報』を退社することになるが、一緒に退社した幸徳や堺とは異なり、この決断は内村にとって社会運動との決別をも意味していたと考えられる。

こうした内村の行動に見られる政治的慎重さは、朝報社辞職から三か月後、日露開戦三か月前の一九〇三年一二月、岩手県の一青年から、兵役拒否をする覚悟を伝える手紙が届いたときの内村の行動にも伺うことができる。彼は、手紙を受け取るや否や、ただちに花巻まで飛んで行き、「召集には応じ、税金を納めるのが聖書の正解である」と青年に諭した。[#76] これは、非戦論者としてよりも、むしろ無教会主義の指導者としての自覚を持ち始めていた内村の政治判断と考えられるだろう。

日露戦争に際し、青山学院院長の本多庸一と明治学院総理の井深梶之助は、政府から「義戦宣伝民間使節」の資格を与えられ、フランスで開催されていた万国基督教青年会同盟成立五十年記念大会と

第六回万国学生基督教に出席し、日本の戦争の正当性を訴えた。また、日本基督教青年会同盟は軍隊慰労事業を行い、陸軍大臣から感謝状を与えられた。#77 このように積極的に戦争協力に動いた主流派教会と比較したとき、内村は、不敬事件によって教会組織から離れ、無教会主義の独立伝道者として立場を固めていったことで、国家権力の介入を最小限にとどめ言論・伝道活動を続けることができたといえる。しかし同時に、福音伝道のみが世界平和につながると考える内村の思考態度は、国家権力だけでなく、社会主義者を含めた非クリスチャンとの関係を狭め、足尾銅山鉱毒地の農民達を含め、厳しい矛盾の中を生きる民衆の生活意識や世界観を内在的に理解しようとする機会と動機を奪ってしまったようにも思われる。

(四) 非戦論と文明発展史観

以上に見てきたように、内村が再臨信仰を深めていく背景には、革新的な側面と保守的な側面が同時に混在していた。この問題は、贖罪信仰にもとづく自己批判的民族観と文明発展史観にもとづく自己肯定的民族観との矛盾という問題とも交差するものと考えられる。

『地理学考』で展開した文明発展史観にもとづく義戦論をこれまで何度も唱えては、撤回・修正してきた内村は、日露戦争においてついに「戦争絶対的廃止論」を唱えるに至った。それは、兵役拒否をしようとする青年に対する内村の態度にもみられるように、積極的な行動を呼びかけるものでは決してなかったが、かといって、人間の主体的行動の価値を全く顧みないというものでもなかった。帝国主義政治を神の「摂理」による歴史発展とみなすことはやめ、さらに社会運動からも距離を置くようになった内村であったが、文明とキリスト教が一体となって世界を変革するという信仰のヴィジョンについては維持し続けていた。そこに無意識の植民地主義が残存する余地があった。

例えば、上述の「平和の福音」で絶対的非戦論を唱えたのとほぼ同時期に内村は、「平和と実益」という記事を『万朝報』に書いている。

今、若し戦争を為たと思ひ、茲に四億円の金を平和の事業に消費すると仮定せよ、・・・先づ其内の五千万円を以て朝鮮を経営し、一方には、京城より平壌を経て義州まで、他の一方には、京城より元山を経て豆満江河口まで鉄道を建設することが出来る、更らに五千万円を使って慶尚道忠清道等の人口希薄の所に日本農民の移住を計り、半島内至る所に日本人の社会を作ることが出来る、朝鮮国内に露国の侵入を拒ぐ方法として之に優るものはない。

一億円で朝鮮を実際的に日本の有となし、更らに一億円を投じて北清地方到る処に日本の商権を拡張し、・・・爾うして最後の一億円を以てテキサスメキシコ并に南米に我国民の大移住を謀り終には太平洋までを日本湖となすの大計画を立つることが出来る。#78

ここには、内村が『地理学考』で展開した自由貿易主義的な植民論が展開され、日露開戦に対する対案とされている。そこに特徴的なのは、「朝鮮を実際的に日本の有となし」とあるように、政治的主権に関する問題をあえて度外視し、「平和的植民」によって「国益」を伸張することができるとしている点である。

内村は、この年の八月には、「満州問題の実益」という文章の中で「最も多く満州を愛する者が終には満州の持主となるのである」とも主張している。#79 こうした議論は、当時台湾総督府の臨時台湾糖務局長であった新渡戸稲造の影響を強く受けているように思われる。

新渡戸はこの年の春頃、台湾協会学校（後の拓殖大学）における講演で、台湾経営における「殖産的」経営の重要性を強調し、「幾らも軍略上必要といふこともあらうけれども、一番大事な所は恐らく之を物にするといふこと。金にするといふこと。金にするといふのはドーする。殖産を興すこと、殖産といふのは何のこと。縮めて言ふと農業を発達さして行かなければならぬ」と述べている。#80 また、後に新渡戸は東京帝国大学での植民政策講義において、「土地を最もよく利用する者、或る意味に於ては土地を最も深く愛する者こそ土地の主となるべけれ」とも述べることにもなる。この時期の新渡戸と内村の交流については明らかでないが、これらの発言の近似性は単なる偶然とは考えられない。講演のために久々に東京に来た新渡戸が、都合を合せて内村と旧交を温めたと考えても不思議ではないだろう。

なお、当時新渡戸の上司であった台湾民政長官の後藤新平（一八五七―一九二九）は、この時期、大陸政策に関心を持ち始め、第一八回帝国議会（一九〇三年五月一二日開会）に向けて次のような意見書を書いている。

(一)清韓国ニ対スル通商貿易上、必須ノ海陸交通及金融機関ノ完備ヲ期シ、其他植民的事業ノ経営ヲ努ムベシ。

(二)満洲ノ解放ヲ期シテ、通商貿易及植民事業ニ関スル利権ヲ獲得シ、之レガ経画ヲ遂行スベシ。

#82

鶴見祐輔はこの意見書を「内閣諸侯に呈したものであろうと思われる」としているが、後藤の厚い信任を得ていた新渡戸が、当時こうした意向を知っていたことは間違いない。

このように考えると、新渡戸や内村の議論に見られる「平和的植民論」は、本人の意図に関わらず、帝国主義時代における現実の植民地政策を支えるプロパガンダとしての役割を果たしていたという側面について考える必要がある。実際、内村の提案していた京城と義州とを結ぶ京義鉄道は、日露戦争のための軍事鉄道として着工され、満鉄初代総裁を経て逓信大臣となる後藤新平の主導の下、韓国併合後の一九一一年には南満州鉄道に接続され、植民地帝国日本の大動脈を構成することになるのである。

しかしながら、内村にとって「植民」はキリスト教信仰と現実とをつなぐキーコンセプトであり続けた。日露戦争講和直後に書かれた「平和成る」という記事においては、人類の救済を象徴する「約束の地」としてのフロンティア・イメージがより純化されたかたちで現われている。

聖書と鋤とを載せてメーフラワー号に乗て大西洋を横断した少数の清教徒は新大陸の荒蕪を拓いて此処に世界最強の自由国を開きました、・・・農夫の先導に依らざる膨脹のすべて虚偽の膨脹であること丈けは明かであります、膨脹的の農夫と膨脹的の伝道師とが無くして膨脹的の国家はありません、鋤と聖書とを以て為した占領のみが永久確実の占領であります、・・・その他の占領はすべて暫時的であります#82

ここでは、アメリカ合州国建国に代表される、帝国主義時代以前のヨーロッパ・キリスト教世界の農業植民を通じた膨張が理想視されている。それは、内村が同時代的に目撃した帝国主義時代の膨張、すなわち日清戦争や米西戦争にみられた植民地奪取とは異なる普遍的価値をもった人類的事業として認識されていた。

『地理学考』で内村が唱えた、「アジア」、北米、ヨーロッパの三者による「南進」を通じた「世界の完成」への期待は、それぞれ、日清戦争、米西戦争、そしてブール戦争という三つの帝国主義戦争における理想からの逸脱によって挫折したものの、「文明の南漸」の前提となる「文明の西漸」というアイディアを支えるアメリカ大陸における白人入植地国家建設の理想視までも取り下げるわけにはいかなかった。

インディアン掃討戦争の最終段階の時期に米国留学をしていた内村は、アメリカ大陸における農業植民が必ずしも平和的事業とはいえないものであったことを知っていたはずであるが、キリスト教信仰と結びついた欧米中心主義的歴史観を帝国主義時代以前にまで遡って批判することはできなかったのである。日本の近代化への道を開いたキリスト教国であり、「世界最強の自由国」である米国の存在こそ、内村にとって、日本でキリスト教伝道を行うことの正しさを証明する「歴史的事実」として受け止められていたのである。

このような内村の平和論における、「農業植民」への過大評価と、「非文明的」とされる先住民族に対する民族浄化への過小評価という特徴は、後の再臨運動期におけるシオニズム運動への共感の前提となるものであった。

第四節　再臨信仰とナショナリズムの相克

（一）　再臨信仰の深化と朝鮮人クリスチャンへのまなざし

『万朝報』退社後、伝道活動に専念するようになった内村は、一九〇五年には友誼的組織として「教友会」を設立し、一九〇七年には今井館聖書講堂が完成するなど、本格的に「無教会主義」グループを形成するようになった。「無教会主義」関係者以外との人的交流が少なくなる中、この時期の内村にとって重要な「他者」との出会いとして、朝鮮人キリスト教徒金貞植との交流を挙げることができる。一九〇六年一一月に東京朝鮮基督教青年会（現・在日本韓国YMCA）総務に就任した金は、たびたび内村を訪ねるようになり、その聖書理解の深さにおいて内村を驚かせた。#83 当時朝鮮では、第二次・第三次日韓協約による実質的植民地化に抗する義兵闘争が中南部一帯に拡がっていた。そうした中、一九〇七年に平壌のプロテスタント教会を中心として「大復興」と呼ばれるリヴァイヴァルが起きたとのニュースを内村は知り、古代ユダヤ国家とのアナロジーを用い次のように書いた。

願ふ、曾ては東洋文化の中心となり、之を海東の島帝国にまで及ぼせし彼女が、今や再び東洋福音の中心となり、其光輝を四方に放たんことを、・・・朝鮮国は失望するに及ばず、昔時猶太亜が其政治的自由を失ひてより、其新宗教を以て西洋諸邦を教化せしが如くに、朝鮮国も亦、其政治的独立を失ひし今日、新たに神の福音に接して、之を以て東洋諸国を教化するを得るなり#84

さらに、一九〇九年一二月には、「神は反て朝鮮国を拯ふて日本国を棄て給ふのではあるまい乎」#85 とも書き、翌年の日韓併合に際しても、主流派教会が軒並み歓迎の意を表明する中、内村は、「若し我領土膨張して全世界を含有するに至るも我霊魂を失はば奈何にせん」と批判することができた。#86 併合後の一九一一年一二月には、金貞植の紹介で平壌長老教会長老である林鍾純氏に会い、一〇五人事件（寺内総督暗殺陰謀事件）による朝鮮人クリスチャン弾圧の状況について話を聞き、英文紙『ジャパン・クロニクル』*Japan Chronicle* にその内容を報道させたこともあった。#87

このように内村は、朝鮮人クリスチャンとの交流を通じて、南アフリカ戦争の結果を受けて得た「正義は負けて勝つ」という視点をより明確にし、キリスト教救済史の枠組という限界の中ではあれ、日本帝国主義批判を一歩進め、植民地支配下の朝鮮人を歴史の主体として把握するに至った。

しかしながら、内村自身は、かつての藩閥政府批判のように、朝鮮における日本の官憲の非道について具体的な批判を展開することはほとんどなかった。それは、併合に抵抗し独立を求める朝鮮人クリスチャンを「かへつて末頼もしく、後世恐るべし」と評価した植村正久の『福音新報』が発売禁止処分にされたことや、#88 上記「一〇五人事件」の発生、大逆事件でかつての同僚幸徳秋水らが処刑されるといった国内外の情勢の中で内村がとった政治的判断であったと考えられる。そうした中、内村はキリスト再臨への待望を深め、一九一一年九月には、「世界の平和は畢竟するにキリストの再臨を待て始めて世に行はるるものである」#89 と記したのであった。

さらに、一九一二年一月の愛娘ルツの死、一九一四年七月の第一次世界大戦開戦を経て、内村の再臨信仰はより明確になっていった。その傾向を最終的な確信にまで導いたのは、同時期のアメリカにおける前千年王国論の興隆であった。一九一六年八月、ミネアポリスの友人ベルから送られてきた『サンデー・スクール・タイムズ』*Sunday School Times* 紙もそうした米国の空気を強く反映したものであった。その中のチャールズ・G・トランブル（Charles G.Trumbull, 1872-1941）による「キリストの再臨果たして実際的問題ならざるか」という記事には、再臨信仰を学べば、この戦争が聖書における預言の成就、すなわち終末が近づいていることの確かな予兆であることを理解できると書かれていた。[#90] 内村はベルへの返信で、この記事を読んで再臨こそが「聖書の鍵」であることが分かったと書いた。[#91]

このような内村の再臨信仰は、これまでも述べてきた通り、平和と正義への渇望と、それと相反する現実世界との狭間での葛藤の中で深められていったものであった。しかしその過程において、この内村のキリスト教信仰に見られる二面性が弁証論的に昇華されたわけではなかった。

まず、積極的な側面から述べれば、内村の再臨信仰は、主流派教会の政治権力への妥協に対するアンチテーゼという側面が強くあった。天皇制国家に宗教勢力が取り込まれていく重要なメルクマールとなった一九一二年の三教会同に際しては、「耶に非ず仏に非ず神道の固陋を破て世界に向て膨脹せし者、是れが政治家の手腕に由て日本人に提供せられし新宗教であつた」と批判した。[#92] また、第一次世界大戦初期の一九一五年一〇月には、「基督教が基督教会と化成せる時必ず戦争を賛成する、教会と可戦論とは附随物である、而して基督教が元の無教会主義に還る時に必ず戦争に反対する、無教会主義と非戦論とは同じく又附随物である」と述べ、政治と手を結ぶ教会のあり方に対するアンチテーゼとして無教会主義を位置づけていた。[#93]

しかし、そうした批判的視点を維持しつつも、権力との対決をあくまでも避けるという内村の再臨信仰の保守的側面は、とりわけ朝鮮問題をめぐって顕著なものとして現れた。とりわけ、ナショナルな旧約聖書読解と結びついた内村の贖罪信仰が再臨信仰につながったとき、朝鮮人やユダヤ人の聖書解釈上の位置付けがどのような影響を受けたのかについて注目してみたい。

内村は、一九一五年五月に東京朝鮮基督教青年会における講演で「今や朝鮮は政治的には日本に併合されて同一治下に在りと雖どもこれ唯外面のみにて心中に於ては毫も従前と異なる所はないのである、・・・日本人も朝鮮人も共に此キリストとの深き関係に入りて真の合同は成るのである」#94と主張した。さらに一九一七年四月には、箱根で開催された朝鮮基督教青年修養会に招かれ、次のように述べた。

「ユダヤ人問題」なる者〔ママ〕は文明国孰れの国に於ても存し、如何にして之を解決せん乎とは大政治家の脳漿を絞る大問題である、然れども茲に一つ此難問題を解決して余りあるの途があるのである、其れはイエスキリストである、彼に在りてユダヤ人とギリシヤ人とは一になるのである・・・日人は鮮人を解せず鮮人又日人を知らず、誤解に加ふるに冤仇、憎悪に加ふるに復讐、而して如何にして之を除かん乎とは政治家外交家を悩す大問題である、而して其完全なる解決は唯一つあるのである、人々をしてイエスキリストを知らしむるにある・・・#95

こうした発言に際し、当時すでに東京朝鮮基督教青年会は抗日運動の拠点と目されており、講演会場に私服警察官なり内偵者が紛れている可能性を内村が強く意識していたであろうということは考慮する必要がある。しかし、ここで内村は「ユダヤ人とギリシア人の区別はなく」というパウロの言葉に依拠し、植民地朝鮮と宗主国日本との間の問題を解く鍵は福音にしかないと言っている。そこには日本の植民政策に対する批判意識はまったく見られない。これでは、総督府の融和政策の一環として朝鮮伝道を行っていた組合教会の立場と大きな違いはない。しかも、当時、東京朝鮮基督教青年会の上部団体であった朝鮮の皇城基督教青年会は、組合教会の攻略で日本基督青年会への併合の危機に立たされた「維新会事件」(一九一三〜一六年)を切り抜け、かろうじて自主性を維持していたところであった。#96

ここでは、権力との直接的な対決を避けようとする内村の政治的な妥協の姿勢が、世俗政治からの退却というだけでなく、平壌リヴァイヴァルに際し、朝鮮人の歴史的主体性を重視した聖書解釈そのものの修正につながっている。

内村は朝鮮人の抗日意識を問題視し、積極的に自民族中心主義的ともいえる融和論を唱えた。朝鮮人の抗日意識の原因は日本の植民地支配という不義にあるにも関わらず、「二つのJ」の中の日本人というアイデンティティにおいて自ら責任を引き受けようとするのではなく、クリスチャンというアイデンティティにおいて「憎悪」を取り除くべきだと朝鮮人青年らに説いているのである。ここでは、「総ての政府と総ての制度と、此世に於ける総ての権能」#97が「キリストの王国」に取って替わられるという終末への待望が、各々の民族には神との契約があり、歴史的使命があるとしたナショナルな旧約聖書解釈からもたらされる「現在」に対する民族的責任から逃れる口実とされているように思われる。そのことによって、内村は、再臨信仰の出発点にあった「日本の罪」への批判意識を鈍らせ、同時に朝鮮人という目の前の「他者」と正面から向き合うことを回避してしまったのではないだろうか。講演の前年七月、内村は「宣教師と国語」という記事で「宣教師が我が国語を軽んじて之を修得せんと努めざる」ことを批判していた。#98　ここでは、「二つのJ」の中の日本人というアイデンティティにおいて英米宣教師を批判していることを考えれば、内村の朝鮮人に対する態度はダブルスタンダードと言わざるを得ない。

しかし、内村はこの講演の後、米国の友人ベルに送った手紙に次のように書いてもいる。

日本が朝鮮を併合したことは、とりも直さず、一ポーランド国を併合したことであり、結局このたべ物を完全に消化することは望みがないのではないか、と案じます。・・・われわれは互いに心から愛し合い、われわれの間には『人種問題』などは介在しません。#99

この文章からも朝鮮人の痛みへの共感は読み取ることはできない。何気ない「たべ物」への比喩は、内村の関心の中心があくまでも日本に固定されていることを示している。#100　しかし、ここで自らが展開した「融和論」への疑心が表明されていることは重要であろう。おそらく内村は自分の議論に対して朝鮮人クリスチャン達が納得しなかったことを、彼等との交流の中で知らされたのだと思われる。この経験は、翌年の再臨運動の中で内村がポーランドと朝鮮との関係について再び触れる際に認識の変化となって現れることになる。

　ここで、内村の再臨信仰における内的な矛盾について改めて整理しておきたい。内村ら日本のプロテスタントにとって、キリストの福音は日本の近代化と一体のものとして受容されており、それに対し、明治維新以前の儒教や武士道を日本における旧約として捉える考え方が広く共有されていた。そうした考え方は、排外主義的な国粋主義に対しキリスト教を導入することの必要性を説く論理の土台となり、また同時に、西洋的キリスト教に日本的キリスト教を対置するナショナルな歴史観の土台ともなった。

　内村は、日本のキリスト教化が人類の救いにつながる普遍的な意義をもつと考え、伝道活動を行いながらも、同時に旧約聖書のなかの古代ユダヤ王国に日本を重ね合わせ、現在の日本人にも律法は適用されると説いた。この「二つのJ」をめぐる内村の思考枠組を前提としたとき、「もはや、ユダヤ人もギリシア人もなく」というパウロの言葉には、人類の歴史のどの時点において、どのような意味において適用されるのかという点において神学的な曖昧さが残ることに注意が必要である。内村は、日本語を学習しようとしない欧米人宣教師の無意識の植民地主義を批判しつつ、朝鮮人に対しては、世界のキリスト教化を通じてパウロの言葉は実現される、あるいは、いずれキリストの王国が訪れるということを根拠に、日本の植民地支配に対する民族的抵抗を宥めようとした。この二重基準は、日清戦争批判で切り開いた「預言者的ナショナリズム」の限界を示しているように思われる。それは、あくまでも神と日本人との関係をめぐる反省であって、朝鮮人と日本人との関係をめぐる反省という点においては極めて不十分なものであった。

日本の朝鮮支配の問題を独立運動ではなくキリスト教によって解決すべきとする認識は、内村が朝鮮人クリスチャンを信仰の側面においてのみ理解しようとしていたことを示している。そこに垣間見える朝鮮の歴史や文化に対する無理解・無関心は、旧約と新約との関係を前近代と近代という時間的関係において捉え、再臨をその延長上に位置付けるという内村の歴史感覚が、欧米中心主義的発展史観を前提とした日本中心主義から脱し切れていなかったことの現れであるようにも思われる。

（二）　再臨運動とシオニズムの「発見」

第一次世界大戦は、内村がそれまで注目してきた、日清戦争、米西戦争、南アフリカ戦争、日露戦争といった諸帝国主義戦争の総仕上げとでも言うべき戦争であった。その大きな焦点の一つにはパレスチナを含むオスマン帝国領があり、その結果、欧州列強の軍事展開能力が低下した東アジアにおいて、二十一箇条要求に代表される日本の大陸政策の増長が際立つようになった。

このような剥き出しの帝国主義の現実を見ながら再臨信仰を深めていった内村が、民族問題をめぐる聖書解釈において矛盾を抱え込んでいたことは、本節（一）において見たところである。この問題に一つの見通しを与えたのが、一九一七年の年末におけるシオニズムの「発見」であったように思われる。ユダヤ人の間で根強かった反シオニズム感情とオスマン帝国の反対によって停滞していたシオニズム運動は、第一次世界大戦中の一九一七年一一月、イギリスへの積極的なロビイングによりバルフォア宣言を出させることに成功し、翌一二月にはイギリス軍によるエルサレム占領によって、運動目標の実現可能性を一気に引き上げた。

こうした国際情勢の進展に対し、内村は一二月二三日の今井館聖書講堂において、次のように語っている。

> 本年の生誕節に就き顕著なる一事がある、ベツレヘムの邑の上に絶えて見えざりし十字架の旗の翻る事是である、・・・千〇九十一〔六〕年十字軍の結果一度び基督教徒の手中に恢復せられて前後百年余り維持せられたるも再び土耳古人の奪ふ所となりて遂に今日に及んだのである、・・・パレスチナの地が再び神の選民に復帰せん事は聖書の明白に預言する所である、・・・世界に散布せる千二百万のイスラエル民族が再び父祖の国に帰るの日も決して遠くはないであらう、かくて神のアブラハムに約束し給ひし所は悉く実現するのである、而して後に主イエス基督は再び臨み給ふのである。#101

ここでは、プロテスタント国の植民地主義的展開のなかに世界の完成に向けた神の意志を見るという、米西戦争を支持したとき以来の思想的態度が再び蘇っていることに注意しておきたい。

このようにシオニズムに「現実政治」とキリスト教信仰との接点を再び見出した内村は、一九一八年一月からホーリネス教会の中田重治および組合教会の木村清松らとともに、超教派での再臨運動を約一年半にわたって展開し、全国各地で大衆集会を行った。朝報社を退社して以降、『聖書之研究』の発行と今井聖書講堂での説教に活動を絞ってきた内村が、再臨運動を通じた「大衆」への積極的な働きかけに踏み出したのは、当時の普選運動や労働運動の盛り上がりなど、「大正デモクラシー」の時代思潮によるものということもできるであろう。

再臨運動において内村は、シオニズム運動をキリスト再臨の予兆として捉えるとともに、現在にいたるまでユダヤ人が「保存」されてきたことに大きな意味があると主張した。つまり、一八九九年の「興国史談」においてはユダヤ人をイエス・キリストをこの世に送り出して以降、存在意義を失った民として位置付けていたのが、[#102] 再臨信仰によって、「メシアを待ち望みて世界最大事業を成就げ又現に為しつゝある」[#103] と解釈を改めたのである。

この解釈は、当時シオニズム運動を担っていたユダヤ人の多くは世俗化した人々であり、メシア信仰を有してはいなかったという点で事実誤認しており、また、古代ユダヤ王国の滅亡以降、離散による信仰形態の大きな変化や多様化、他宗教へ／からの改宗による民族的人種的構成の変容があったことを無視し、ユダヤ人を聖書の時代から一貫した「同一民族」として見なすという重要な問題を孕んでいる。しかし、内村にとってシオニズム運動が決定的に重要だった理由は、日本の主流キリスト教会において重要視されないか、あるいは否定されていた原理主義的な再臨信仰の正しさを証明するものと思われたからであった。

内村がシオニズム運動と再臨信仰を結びつけるようになった背景には、中田重治との偶然の出会いを契機として、ディスペンセーショナリズムに触れたことがあった。一九一六年七月、内村の自宅の隣の銭湯で火災があった際、同じ町内にあったホーリネス教会聖書学院の中田重治とその弟子が消火に駆けつけ、類焼を免れるという出来事があった。これを期に内村は中田と親しくなっていった。[#104]

一九一七年に入ると、中田は、ウィリアム・ブラックストーンの著作 *Jesus is Coming* 等を通じてディスペンセーショナリズムに注目し始め、一九一七年九月には、ホーリネス教会の機関紙上で、再臨の「表徴」としてユダヤ人が「今や続々と故国のパレスタインに帰って居る」ことを指摘していた。[#105]

内村は、中田が一九一七年一二月に出版したブラックストーンの著書の翻訳『耶蘇は来る』について、「其大体に於て再臨の聖書的根拠を闡明して誤らざるは何人も承認する所である」[#106]と高く評価した。

自由主義神学に対する反発として一九世紀末から米国で広がりつつあった前千年王国論の中心的な教義となっていたディスペンセーショナリズムは、ユダヤ人に対する神の契約と非ユダヤ人に対する神の契約が人類の歴史を通じて別個のものであるとした。そして、キリストの復活に始まる異邦人の時代は、ユダヤ人のパレスチナ帰還とキリスト教への改宗、そしてキリストの再臨によって千年王国に引き継がれようとしているという独自の歴史観にもとづく聖書解釈がなされ、ユダヤ人はイエスをメシアとして受け入れてもなお、ユダヤ人であり続け、キリストの下で万国を治めるとされた。[#107]

【図4】再臨運動を共にした中田重治（左）、内村鑑三（中央）、木村清松（左）
1918年ごろ
（『内村鑑三全集』第24巻口絵より）

このユダヤ人と異邦人に対する別々の契約とそれらの終末における成就という考えは、内村が米国留学中に得た各民族にはそれぞれの神との契約があるという考えと共通する面があった。ただし、内村においては解釈に揺れがあった「ユダヤ人もギリシア人もなく」というパウロの言葉をディスペンセーショナリズムは無視ないし軽視しており、ユダヤ人と非ユダヤ人を極めて一律的に異なる歴史的主体として区別していた。

このようなディスペンセーショナリズムの歴史観・ユダヤ人観が内村の民族観に与えたであろう影響は、再臨運動が始まった一九一八年一月の『聖書之研究』に掲載された「武士道と基督教」という文章に見ることができる。

模範的猶太人たりしヨハネやパウロが模範的基督者たるを得たのである、武士道を棄、又は之を軽ずる者が基督の善き弟子でありやう筈が無い、神が日本人より特別に要求め給ふ者は武士の霊魂にキリストを宿らせまつりし者である。#108

ここでは、武士道という「旧約」を与えられた日本人としてのアイデンティティと、クリスチャンとしてのアイデンティティの無矛盾性が強調され、朝鮮人クリスチャンに対して強調していたはずの、キリストにおいて「ユダヤ人とギリシヤ人とは一になる」という認識とは異なる聖書解釈がなされているのである。

次節では、再臨運動期において内村が当時の緊迫した国内外情勢をどのように受け止め、その中でナショナリズムとキリスト教との関係をどのように整理しようとしたのかについて検討するが、その前にユダヤ人シオニズムおよびディスペンセーショナリズムが内村の再臨運動に与えた影響について少し詳しく見てみたい。

（三）　再臨運動に対するシオニズムの影響

再臨運動の背景には、上述した通り、シオニズム運動の発展とそれに刺激された英米におけるディスペンセーショナリストの動きがあり、内村自身もそうした言説に直接影響を受けていた。特に、内村がユダヤ人シオニストの文章を直接参照していたことに注意しておきたい。

一九一八年五月、内村は、「聖書の預言とパレスチナの恢復」と題した講演を行っているが、そのなかで彼は、イギリスのリベラル系キリスト教雑誌『ヒッバート・ジャーナル』*The Hibbert Journal* の同年二月号に掲載されたユダヤ系イギリス人マイヤー・J・ランダ（Myer J. Landa）の記事に全面的に依拠するかたちで、シオニスト入植者によるパレスチナの農業開拓事業の現状を詳しく紹介している。「道路は改築新築によりて面目を一新し、池沼の衛生状態はユーカリプタス樹の栽植に由て革新せられ・・・土地の沃饒は人造肥料に由て復活し、・・・レモン及び蜜柑の栽培上殆ど奇蹟に類する改善を見た」といった具合である。[#109]

ランダは、当時イギリスで著名な劇作家であり、また、修正主義シオニスト[#110]の指導者となるジャボティンスキーが関与していたイギリス軍のユダヤ人部隊の支援を行っていたシオニストでもあった。[#111]興味深いのは、この記事でランダが明らかに前千年王国論者を意識した記述を行っている点である。たとえば、冒頭から、バルフォア宣言が「パレスチナにおけるユダヤ人の郷土設立に向け、促進するための最大の努力を約束するまで、アルマゲドンは未完成であった」と述べ、また、シオニストの協商国側への協力に関して、「ユダヤ人のための新しいディスペンセーション」という表現を用いている。[#112]ユダヤ人の民族的アイデンティティを強調するランダが、アルマゲドンやディスペンセーションといった前千年王国論者が好んで使う用語を用いているということから、この文章がユダヤ人シオニストによるキリスト教徒向けのプロパガンダを意図して書かれていることが分かる。

また、ランダは、第一次世界大戦を「文明の再建と人類愛の新たな一章を開く」ものとして認識しており、そのことを出エジプトに重ね合わせ、人類的価値としての自由の追求とイギリスのシオニズム支持が合致するものだとも主張していた。[#113]講和会議に向け、英米の支持を確実なものとすることが至上命題となっていたシオニストにとって、ジェンタイル・シオニズムは大きな政治的資産として見なされていたのである。翌年、世界シオニスト機構事務局長のナフム・ソコロウが、イギリスの宗教改革期におけるユダヤ人帰還論にまで遡って叙述した『シオニズムの歴史――一六〇〇―一九一八』を出版したのも、同様の政治的意図があってのことであったと考えられる。この書の実に半分以上のページがジェンタイル・シオニズムについての記述に費やされ、それとユダヤ人シオニズムとの一体性が強調されていた。#114

こうしたシオニスト側の動きに呼応するかのように、英米のディスペンセーショナリストは、シナイ半島からパレスチナ攻略をめざしたシナイ・パレスチナ戦線の動きに注目するようになった。こうして、イギリス軍によるエルサレム占領直後の一九一七年一二月には、キリスト再臨への信仰的備えを呼びかけるための預言会議がロンドンで開催され（その後月例化された）、米国でも一九一八年の五月と一一月にそれぞれフィラデルフィアとニューヨークで大規模な預言会議が開かれた。

一九一八年一一月八日から一〇日にかけて内村らが行った基督再臨研究東京大会においては、同月下旬に開かれることになっていた上述のニューヨーク預言会議に向け、「祝意と愛を呈す」との祝電を送ることが決議され、実際にこの祝電がニューヨークで紹介されると、三〇〇〇人の参加者から「大拍手喝采を以て迎へられ」たという。#115　内村は、この預言会議を主催していたアルノ・C・ゲブレン（Arno C. Gaebelein, 1861-1945）の発行する雑誌 *Our Hope* を購読しており、講演旅行で各地を飛び回っていたこの時期、旅行鞄に入れて持ち歩いていると、友人ベル宛ての手紙に書いている。#116

ところが、このような米国のディスペンセーショナリストに対する内村の共感は、重大な政治的なすれ違いを伴うものであった。というのも、彼らの多くは、第一次世界大戦が始まった当初においては、人間の世俗的努力の意義を否定する立場から戦争に反対するか中立の立場を取っていたものの、一九一七年四月に米国が参戦すると、愛国的世論に押されるかたちで、戦争支持の論調へと大きく主張を転換したからである。[#117] 内村がしばしば参照していたゲブレンも例外ではなかった。彼は*Our Hope* 誌上で一九一七年九月の段階では、「キリスト教徒は戦争に行くべきではない」と非戦の立場を維持していたものの、翌年には戦争支持を呼びかけるようになり、内村らが祝辞を送った一九一八年一一月の預言会議では、「絶筆に尽しがたく邪悪なトルコや、同様に邪悪なドイツの支配者が敗北し、ダビデの町においてイスラームの旗が降ろされ、イギリス軍の旗が翻ったということを知ったとき、どれだけ嬉しかったことか」と述べるようになっていた。[#118] 当初米国の参戦に反対の立場を取っていたブラックストーンも、米国には、ユダヤ人のパレスチナ帰還を実現する神聖な使命が神により与えられているとして、「アメリカ・ナショナリズム」とディスペンセーショナリズムとを結合する論理を明確にするようになった。[#119] 前千年王国論と戦争支持を結びつける媒介として重要な位置を占めたのがシオニズム運動であった。

　再臨運動の時期、内村は、前千年王国論と後千年王国論の対立を平和主義と戦争支持の対立に重ね合わせ、前者を支持する論陣を張っていたのであるが、米国の前千年王国論者はシオニズムを媒介にすることで戦争支持の立場を明確にしていたのである。

　さらに言えば、この政治的すれ違いの根底には、「民なき土地に、土地なき民を」(イズラエル・ザングウィル)として、パレスチナにおける入植活動を「無主地」における平和的農業植民であるかのように宣伝したシオニズム運動のレトリックを無批判に受け入れた内村のナイーヴな植民観があった。それは日露戦争講和直後、非戦論の立場を取りながら、アメリカ大陸におけるピューリタンによる農業植民を平和的植民として描いたのと同じ植民観であった。

第五節　再臨運動の終わり

（一）　再臨運動と米騒動

再臨信仰に傾斜して以降、内村は政治的言動を控えるようになったものの、社会や政治に対する批判的視点を失ったわけではなかった。彼の聖書研究と伝道活動は、「人を作て而して後に社会を改良せんかな」#120という、かつて社会主義者との議論の中で主張した理想実現の道筋を彼なりに追求したものであった。とりわけ、一九一八年八月の米騒動に対する内村の受け止め方には、再臨信仰の権力批判的な側面が強く現われていたと考えられる。

内村は、直接的には米騒動に全く言及していない。しかし、藩閥に占められた寺内内閣を総辞職にまで至らした巨大な民衆の動きに大きな期待を寄せていたものと思われる。米騒動がまさに全国化しようとしていた八月一一日、内村は、ヨシュアによるパレスチナ征服を聖書講義で取り上げ、「我等一人の存在が全人類の為に必要なる事がある、斯の如き場合にありては神は驚くべき奇跡を以て我等を助け給ふ」#121と述べた。その後の内村の言動と併せて考えたとき、この「奇跡」とは、米騒動のことを指していたと考えられるのである。

この時期、内村は、繰り返し「最後の審判」について言及していた。内村にとって、戦争政策を進める藩閥政府と財閥、軍部、そしてそれらに迎合するキリスト教会は、一体のものとして人間の罪を代表するものとして捉えられており、真の平和は、この罪の悔改めがなければ実現しないと考えられていた。とりわけ、米騒動の際に、大戦中の鉄や小麦、船舶の取引で空前の利益を上げていた鈴木商店が襲撃されたことを、内村が「神による裁き」と受け止めていた節がある。

このことに関しては、「白虹事件」が重要な意味をもつ。寺内内閣糾弾の先頭に立っていた大阪朝日新聞は、この鈴木商店を米価暴騰の黒幕であると批判する記事を繰り返し掲載した。米騒動の拡大を恐れ、「米価と米騒動に関する一切の記事」の掲載禁止を決めた寺内内閣に対し、八月二六日、同新聞は、内閣糾弾大会を主催し、その報告記事で「我が大日本帝国は、今や怖ろしい最後の審判の日が近づいてゐるのではないか。『白虹日を貫けり』と昔の人が呟いた不吉な兆しが・・・人々の頭に、電（いなずま）のように閃く」と書いた。[#122]　この内乱が起こる兆候を指す故事成語の引用は、弾圧の口実にされ、九月九日には新聞紙法違反で起訴され、大阪朝日新聞は発行禁止の危機に立たされた。右翼による「朝日叩き」のキャンペーンが行われる中、同月二八日白昼に社長村山龍平が大阪中之島公園で黒龍会メンバーに襲撃される事態に至った。そうした中、内村は、「我等は人に由て神の言を聞くべしである、・・・神が彼を以て我等に伝へんと欲し給ふその真理に謹んで耳を傾くべきである」[#123]と述べた。一〇月一四日、権力に屈服した朝日は、社長や長谷川如是閑ら編集幹部の退任をもってこの事件を収拾した。その直後の一〇月二〇日の聖書講義「詩編第一編の研究」では、「悪者は或は此世の審判に堪ふるであらう、然れども最後の審判には堪ふる事が出来ない」[#124]と述べた。一九一九年一月に大阪で開催した「関西基督再臨研究大会」では、再臨を「戦争絶対廃止に関はる問題である」とした上で、「吾人が此問題を提げて大阪の地に臨むは敢て故なきに非ずである、戦争廃止に対し利害の関係最も深きは商人である」[#125]と述べていることも、内村が白虹事件を意識していたことを傍証するものと考えられる。

内村が米騒動や「白虹事件」を直接論じなかった理由は、権力の矛先が無教会主義に向けられることを恐れたためだと考えられるが、それに加え、「朝日叩き」の背景に、玄洋社・黒龍会に人脈をもつ後藤新平がいたことも関係があるように思われる。台湾総督時代以来、鈴木商店のパトロンとして知られていた後藤の周辺には、新渡戸稲造や、彼を通じて一時期は内村の聖書研究会にも参加していた前田多門、鶴見祐輔、田島道治などがおり、内村にとってこの事件は決して他人事として批判できるものではなかったのである。[#126]

（二）　再臨運動と三一独立運動

米騒動は、大逆事件以降、沈滞していた社会運動に活気をもたらし、第一次世界大戦中の資本主義の発展と相まって、労働運動の急成長や普選運動の新たな立ち上がりが見られるようになった。こうした民衆運動のかつてない高揚は内村の朝鮮問題に関する言説のトーンにも影響を与えたように思われる。

白虹事件の幕切れから間もない一九一八年一二月、内村は「国家的罪悪と神の裁判」と題した講演において七〇〇人近い聴衆を前にして、一八九五年の「農夫亜麼士の言」のときと同様、「アモス書」を参照するかたちで「日本の罪」に対する神の審判を警告した。内村は、ポーランドを分割占領したロシア・ドイツ・ハプスブルク帝国の三帝国が第一次世界大戦中に崩壊したことについて、「一千万人の波蘭人の涙は大帝国の王者政治家哲学者宗教家等の目に何の訴ふる処なかりしと雖も神は之を見給うたのである」と述べ、その滅亡が隣国への侵略という「国家的罪悪」に対する報いであるとした。そして「日本人と雖も若し其罪を悔改めずは必ず同様に亡ぼさるゝであらう」と結論付けたのである。#127 これは、大戦終結後のポーランド共和国独立を受けての発言であり、朝鮮独立のみならず、天皇制の崩壊をも示唆する発言とも捉えられる。ここでの内村の議論を「農夫亜麼士の言」と比べたとき、国家権力に対する義憤という点では共通するものの、「一千万人の波蘭人の涙」というような、不条理に国を奪われた側の痛みに思いを寄せた表現が出てくることが大きな違いとして指摘できる。ここに、朝鮮人留学生達との交流を通じて内村が会得した共感の視点が現れているのではないだろうか。

この日の日記で、内村は次のように述べた。

非常に緊張したる講演であつた、聴衆は如何に感じたか解らない、余自身は能くも斯く思切つて言ひたりと思て反て愉快であつた、福音宣伝者は恩恵計りを述べてはならない、時には神の恚怒を述べなければならない、英も米も日も恐るゝに足りない #128

この言葉は、公に権力批判を行うことについての内村の感覚をよく表していると同時に、内村の再臨信仰の革新的側面が当時の「大正デモクラシー」の社会的思潮によって支えられていたことを暗に示しているように思われる。

しかしながら、この講演以降、再臨信仰の革新的側面は次第に後退し、ラディカルな「預言者的ナショナリズム」にもとづく主張はほとんど聞かれなくなる。その一つの契機として考えられるのが、この講演筆記を掲載した『聖書之研究』二二三号が発行された一九一九年二月一〇日というタイミングである。その二日前の二月八日、東京朝鮮基督教青年会館に約六〇〇名の朝鮮人留学生が参集し、「二・八独立宣言」が読み上げられ、二七名が検束された。その際青年会館の表口や窓ガラス等が破壊され、多くの朝鮮人学生が負傷したという。#129 独立宣言書は事前に密かに国外に持ち出され、英米の新聞にも掲載された。#130 さらに二月一二日、朝鮮人留学生達は、帝国議会に独立請願を行うべく、朝鮮基督教青年会館に集まっていたところを警察によって解散させられるも、その後日比谷公園に一五〇名が結集、演説を行おうとし、一三名が検束されるという事件が起きた。これらの事件は内村が購読していた東京朝日新聞でもそれぞれ翌日には報道されていた。#131 二月一六日の朝刊には「不穏の鮮人学生判決」と題した欄外記事で、「二・八独立宣言」に関わった学生らに禁固七か月半から一年の地裁判決が下されたことが報じられた。#132

日曜日だったこの日、「イエスの終末観」と題した聖書講演で内村は、「マタイ伝」二三章三九節の「我汝等に告げん、主の名によりて来る者は福なりと汝等の言はん時到る迄は今より我を見ざるべし」という句について「此処に明白なる基督再臨の宣言がある」（傍点引用者）と述べた上で、#133 民族運動が席巻する世界情勢と再臨との関係について議論した。ここで内村は、「国家的罪悪と神の裁判」でポーランドの独立を東アジア情勢に比較したときとはかなり異なる論調で「民族自決」について語っている。

> 所謂民族自決主義に由て波蘭とアルサスローレンとは独逸の羈絆を脱した、然らば同じ主義に由て愛蘭又は印度又は埃及も亦独立せんと欲せざる乎、・・・斯の如くにして我等は今尚行詰りの状態に在るのではない乎、果して然らば時勢の行詰りより起りし信仰は今尚我等に取て重要である。#134

つい二か月前には、ヨーロッパにおける民族自決の動きを、正義を貫徹せんとする神の審判として、歴史的必然性をもった動きとして捉え、その東アジアにおける連鎖を示唆していたのが、ここでは民族独立運動の拡がりを「時勢の行詰まり」として捉えているのである。ここでアイルランドやインド、エジプトにおける独立運動に触れつつ、朝鮮に触れていないことから、逆に内村が「二・八独立宣言」など、朝鮮基督教青年会館を拠点とした在日朝鮮人留学生の動きを深く懸念していたことが窺われるのである。

さらに内村は、マタイ伝二四章の終末預言について、ディスペンセーショナリズムにもとづき、キリスト教徒、ユダヤ人、異邦人の三者それぞれに異なる恩恵があるとする解釈を行っている。

> 馬太伝二十四章はユダヤ人の危急存亡の秋に与へられたる教訓であると共に又キリストの再臨に由り特にユダヤ人に臨むべき救に関する預言である、聖書は全人類を分ちて基督者、ユダヤ人及び異邦人の三とする、而してキリスト再び来る時三者各々特別の恩恵に与るのである、其時基督者の受くべき恩恵は如何、既に死したる者は甦り生ける者は其儘栄化せられて共に空中に携へ挙げられ彼処にて主に遇ひ又愛する者と再会し限なく主と共に居る事が出来る、之れ実に信者歓喜の極致である、而して此の携挙の恩恵は唯だキリストの贖を信じ彼に由て義とせられたる者のみ之に与る、次にユダヤ人の受くべき恩恵は如何、現今の如く世界に散布するユダヤ人は再びエルサレムに呼び集められて大なる審判に遭遇する、而して審判其極に達したる時キリストは彼等の王として降りて彼等を救ひ給ふ、最後に異邦人の受くべき恩恵は如何、キリストはエルサレムに降り救はれたるユダヤ人を以て万国を治め給ふ、其時恒久的平和と正義の政治と其他旧約聖書に預言せられたる凡ての理想が此地上に実現するのである、斯くてキリストの再臨により恩恵は

全人類に臨む、然れども基督者には基督者として、ユダヤ人にはユダヤ人として、異邦人には異邦人として特別の恩恵が臨むのである、而して馬太伝二十四章は主としてユダヤ人に関する預言である、此事を知つて本章の意味は甚だ解し易きものとなる。#135

ここでは、マタイ伝におけるキリスト再臨の記述はあくまでもユダヤ人についての預言であることが繰り返し強調されている。しかも、ユダヤ人の「パレスチナへの帰還」に最後の審判が伴うことが指摘され、かつての理想化されたシオニズム運動の記述とは全く異なるトーンになっている。このことは、キリスト再臨に伴う「パレスチナの回復」と民族解放運動とを混同しないよう注意を促し、シオニズム運動と朝鮮人留学生らの独立運動とを関係のないものとして位置付けようとしているものと考えられる。多くのクリスチャンを含む朝鮮人の民族解放運動が日本の統治に正面から抵抗するようになることは、彼ら自身に対する弾圧を招くばかりでなく、日本人クリスチャンの政治的立場にも大きく影響するものとして内村は危機感をもって受け止めていたように思われるのである。

被抑圧民族はあくまでも「無抵抗主義」によって、抑圧民族を刺激しないかたちで解放を待ち望むのが真の解放への近道であり、シオニズム運動はその主張の正しさを支える「時の徴」として位置付け直されたのである。

（三）　世界日曜学校大会と再臨運動の終り

「二・八独立宣言」の動きは朝鮮半島へと伝わり、三一独立運動が勃発するにいたった。独立宣言署名者の半数近くがクリスチャンであったということもあり、朝鮮の教会は厳しい迫害に晒された。四月一五日、約三〇人の朝鮮人クリスチャンらが虐殺された水原・堤岩里教会事件はその頂点をなすものであった。

こうした状況は、一九一一年から総督府の支援の下で朝鮮人伝道を行い、実質的に総督府の宣撫工作の一端を担っていた組合教会にとって大きな打撃となった。日本組合教会の海老名弾正（一八五六―一九三七）らは、一九一八年六月に聖公会やメソヂスト教会の人々とともにキリスト再臨反対演説会を開催するなど、精力的に再臨運動に対する反対の声を上げていたが、ここにおいて、キリスト教界における再臨運動をめぐる対立と朝鮮問題とが直接的に結びつくことになったと考えられる。しかし、その具体的経緯については必ずしも明確ではなく、以下の考察は状況証拠的な指摘にとどまらざるを得ない。

三一運動勃発から間もなく、内村の周辺においてこれまでにない出来事が立て続けに起きた。三月一五日、内村は警視庁に呼び出され、三月一〇日発行の『聖書之研究』における国際連盟批判の記事「聖書と現世」に関して、新聞紙法による保証金一千円を収めていない雑誌は時事問題について論じてはならないと言い渡された。[#136]　さらに、同月末、東京基督教青年会が各教派教役者に参加を呼びかけて行われた懇談会において、組合教会の小崎弘道（一八五六―一九三八）およびメソヂスト教会の平岩愃保（一八五七―一九三三）らから、東京基督教青年会館が無教会主義の内村の講演に使われていることについて、突然批判の声が起こった。議論の末、日本基督教会富士見町教会の日疋信亮（一八五八―一九四〇）が青年会理事としてこの問題を処理することになったという。#137

この突然の批判には、当時小崎と平岩が中心的に準備に関わっていた「第八回世界日曜学校大会」の東京開催の問題が関係していたと考えられる。一八八九年のロンドン開催に始まる世界日曜学校大会は、プロテスタントの教派を越えた結束を目指すエキュメニカル運動としての側面をもち、日本における日曜学校運動は、福音同盟会会長の小崎弘道を中心として、一九〇七年の第一回全国日曜学校大会より本格的に始まっていた。その主たる財政的支援者がピッツバーグの富豪で食品メーカー創始者のヘンリー・J・ハインツ（Henry John Heinz）であり、一九一三年に彼を筆頭にした米国の日曜学校運動関係者二九名が来日したことを契機に、一九一六年に予定されていた世界大会の開催地を東京にすることが決まった。大会後援会長には大隈重信、同副会長にはハインツと親交のあった渋沢栄一（一八四〇―一九三一）や阪谷芳郎（貴族院議員、元大蔵大臣、東京市長、一八六三―一九四一）らが就いた。#138しかし世界大戦の勃発により大会は延期され、一九一八年一一月に休戦が実現してからの交渉の結果、一九二〇年一〇月の開催が決定し、ようやく一九一九年二月四日に総委員会、二月一三日に第一回の実行委員会が開催された。実行委員には、小崎と平岩、日疋など、内村の青年会館利用について中心的に異議を唱えた人々が要職に入っていた。#139

三一独立運動はこの大会の準備が本格的に始まった直後に起きたことになる。一九一九年四月末頃には、米国の世界日曜学校協会事務局長フランク・ブラウン（Frank L.Brown, 1863-1922）が大会準備のために朝鮮を訪ねるという話もあった（実際に訪問したかどうかは不明）。いずれにせよ、朝鮮人クリスチャンや彼らに同情的であった米国人ミッショナリーを通じて、独立運動に対する激しい弾圧の状況と、世界大会を日本で開催すべきではないという声が世界日曜学校事務局に伝えられていたことは間違いない。『世界日曜学校大会記録』によると、「その頃のこと、朝鮮に於て不逞鮮人の暴動あり、これを鎮撫せし我が官憲の態度を是非するものあり。為めに世界大会を日本に開催するは人道の為め快とし得ざる所なるを以て、他に変更せらるべしとの虚説を伝ふるものあり」とある。#140 したがって、三一独立運動の経過に対し、小崎らが非常に神経を尖らしていたことは明らかである。

そもそも、キリスト教徒ではない政財界の要人が世界日曜学校大会に参加した背景には日米関係安定化にクリスチャンの国際的人脈が果たし得る広報外交的役割への期待があったと考えられる。日露戦争以降、満州問題をめぐる対立やサンフランシスコ市日本人児童隔離問題（一九〇六年）、排日移民法（一九〇七年）、カリフォルニア州排日土地法成立（一九一三年）などが続き、日米関係は政治的に不安定であったが、経済的な相互依存、とりわけ日本の側にとってのそれは第一次大戦中に著しく深まり、日米友好の維持は国家的課題として認識されていた。そのことに加え、世界日曜学校大会は、三一独立運動の勃発によって、国際的な評価を落とした日本のイメージを回復する場としての政治的意義を期待されていたものと考えられる。一九一九年五月二四日、宮内庁が五万円の下賜金を大会

実行委に寄付しているのも、こうした事情を背景としていると考えてよいだろう。[#141]

世界日曜学校大会をめぐるこのような状況が、基督教青年会館からの内村の排斥につながったと考えられる理由は大きく二点あると考えられる。第一には、内村は再臨運動中、キリスト教会と財界との癒着について「富豪の家に出入して会堂建築費の寄附を乞ふは恥辱にあらざる乎」などと繰り返し批判しており、[#142] 財界の援助に深く依存していた世界日曜学校大会の準備に奔走していた小崎らにとって、内村の存在が煙たいものであったであろうということである。こうした内村の批判は、大隈や渋沢らの支援の下で岩崎・三井・古河等諸財閥からの募金を得て活動していた組合教会の朝鮮人伝道を意識していたものと思われる。[#143]

そして第二点目が三一独立運動との関わりである。青年会館使用問題が起こる直前、朝鮮伝道事業を主導していた組合教会の渡瀬常吉は、独立運動の原因として次のように述べていた。

一体朝鮮の耶蘇教は吾人から見ると未だ基督教新生命を握っては居ない。其の神学の保守的にして頑迷なる、其の訓練の形式的にして自由の精神に乏しき、殊に旧約の十戒に重きを置いて、基督の寛容謙遜奉仕献身と云ふ方面は、一向に一般信者に徹底して居ない。それでユダヤ教の色彩が寧ろ濃厚で、キリスト教の色彩は鮮やかでない。而かも聖書の末世観を直に朝鮮に適用して、此の世を厭離して一日も早く天国に安きを求むべきを教へ、此の世を変じて天国と為すの努力と希望を与へて居ない。・・・敵を愛し己れを迫害する者の為めに祝福を祈ると云ふが如きは、殆んど実際問題として彼等に何等の力もない。而してユダヤ教的の形式と、偏狭なる愛国心とを養成したのであるから、天道教の如き迷信団と提携することを厭はないのである。#144

つまり、渡瀬は三一独立運動に朝鮮人クリスチャンが多く参加した理由として、彼らの再臨信仰にもとづく「偏狭なる愛国心」があるとしたのである。渡瀬の師である海老名弾正が再臨運動批判の先頭に立っていたことなどを考え合わせれば、三一独立運動によって朝鮮伝道事業に大きな打撃を受けた組合教会の中で、三一独立運動と内村らの再臨運動を連動した動きとして捉える見方があったとしても全く不思議ではない。

さらに渡瀬が、朝鮮のキリスト教における「ユダヤ教の色彩」を強調していることも重要である。渡良瀬は近代主義と結びついた自由主義神学の立場から、ユダヤ教を古い保守的精神と結び付けて捉えている。このように、自分たちのキリスト教の立場を擁護するために、ユダヤ教に三一独立運動の原因を押し付けようとする議論は、当時シベリア出兵でロシア白軍と交流した日本軍の一部に浸透しつつあったユダヤ人陰謀論に相通じるものであったともいえる。そのことはシベリア派遣軍隷下に設置されたウラジオ特務機関からの情報によると思われる以下の機密情報からも伺われる。

最近浦潮派遣軍司令部附某陸軍教授ノ調査ニヨレハ猶太人間ニ「マッソン」秘密結社ト称スルモノアリ数十年来最モ巧妙ナル方法ニテ全世界ニ活動シツツアリ其ノ目的ハ世界ノ総テノ国家

ヲ転覆シ猶太人ノ天下トナスニアリテ其ノ手段トシテ金力ヲ利用シ各国民ヲシテ宗教教育慈善事業等ニヨリ自然ニ其理想ニ近ケシメ或ハ総テノ乗スヘキ機会ヲ利用シ各国民ヲ煽動混乱セシメ国家ノ破壊ニ従事スルモノニシテ表面何人モ信頼シ易キ人道正義博愛等ヲ標榜シテ社会主義ニ導キ遂ニ極端ニ至ラシメ知ラス々々ノ間ニ国家組織ヲ破壊セムトスルニアル由ニ候猶太系ノ人口千二百万ヲ有スル亜米利加ノ如キハ既ニ知ラス々々ノ間ニ其ノ手段ニ乗セラレ言論機関ノ約八割ハ其ノ手ニ帰シ経済問題モ既ニ其ノ左右スルトコロトナリ又欧州戦争ヲ起サシメタルモ其ノ一派ノ陰謀ニシテ露国過激派ノ重ナル者モ皆猶太人系ナルノミナラス今ヤ彼等ハ独墺匈等ニ向ツテ其ノ毒手ヲ振ヒツツアリトノコトニ候故ニ或ハ朝鮮人ノ暴動モ此ノ大陰謀ノ一端ニアラスヤトモ想像セラレ候処例令暴動ノ動機ハ別トスルモ彼等ハ毎ニ斯ル時期ヲ巧妙ニ利用スルモノニ付猶太系ノ米国宣教師ニハ此際特ニ注意スル必要アラント思科致候尚近来露国人ト称スル猶太人カ頻リニ支那及朝鮮ニ入込ムトノ風聞モ有之候露国人ハ一見猶太人ヲ識別シ得ルノ技能アル由ニ付果シテ其ノ露国人ナリヤ否ヤハ忠実ナル露人ヲシテ鑑定セシムレハ判明スヘシ

＃145

ここで「或ハ朝鮮人ノ暴動モ此ノ大陰謀ノ一端ニアラスヤトモ想像セラレ候」とあるように、ユダヤ人と三一独立運動との関連はあくまでも「想像」の範囲だと断りつつも、「猶太系ノ米国宣教師」という表現を通じて、朝鮮人に同情的な米国人ミッショナリーと「『マッソン』秘密結社」との間に関係があることを強く示唆している。当時朝鮮で活動していた米国人宣教師で「ユダヤ系」とされる人物がいたことは知られておらず、この表現自体が想像の産物であると思われる。

また、この機密報告の「支那領」の箇所には、間島地方における朝鮮人の独立運動に関して、「尚本国ノ事件関係者ヲ英人牧師宅ニ隠匿シアルノ疑アル等竜井村耶蘇教西洋人カ本回の運動ノ裏面ニアリテ鮮人ヲ煽動シツツアルハ疑ノ余地ナキ所ナリ」ともある。

このように、三一独立運動の原因をめぐって、シベリア派遣軍・総督府・組合教会の中では、ユダヤ人陰謀論と宣教師煽動説、再臨信仰原因説が挙がっており、それぞれ必ずしも整合的に焦点を結んではいないものの互いの連関が示唆されていた。このことを背景として、三一独立運動への弾圧を理由とした大会日本誘致の見直し論が浮上したとき、小崎・平岩ら世界日曜学校大会を主導していた主流派プロテスタント教会幹部は、内村らの基督教青年会館からの排除という動きを取ったのだと考えられる。

青年会館問題が浮上した当初、内村がこうした背景の拡がりをどこまで意識していたかどうかは分からない。東京における再臨運動において一年以上にわたり続いた青年会館の利用について、今更になって急に問題視するという小崎らの主張に憤った内村は、五月一三日、基督教青年会館で「基督教界革正大演説会」を開いた。そこで内村は、「明年我国に於て開催すべき世界日曜学校大会が其後援者として知名の不信者たる大隈侯、渋沢男等を戴くが如きは其一例である、・・・俗化は教会の腐敗である、不信の富豪に依頼し彼等に依て貯へられたる金銭の寄附を仰いで以て伝道資金に充つるが

如きは俗化の最も甚だしきものである」と述べ、世界日曜学校大会を直接批判した。[#146]
その二週間後の二七日、内村は、正式に会館の使用不許可を申し渡された。五月二九日には、金貞植が三年ぶりに内村を訪ね、三一独立運動に対する弾圧の状況を伝え、六月三日にも再度来訪、夕食を共にし、「信仰と時勢」について語りあった。[#147]

その後、内村は、別の会場で講演活動を続けるが、再臨を強調する発言はほとんどなくなり、教義として再臨を掲げ続けるホーリネス教会との協力関係は解消された。おそらく、内村は、金貞植の二度の訪問を経て、青年会館使用問題が単なる無教会主義に対する教義的な反発や教会組織上の保身といった問題を越えた政治性を帯びていること、そしてそれが三一独立運動に動揺する国家権力の動向とも無関係ではないことに気付いたのではないかと思われる。

日本政府は、上海シオニスト協会の働きかけを受け、一九一九年一月には、珍田捨巳駐英日本大使の名でシオニズムを支持する内容の書簡をシオニスト機構宛に送っていた。[#148] そうした意味では一九一九年の時点でユダヤ人陰謀論の政治的影響力がどれだけあったのかについては慎重になるべきであるが、少なくとも治安当局の中には、シオニズムを反政府的な民族独立運動の一つと見做し、危険視する見方も強くあったと考えられる。そして、内村が「二・八独立宣言」以降、シオニズム運動への言及を止めたのも、朝鮮人クリスチャンの信仰が自身のナショナルな旧約聖書解釈に相通じる面があったことに気付いたためであった。内村が再臨運動を中途半端なかたちで終えた背景には、必要以上に治安当局を刺激することを避けようとした政治的配慮があったと考えてよいであろう。

第六節　再臨運動後の内村鑑三

内村らの再臨運動には、民族間の優劣設定にも結び付く単線的な文明発展史観とは異なる世界観を提示したという積極的側面があったと言えるものの、前千年王国論に付随したディスペンセーションズムのユダヤ人観は、すでに民族主義的であった内村の聖書解釈を人種主義的解釈へと推し進める入口にもなった。

ここでは、一九二四年の米国における排日移民法の成立に際しての内村の発言を見てみたい。内村は、再臨問題で対立した小崎弘道や植村正久らとともに、抗議の宣言書を発表し、「排日問題基督教演説会」で演説するなど、民族主義色を急速に濃くした。この頃内村は「日本の天職」と題した文章で次のように発言した。

誰か知らん日本国の真の隆起は彼が悲境の極に達した後にある事を。国としての存在を失つた後の今日、イスラエルの子孫は其宗教と信仰とを以て世界の最大勢力である。多くの人類学者に由てイスラエルの血を混へたる民なりと称せらるゝ日本人の世界的勢力も亦、亡国とまでは至らざるも、其第一等国たるの地位を抛ちての後の事であると思ふ。神が今日本国を鞭打ち給ひつゝあ

るは此準備の為ではあるまい乎。#149

ここでは、かつて『地理学考』の頃の内村の「日本の天職」概念に見られたナショナリズムとキリスト教信仰との結合に加え、さらに前千年王国論的な終末観が組み合わさっている。この文章の後ろには「附録」として、次のような文章が続く。

日本人の内にユダヤ人の血が流れて居るとは早くより学者の唱へた所である。曾て或る有名なる西洋の人類学者が京都の市中を歩行ながら行交ふ市民の内に紛ふべきなき多くのユダヤ人あるを見て指して之を案内の日本人に示したとの事である。其他日本人の習慣の内にユダヤ人の其れに似たる者多く、又神道とユダヤ教との間に多くの著るしき類似点ありと云ふ。今回米国の日本人排斥に対して彼国一派の基督信者が「日本人イスラエル説」を唱へて大に日本人の為に弁じた事を余輩は知る。日本人の敬神にユダヤ人的の熱誠あるは人の能く知る所である。基督教の宣教歴史に於て日本人の如くに真実に此教を受けた者は他に無いと信ずる。宣教開始以来六十年後の今日、基督教は既に日本人の宗教となつた。基督教は日本に於て他国に於て見ざる発達を遂ぐるであらう。西洋の宣教師が日本人を教化する能はざるは日本人に宗教心が不足するからではない、其れが西洋人以上に遥かに多いからである。

この内村の日猶同祖論は、彼が一八九九から一九〇〇年にかけて校長を務めていた女子独立学校の教頭で、内村と対立したことのある佐伯好郎（一八七一—一九六五）が一九〇八年に発表した論文「太秦（禹豆麻佐）を論ず」の影響を受けていると考えられる。同論文は、四～五世紀に渡来し、京都の太秦などに定住するようになった秦氏がユダヤ人であったと推定するもので、「大阪京都に猶太人的の骨相を有するもの有る」としていた。#150

人種観念にもとづいて日本人とユダヤ人との関係に着目することで、その特別な歴史的使命に思いを馳せるという発想は、それぞれの民族にそれぞれの天職があるとした、それまでの内村の民族観とは異質なものと言わざるを得ない。第二章五節で紹介した再臨運動中の「イエスの終末観」と題した講演で、キリスト教徒、ユダヤ人、異邦人の三者それぞれに異なる恩恵があると主張した内村は、日本人の終末について、旧約聖書のユダヤ人に関する預言をそのまま適応できなくなったため、日猶同祖論を持ち出したようにも思われる。このように、ディスペンセーショナリズムに内在するユダヤ人の人種主義的民族観を受け入れた後の内村は、一九一八年の講演「国家的罪悪と神の裁判」において見せたような、帝国主義時代におけるナショナリズムと普遍的価値観との間の政治的矛盾に立ち向かおうとする内的緊張を減じてしまったように思われる。

こうした内村の思想の変遷には、日本が欧米列強から不平等条約を押し付けられるという「半植民地状況」から日英同盟を梃子にして植民地帝国へと膨張していく過程において、日本のクリスチャンの立場がどのように変化したかが反映されている。それまで「先進的な欧米文明」と重ねて見られていた日本人クリスチャンは、次第に敵性宗教を信じる潜在的非国民という立場に追いやられていくことになるのである。明治期の日本人クリスチャンのアイデンティティには、日本社会における「先進文明」の担い手という特権性と、欧米人から見たときの「半文明国」人という被差別性の両義的性格が刻印されるが、このことは日本帝国主義の発展とともに、近隣アジア諸民族に対する植民地宗主国民としての特権性と、天皇制ナショナリズムの視点から見たときの「日本文化」からの逸脱者という被差別性の両義的性格へと変化していくことになった。

これらの両義性の間を揺れ動きつつ、唯一神信仰の普遍性を求める立場から現実に対峙していく内村の思想的緊張感は、再臨運動において一つのピークを迎えたようにも思われる。再臨運動を取り巻く政治状況に配慮するかたちで運動を終了させた後、内村が踏み込んだ国家権力批判を行うことはなくなっていった。

一九四四年に日本基督教団がアジア諸国のキリスト教徒に向けた送った「日本基督教団より大東亜共栄圏に在る基督教徒に送る書翰」の中で、内村が「日本人の手による日本国自生のキリスト教の必要を叫んだ先覚者である」として称揚されたのも、内村自身の思想と行動の中にあった保守的ナショナリストとしての側面に一因があったと言わざるを得ないであろう。

小括

内村の再臨運動は、札幌農学校でのキリスト教への入信以来四〇年余りにわたる思想的・信仰的格闘の到達点であったと同時に、第一次世界大戦後の流動的な国内外の情勢からの影響を深く受けた思想的事件であったといえる。

彼が、札幌農学校およびニューイングランドにおいて普遍的真実として受け止めたキリスト教は、フロンティア開拓を理想視する米国的ピューリタン信仰であった。その後、内村の信仰は、帝国主義の不義にも、社会運動の独善（と内村が見做した傾向）にも迎合しない思想的営為を築き続けることで、より理想主義的に純化されていったように思われる。そうした理想主義的信仰は、非戦論の主張に結実したものの、天皇制軍国主義の圧力の下、理想実現の期待は、前千年王国論としてのかたちをとるしかなかった。

米国留学以来、自立した「日本的キリスト教」を目ざしてきた内村であったが、ここにおいて、再び米国のキリスト教の一潮流としての前千年王国論に共鳴することになった。しかし、米国の前千年王国論者が、自国の帝国主義に迎合するかたちで政治的シオニズムを支持したのに対し、内村は、むしろ、自国の帝国主義に対する批判と被抑圧者の解放運動への共感を背景として、シオニズムに自らの理想を投影した。

実際には、イギリス帝国主義の力に依存しつつ、他民族が暮らすパレスチナへの入植活動を進めるシオニズム運動は、内村が考えたような旧約聖書の信仰にもとづく宗教的民族運動ではなく、旧約聖書の歴史記述を利用した世俗的植民運動であった。そして、その背景には、ヨーロッパにおける反ユダヤ主義およびイスラーム敵視と深く結びついたジェンタイル・シオニズムの伝統があった。何よりもパレスチナ住民にとってシオニズムは、ヨーロッパ植民地主義の一つの形態に過ぎないものであった。再臨運動が行われていた一九一八年、イギリス軍の占領やシオニストの入植活動に抵抗すべく、各地の有力者を中心に「イスラーム・キリスト教協会」(الجمعية الإسلامية المسيحية)が設立され、一九一九年一月から二月にかけてエルサレムで初めての大会が開催されていた。そこでは、アラブの統一、パレスチナの独立、英委任統治反対の方針が決定された。そして、エジプトでの三月蜂起と連動するかたちで、同年前半を通じて、委任統治とシオニズムに反対するデモがパレスチナ全土で展開された。[#151]

こうした動きは、一九一九年一月に始まるパリ講和会議を意識したものであり、朝鮮における三一独立運動と同様の反植民地主義運動であった。しかし、ウィルソン米大統領がとなえた民族自決の原則がパレスチナ人や朝鮮人に適用されることはなかった。内村が「世界はデモクラシーによって救われない」と述べ、ウィルソン・デモクラシーに「世界の大勢」を見た吉野作造や新渡戸稲造とは異なる評価をしたのは、贖罪信仰と民族解放と世界平和とを一体のものとして捉える「贖罪の哲理」の考え方が、再臨運動の中でも生きていたためだと考えられる。贖罪信仰を「神との民族別の契約」という考えと組み合わせた内村は、朝鮮人やユダヤ人の「解放」と日本人の「解放」とが互いに関連し合っているものと考えた。しかし、朝鮮人の「解放」については、それが宗教的次元にとどまるものなのか、政治的独立を含むのなのかどうかについての内村の姿勢は極めて状況依存的なものであった。また、ユダヤ人の「解放」については、ディスペンセーショナリズムに基づく、人種主義的ユダヤ人観に依拠したものであり、そこに孕まれる反ユダヤ主義やパレスチナ人の権利無視といった問題に目が向けられることはなかった。こうした内村の民族問題認識に見られる問題は、地域・時代によってさまざまな形態を取り得る民族と宗教との関係と、そこにおける抑圧・解放の問題を、日本人クリスチャンとしての自らの「解放」をめぐる思索を中心に整理しようとしたことにあるように思われる。その際にモデルとされたのが、英米のプロテスタントに見られる、キリスト教信仰と結びついた理想主義的ナショナリズムの在り方であった。そこでは、「歴史を担う民族」と「歴史を担うことのない民族」の差異、そして「歴史の担う民族」の中での担い方の差異といった恣意的な差別が必然的に伴わざるを得なかった。そこで強調された「各々の民族の使命」という考え方は、徳富蘇峰の「力の福音」に見られるような帝国主義イデオロギーを批判する思想的土台にはなり得たが、現実の民族アイデンティティの在り方に見られる多層性や可塑性といった、人間の社会的・地域的な組織のされ方や連帯のあり方における多様性を捉えるには寧ろ視野を狭めた面が大きかったのである。

註

#1　丸山真男『戦中と戦後の間』(みすず書房、一九七六年)、三二二頁。

#2　家永三郎『近代日本の思想家』(有信堂、一九六二年)、一〇九頁。

#3　滝沢秀樹「内村鑑三と朝鮮」『甲南経済学論集』二五（四）(一九八五年)、一八〇頁。

#4　新保祐司編『内村鑑三　一八六一―一九三〇』(藤原書店、二〇一一年)、三、一四頁。

#5　原島正「内村鑑三の終末思想――「再臨論」批判を中心に」『季刊日本思想史』四〇（一九九三年)、三―二九頁；近藤勝彦「内村鑑三における再臨運動とデモクラシー批判の問題」『デモクラシーの神学思想――自由と伝統とプロテスタンティズム』(教文館、二〇〇〇年)、四二六―四六三頁；李慶愛『内村鑑三のキリスト教思想――贖罪論と終末論を中心として』(九州大学出版会、二〇〇三年)。

#6　Doron B. Cohen, "Uchimura Kanzo on Jews and Zionism," *The Japan Christian Review* 58 (1992), 111-120；原島正「内村鑑三の「ユダヤ人」観」『内村鑑三研究』三七（二〇〇四年)、一四―三七頁；森山徹「再臨信仰と内村鑑三のユダヤ観――反ユダヤ主義の文脈の中で」『内村鑑三研究』四四（二〇一一年)、一四八―一六三頁；同「再臨信仰と内村鑑三のユダヤ観（下）――反ユダヤ主義の文脈の中で」『内村鑑三研究』四五（二〇一二年)、三―二六頁；同「〈脚注補遺〉再臨信仰と内村鑑三のユダヤ観（上）の脚注」『内村鑑三研究』四六（二〇一三年)、一五八―一六一頁。

#7　北海道大学編著『北大百年史 通説』(ぎょうせい、一九八〇年)、六二〇頁。

#8　内村鑑三 *How I Became a Christian: Out of My Diary*『内村鑑三全集』(以下、『全集』)第三巻（岩波書店)、巻末七七頁。日本語訳は、内村鑑三『余は如何にして基督信徒となりし乎』鈴木俊郎訳（岩波書店、一九三八年)、一〇六頁。

#9　同上、巻末一〇七頁。日本語訳は、同上、一五〇頁。

#10　'Wars and Runors of Wars', *New York Times* (April 27,1885).

#11　内村 *How I Became a Christian*『全集』第三巻、巻末一一四―一一五頁。日本語訳は、前掲、一五九頁。

#12　同上、巻末一一六頁。日本語訳は、同上、一六一―二頁。

＃１３　Olayemi Akinwumi, "Political or Spiritual Partition: The Impact of 一八八四／八五Berlin Conference on Christian Missions in Africa" in *Christianity in Africa and the African Diaspora*, ed. Adogame, Afe, Roswith Gerloff and Klaus Hock (Bloomsbury Academic, 2009), 13-16.

＃１４　*Missonary Herald*90 (1), 口絵.

＃１５　内村 *How I Became a Christian*『全集』第三巻、巻末一一六―七頁。日本語訳は、前掲、一六二頁。

＃１６　同上、巻末一一七頁。日本語訳は、同上、一六三頁。

＃１７　徳田幸雄『宗教学的回心研究――新島襄・清沢満之・内村鑑三・高山樗牛』(未来社、二〇〇五年)、三七一―三七三頁。

＃１８　内村 *How I Became a Christian*『全集』第三巻、巻末一二〇頁。日本語訳は、前掲、一六六頁。

＃１９　同上、巻末一二四頁。日本語訳は、同上、一七二―一七三頁。

＃２０　ここでは「国の救い」とすべきかもしれないが、多くの場合、内村は国の担い手を民族として疑うことなく捉えているので「民族の救い」とした。「民族の罪」についても同様。

＃２１　樺太アイヌ史研究会編『対雁の碑――樺太アイヌ強制移住の歴史』(北海道企画出版センター、一九九二年)、三九―四〇頁。

＃２２　Benjamin Capps, *The Great Chiefs* (Time-Life Books, 1975), 92.

＃２３　内村「亜米利加土人の教育」『全集』第三巻、九八頁。

＃２４　牧原憲夫『民権と憲法』(岩波書店、二〇〇六年)、一九六頁。

＃２５　植村正久「不敬罪と基督教」『植村正久著作集』(以下、『著作集』)第一巻、二八九―二九〇頁。

＃２６　内村「文学博士井上哲次郎君に呈する公開状」『全集』第二巻、一二八頁。

＃２７　同上、一三四頁。

＃２８　『六合雑誌』一五三(一八九三年九月)、四九―五〇頁。

＃２９　Arnold Guyot, *The Earth and Man: Lectures on Comparative Physical Geography in its Relation to the*

History of Mankind（Gould, Kendall and Lincoln, 1849）, 293-294.
#30 Ibid., 277.
#31 内村「地理学考」『全集』第二巻、四六四頁、四六八頁。
#32 Guyot, *The Earth and Man*, 232-237.
#33 内村「地理学考」『全集』第二巻、四四五頁。
#34 同上、四五二頁。
#35 同上、四七四頁。
#36 同上、四七九頁。
#37 同上、四七八頁。
#38 志賀重昂『南洋時事』再版（丸善商社書店、一八八七年）、一六頁。
#39 清水元「明治中期の『南進論』と『環太平洋』構想の原型――志賀重昂『南洋時事』をめぐって（I）」『アジア経済』三二（九）（アジア経済研究所、一九九一年）、三〇頁。
#40 志賀「自跋」『南洋時事』、四頁。
#41 内村「地理学考」『全集』第二巻、四七九頁。
#42 矢野暢『日本の南洋史観』（中央公論社、一九七九年）、七八頁。
#43 内村「日清戦争の義（訳文）」『全集』第三巻、一〇六頁。
#44 同上、一一一頁。
#45 福沢諭吉『福沢諭吉全集』第一四巻、四九一頁。
#46 植村「日清戦争を精神問題とせよ」『著作集』第二巻、一八六頁。
#47 同上。
#48 内村「世界歴史に徴して日支の関係を論ず」『全集』第三巻、三五頁。
#49 内村「書簡1 一八九五年（明治二八年）」『全集』第三六巻、四一四頁。

#50　内村「農夫亜士の言」『全集』第三巻、一六三頁。
#51　同上、一六五―一六六頁。
#52　内村 *How I Became a Christian*『全集』第三巻、一〇八頁。日本語訳は、前掲、一五〇頁。
#53　柳父圀近「内村鑑三における信仰と『ナショナリズム』――天皇制などをめぐって」『内村鑑三研究』四七（二〇一四年）、一〇七頁。
#54　内村「農夫亜士の言」『全集』第三巻、一七一頁。
#55　『東京朝日新聞』（一八九五年五月二六日）、一頁。
#56　内村「地理学考」『全集』第二巻、四一二頁、四一四頁。
#57　内村の共和制に対する認識については、柴田真希都『明治知識人としての内村鑑三――その批判精神と普遍主義の展開』（みすず書房、二〇一六年）第五章第二節「共和主義の展開」を参照。
#58　徳富猪一郎『大日本膨張論』（民友社、一八九四年）、一〇一頁。
#59　徳富猪一郎『興亜の大義』（明治書院、一九四二年）、五七―五八頁。
#60　内村 *America's Motives for War.*『全集』第五巻、四一四頁。
#61　内村「当世倫理」『全集』第六巻、四三二頁。
#62　内村 *Mr. Hoar's Great Speech*『全集』第六巻、四三五―四三六頁。日本語訳は、大山綱夫「内村鑑三―日清・日露の間―」『内村鑑三研究』二七（一九八九年）、七五頁。
#63　*New York Times* (February 15, 1899).
#64　内村「興敗録」『全集』第七巻、四九四―四九五頁。
#65　内村「正義と腕力」『全集』第八巻、九九頁。
#66　内村「本誌の性質」『全集』第八巻、二八六頁。
#67　幸徳秋水『帝国主義』（岩波書店、二〇〇四年）、四頁。
#68　内村「復活の希望」『全集』第九巻、二四八頁。

#69　内村「理想国は何であるか」『全集』第九巻、三六六頁。
#70　内村「内村氏の鉱毒問題解決」『全集』第一〇巻、四六八―四六九頁。
#71　内村「書簡1　一九〇二年（明治三五年）」『全集』第三六巻、五一八頁。
#72　内村「困つた国」『全集』第一〇巻、九頁。
#73　内村「我等の所有物」『全集』第一〇巻、四一頁。
#74　内村「困つた国」『全集』第一〇巻、九頁。
#75　内村「平和の福音（絶対的非戦主義）」『全集』第一一巻、四〇八頁。
#76　内村「万善の基礎」『全集』第一〇巻、四〇九―四一〇頁。
#77　土肥昭夫『天皇とキリスト――近現代天皇制とキリスト教の教会史的考察』（新教出版社、二〇一二年）、四〇六―四〇七頁。
#78　内村「平和の実益」『全集』第一一巻、三八一―三八二頁。
#79　同上、三八〇頁。
#80　新渡戸稲造『新渡戸稲造――国際開発とその教育の先駆者』（拓殖大学、二〇〇一年）、七六頁。
#81　鶴見祐輔『正伝後藤新平　三　台湾時代――一八九八～一九〇六年』（藤原書店、二〇〇五年）、七四四頁。
#82　内村「平和成る　特に平和的膨脹策に就て語る」『全集』第一三巻、三六三―三六五頁。
#83　内村「内村先生講演集7　国人の救ひ（ロマ書講義第3回）」『全集』第二〇巻、四七二頁。
#84　内村「幸福なる朝鮮国」『全集』第一五巻、二一〇頁。
#85　内村「朝鮮国と日本国　東洋平和の夢」『全集』第一七巻、六九頁。
#86　内村「領土と霊魂」『全集』第一七巻、三三二頁。
#87　高崎宗司『「妄言」の原形――日本人の朝鮮観』（木犀社、一九九〇年）、三五―三六頁。
#88　近藤勝彦『デモクラシーの神学思想――自由と伝統とプロテスタンティズム』（教文館、二〇〇〇年）、四一五頁。

＃89　内村「世界の平和は如何にして来る乎」『全集』第一八巻、二三九頁。
＃90　Charles G. Trumbull, "Is the Truth of Our Lords Return a Practical Matter for To-Day?" *The Sunday School Times* (Jan 24, 1916), 1-2.
＃91　内村「書簡3　一九一四年（大正三年）」『全集』第三八巻、二〇九頁。
＃92　内村「変らざるキリスト」『全集』第一九巻、二六七頁。
＃93　内村「教会と戦争」『全集』第二一巻、四五三頁。
＃94　内村「教会と聖書　朝鮮人に聖書研究を勧むるの辞」『全集』第二一巻、三六六頁。
＃95　内村「相互の了解」『全集』第二三巻、二七二―二七三頁。
＃96　日韓ＹＭＣＡ連絡委員会編『日韓ＹＭＣＡ関係史』（日本ＹＭＣＡ同盟、二〇〇四年）、二一―二九頁。
＃97　内村「復活の希望」『全集』第九巻、二四八頁。
＃98　内村「Missionaries and Language. 宣教師と国語」『全集』第二二巻、三八二頁。
＃99　内村「書簡3　一九一七年（大正六年）」『全集』第三八巻、二五三頁。日本語訳は、内村鑑三『日記書簡全集』山本泰次郎編、第七巻（教文館、一九六五年）、一四二頁。
＃100　この手紙について徐正敏は次のように述べている。「ここでぜひ指摘しておかねばならないことは、『韓国』を『たべ物』と表現した点である。『たべ物』は、いずれにしてもたべることのできるものであり、ただ問題になるのはそれを『消化すること』である。たべ物の種類と分量によって、消化の方法と掛かる時間が異なる点、それだけが問題なのである。」徐正敏（蔵田雅彦訳）「内村鑑三の韓国観に関する解釈問題」『桃山学院大学キリスト教論集』三一（一九九五年）、一三〇頁。
＃101　内村「平和の告知　路加伝第二章十四節の研究」『全集』第二四巻、五〇頁。
＃102　内村「興国史談」『全集』第七巻、三六三頁。
＃103　内村「基督再臨の証明者としてのユダヤ人」『全集』第二四巻、二一三頁。
＃104　米田勇『中田重治伝』（中田重治伝刊行委員会、一九九六年）、二五四―二五五頁。

#105　中田重治「主は近し（前号続き）」『聖潔之友』（一九一七年九月六日）、三頁。
#106　内村「社告・通知」『全集』第二四巻、六〇三―六〇四頁。
#107　Sizer, *Christian Zionism*, 135-159.
#108　内村「武士道と基督教」『全集』第二四巻、八頁。
#109　内村「聖書の預言とパレスチナの恢復」『全集』第二四巻、二四六―二四七頁。
#110　世俗主義・自由主義の立場に立ち、パレスチナ人に対する非妥協的な武装闘争を通じて全パレスチナを獲得することを主張した。奈良本『パレスチナの歴史』、九二―九三頁など参照。
#111　彼はユダヤ人部隊委員会 Jewish Regiment Committee の市民実行委員会名誉事務局長と看護・慰安委員会文芸小委員会代表を務めていた。Jewish regiment committee, *The Jewish Regiment Committee: Aug. 1917 to Aug. 1919*（J. Cromack, 1919）, 2.
#112　Myer J. Landa, "The Restoration of Palestine," *Hibbert Journal*16（2）（1918）, 223-224.
#113　Ibid., 223.
#114　Sokolow, *History of Zionism 1600-1918*, I&II.
#115　内村「日記1　一九一八年（大正七年）」『全集』第三三巻、四九頁。
#116　内村「書簡3　一九一八年（大正七年）」『全集』第三八巻、三二四頁。
#117　George M. Marsden, *Fundamentalism and American Culture.*（Oxford University Press, 2006）, 143-151.
#118　Arno C. Gaebelein（ed.）*Christ and Glory, Addresses: Delivered at the New York Prophetic Conference, Carnegie Hall, November 25-28, 1918*（Publication Office Our Hope, 1919）, 146-147.
#119　Ariel, *On Behalf of Israel*, 93.
#120　内村「困った国」『全集』第一〇巻、九―一〇頁。
#121　内村「絶大の奇跡　約書亜記十章一―一五節」『全集』第二四巻、三二五―三二六頁。
#122　「寺内内閣の暴政を責め猛然として弾劾を決議した関西記者大会の通説なる攻撃演説」『大阪朝日新聞』

（一九一八年八月二六日）、二頁。なお、白虹事件と再臨運動との関連については、板垣雄三「日本問題としてのパレスチナ問題――日本における中東研究の未来」（日本中東学会大会公開シンポジウム「パレスチナ問題と日本社会」配布資料、二〇〇八年五月二四日、所収）、五―六頁を参照。

#123　内村「人と真理」『全集』第二四巻、三三〇頁。

#124　内村「詩篇第一篇の研究」『全集』第二四巻、三九七頁。

#125　内村「万民の関はる大なる福音」『全集』第二四巻、四五五―四五六頁。

#126　駄場裕司『後藤新平をめぐる権力構造の研究』（南窓社、二〇〇七年）、一三二―一三四頁。

#127　内村「国家的罪悪と神の裁判　亜歴士書一章二章の研究」『全集』第二四巻、四六四―四七〇頁。

#128　内村「日記1　一九一八年（大正七年）」『全集』第三三巻、三九頁。

#129　『東京朝日新聞』（一九一九年二月九日）、五頁。

#130　朴慶植『在日朝鮮人運動史――八・一五解放前』（三一書房、一九七九年）、八八頁。

#131　『東京朝日新聞』（一九一九年二月一三日）、五頁。

#132　同上（一九一九年二月一六日）、三―四頁。

#133　内村「イエスの終末観　馬太伝第二十四章の研究」『全集』第二四巻、五二六頁。

#134　同上、五二八頁。

#135　同上、五二八―五二九頁。

#136　鈴木範久『一九一八～一九一九再臨運動』内村鑑三日録一〇（教文館、一九九七年）、一五九頁。

#137　同上、一六五―一六八頁。内村「教会対余輩」『全集』第二四巻、五八四―五八五頁。

#138　日本日曜学校協会編『日本日曜学校史』（日曜世界社、一九四一年）、七〇―八二頁。

#139　日本日曜学校協会編『第八回世界日曜学校大会記録』（日本日曜学校協会、一九二一年）、七―一三頁。

#140　同上、一四頁。

#141　日本日曜学校協会編『日本日曜学校史』、一〇三頁。

#142　内村「何の恥辱ぞ」『全集』第二四巻、一五四頁。
#143　松尾尊兊「日本組合基督教会の朝鮮伝道――日本プロテスタントと朝鮮（一）」『思想』五二九（一九六八年）、九頁。
#144　渡瀬常吉「朝鮮騒擾事件の真相と其の善後策」『新人』一九一九年四月。
#145　「独立運動ニ関スル件（国外第三十四報）」（一九一九年四月一七日、騒密第三〇一号）『現代史資料二六朝鮮二』（みすず書房、一九六七年）、一二四頁。
#146　内村「基督教界革正の必要」『全集』第二五巻、四〇頁。
#147　鈴木『一九一八～一九一九再臨運動』一九四、二一〇頁。
#148　丸山直起「バルフォア宣言と日本」『一橋論叢』九〇（一）（一九八三年）、八六頁。
#149　内村「日本の天職」『全集』第二八巻、四〇八頁。
#150　佐伯好郎「太秦（禹豆麻佐）を論す」『歴史地理』第一一巻第一号（一九〇八年一月）、六五頁。
#151　栗田禎子「中東における非宗派主義と政教分離主義の展開」私市正年・栗田禎子編『イスラーム地域の民衆運動と民主化』（東京大学出版会、二〇〇三年）、一五九―一六一頁。

第三章　矢内原忠雄の再臨信仰とシオニズム

はじめに

本章では、内村鑑三の教えを受けた無教会主義のクリスチャンであり、また、新渡戸稲造を引き継ぎ、東京帝国大学で植民政策学を教えた矢内原忠雄のキリスト教信仰と植民政策論との関係について考察する。矢内原が、シオニズム研究を嚆矢として主要な植民政策研究の成果を発表したのは、日本の外交政策が英米協調主義から満州事変を大きな契機としてアジア・モンロー主義へと次第に転換していく一九二〇年代から三〇年代にかけての時期であった。そうした中で、彼がシオニズム運動や満州移民等の移住植民を「実質的植民」として位置付け、重視したことの歴史的意味を検討する。

矢内原の全集（全二九巻）を概観すると、社会科学についての著作とキリスト教信仰に関する著作とがほぼ同じ割合を占めていることが分かる。しかも、植民政策に関する著作において聖書からの引用が用いられ、また、キリスト教に関する文章において社会科学的な概念が援用されるなど、彼の知的活動において、研究と信仰とは切り離すことのできない弁証法的関係をもっていた。この緊張関係こそが、日本の植民政策に対する批判的研究や発言を可能にし、研究の独自性を生み出したと言える。晩年の矢内原は自分の人生を振り返り、次のように述べている。

私の場合は、宗教的な信仰、キリスト教の信仰が、学問への刺激にもなり、着想を与える第六感的な、霊的なインスピレーションにもなったと思うんです。・・・つまり、科学的な研究心と、宗教的な真理を重んずるという両者が、学問研究の上においても私を導いた光になっている。(『私の歩んできた道』一九五八年三月)[#1]

この研究と信仰との密接なつながりは、矢内原のシオニズム論や「満州国」論において、しばしば非常に明確に表現されていることに注目したい。そこには「軍国主義に抗した平和主義者」という一般的な矢内原のイメージには収まらない彼の植民地認識および民族認識が典型的に現われているように思われる。

矢内原に関する先行研究は当然のことながら多くあるが、彼の植民政策研究とキリスト教信仰の両方を視野に収めたものは極めて少ない。そうした中でも柳父國近の研究が、この課題に最も深く切

【図５】矢内原忠雄　1922年、ベルリン
『矢内原忠雄全集』第28巻、口絵より

り込んでいるように思われるが、そこでの「実質的植民」をめぐる議論は矢内原のアダム・スミス理解に関する分析が中心で、その再臨信仰との関係は十分に掘り下げられているとはいえない。#2 また、矢内原が創設に深く関わった東京大学教養学部の創立六〇年を記念し、二〇〇九年に開催された三回のシンポジウムの内容をまとめた論集『矢内原忠雄』が二〇一一年に出版されているが、そこでも「学問」と「信仰」は別々の章立てとなっており、その間の有機的な連関に注意が払われた構成にはなっていない。#3

シオニズム論に着目した研究になると、さらに数は少なくなる。注目すべき先行研究としては、村上勝彦、臼杵陽、ジョン・C・デ・ボーアのものにほぼ限られるであろう。#4 日本経済史の研究者である村上は、矢内原のシオニズム論と実質的植民論との関係と、そこに孕まれる近代主義的な民族理解の問題を指摘した。中東地域研究者である臼杵は、矢内原を内村とともに日本における初期キリスト教シオニストとして位置付け、第二次世界大戦後、無教会主義から、極めて行動的なキリスト教シオニスト・グループである「キリストの幕屋」が派生する過程を、日本で土着化したキリスト教における新宗教としての側面という観点から論じた。デ・ボーアは、矢内原のシオニズム論を「植民地主義のインターナショナリズム」という観点から、共通する課題を持つ二つの植民地主義の間の知的交流の一ケースとして分析した。これらの研究においても、やはり矢内原における「学問」と「信仰」がどのような位相において関連し合っていたのかについての分析はほとんどなされていない。

こうした研究状況において、二〇一二年に田中良一が、矢内原の実質的植民概念が無教会主義の平信徒伝道をモデルとしており、シオニズム運動を植民の理想としたのは彼の植民概念の宗教的背景を象徴的に示していると指摘したことは注目に値する。[#4] しかし、そこでも再臨信仰とシオニズム観との関係に触れられていないなど、「学問」と「信仰」の関係についての分析は隔靴掻痒の感を否めない。

以上の先行研究を踏まえつつ、以下、矢内原のシオニズム論および植民政策研究において、キリスト教信仰を媒介としたイデオロギー的要因が強く現われていると考えられる側面、とりわけその植民概念および民族概念の形成と特徴について検討する。

第一節　内村鑑三の再臨信仰とシオニズム観からの影響

矢内原が植民政策研究を行い始めた一九二〇年代初頭は、第一次世界大戦後の列強による国際協調体制が築かれつつある時期であった。そこでは一九一九年前後に一つのピークを迎えた各地の民族解放運動を抑え込み、植民地をめぐる列強間の利害を調整する努力が行われていた。そうした利害調整を経て、一九二二年七月にはイギリスによるパレスチナ委任統治が正式に始まった。その直前の四月から五月にかけて矢内原はパレスチナを訪ねた。そこでロシアや東欧から来たばかりの若いユダヤ人シオニスト達の入植活動に感銘を受けた矢内原は、次のように感想を述べている。

誰も勇ましく愉快気に石を除き苗を植え乳をしぼり道を築いて居ります。〔中略〕パレスチナは乳と密の流るる地として記されてあるのに其現状は禿山と石地ばかりの仕方ない土地なのです。モハメット教徒特にトルコ人がパレスチナの主人になりてよりこんなに土地を荒蕪にしてしまひました。併し猶太人は言って居ます「〔中略〕イスラエル人がイスラエルの地に帰る時此の荒地より何が出てくるか見て居れ！」と、そして本当に荒地より緑野が出つつあるのです。〔中略〕アラビヤ人は何とかいって此運動に反対の宣伝をして居ますが私は聖書の預言より見てもイスラエルの恢復の必然なるを信じます。#6

こうした矢内原のシオニズム運動に対する賛美の背景には、一九一八年から一九年にかけて内村達が行った再臨運動の中で取り上げられたキリスト教シオニズムの教義があった。そこでは、シオニズム運動によるユダヤ人のパレスチナ入植がキリスト再臨の予兆として注目されていたのである。内村の再臨信仰は、同時期の米国において文明発展史観への反動として支持を広げていた前千年王国論からの強い影響を受けつつも、根底には、ロシア革命や米騒動など国内外の革命的情勢の中に神の声を聞こうとする、「預言者的ナショナリズム」ともいうべき社会正義実現への志向があった。#7

それは、世界平和の実現は人間の力では不可能という諦念と抱き合わせではあったものの、第一次世界大戦後の帝国主義列強による国際協調体制を礼賛する当時の多くのキリスト教知識人とは明確に一線を画す思想態度であった。例えば、日本基督教会の植村正久は『福音新報』（一九二〇年一一月一八日発行）で「国際連盟は当初期待したほどで無くとも、善きことは既に端緒に就き、なおより善き方に着々と進みつつあることは疑いが無い。キリスト者の興味を寄せ、志を運ぶべき事実と理想とがここに横たわって居る」と述べていた。#8

ところがこうした思想的差異にもかかわらず、イギリス軍によるパレスチナ占領に関する内村と植村の評価は極めて似通ったものであった。内村は、エルサレム陥落直後の聖書講義で、「千〇九十一［六］年十字軍の結果一度び基督教徒の手中に恢復せられて前後百年余り維持せられたるも再び土耳古人の奪ふ所となりて遂に今日に及んだのである、［中略］世界に散布せる千二百万のイスラエル民族が再び父祖の国に帰るの日も決して遠くはないであらう」と述べ、#9 他方、植村は「パレスチナよりトルコ人勢力の掃討せらるることが文明の進展における諸方面の革新を卜《ぼく》する象徴ともなり得んことは、およそ神の国に志を有するものの胸を躍らせつつ期待するところである」と述べていた。#10

文明発展史観の立場からイギリス軍のパレスチナ占領を肯定する植村に対し、戦後の世界情勢は、階級問題や民族問題の激化によって「戦争前のそれよりも遥かに危険」になるとの見通しを持つ内村であったが、「トルコ人」から聖地エルサレムをキリスト教徒の手に取り返すという、極めてヨーロッパ中心主義的な歴史観に疑いを持たないという点においては植村と共通していた。キリスト再臨については異なる理解をしていた内村と植村がそれぞれ依拠・参照していた欧米キリスト教世界の言説においては、前千年王国論者か否かにかかわらず、ユダヤ教や東方キリスト教と共存してきたイスラーム世界の歴史は徹底して不可視化されていたのである。[#11]

そうした歴史観は矢内原のシオニズム運動に対する感想においても色濃く表れている。そのことが彼の再臨信仰および植民政策論にどう関わることになるのか、次節以降で見ていくことにする。

第二節　矢内原忠雄の再臨信仰とシオニズム論

矢内原は、一九一〇年、新渡戸稲造が校長を務めていた第一高等学校に入学した。新渡戸が韓国併合について、「一箇月前の日本と今日の日本とは既に異って居る。かく大国となった上は、もう旧来の島国根性などといふものは捨てねばならぬ」などと述べた式辞を矢内原は大切に書き留め、保存していた。[#12] その後進学した東京帝国大学では新渡戸の植民政策の講義を受けたが、この植民政策講座は一九〇九年、後藤新平が呼びかけた「故児玉源太郎記念寄付金」の二一〇〇万円をもとに法科大学内に設置したものであった。[#13] 他方、矢内原が内村鑑三の聖書講義への参加を認められるようになるのは一九一一年一〇月のことであった。かつて不敬事件によって辞職を余儀なくされた第一高等学校の学生を内村が受け入れるようになったのは、一九〇九年秋、新渡戸の紹介状を持った一〇数名の一高生が内村を訪ねたことを契機としていた。当時、内村は、日露戦争以降、明確に主張するようになった非戦論を信仰的に深化させるかたちで、再臨信仰に傾倒しつつあった。その後、東京帝国大学に進学した矢内原は新渡戸の植民政策の講義を受講し、さらに彼の植民政策講座を引き継ぐことになるが、社会科学研究の師としての新渡戸に加え、無教会主義キリスト教信仰の師としての内村という、札幌農学校二期生の二人に師事したことが、生涯にわたる決定的な影響を矢内原に与えることとなった。

そこで、矢内原の植民政策学とキリスト教信仰との間にどのような関係があるかについて改めて問題としたい。一九二一年に出版した彼の処女作である『基督者の信仰』は、東京帝国大学卒業後、住友別子銅山に勤めていた時期、先輩である黒崎幸吉とともに行っていた無教会主義の集会での説教のために書き溜めていた文章を編集したものであった。そこでは、彼の再臨信仰がマルサスの人口論に関連付けて述べられていた。矢内原は内村の贖罪論・再臨論を踏まえつつも、再臨によって救済されるべき人類の罪の具体例として「多くの生活難と犯罪と階級闘争と国際戦争」を挙げ、その究極的原因をアダムの堕落によってもたらされた「収穫逓減の法則」に求めていた。そして、それらの問題はキリストの再臨によって解決され、「土は食物を供して尽きざるが故に経済上の争闘は跡を絶」ち、「荒野と湿ひなき地とは楽しみ砂漠は喜びて番紅の花の如くに咲き輝」くことになるとされていた。#14

社会問題・民族問題の原因を土地の生産力の問題に帰する矢内原の議論の根底には、第一次世界大戦後、急速に広がりつつあった労働運動や民族解放運動をネガティブに捉え、階級対立や民族対立を「超階級的」「超民族的」観点から乗り越えようとする社会改良主義的な姿勢があったといえる。

#15

土地問題と結びついた終末イメージは、パレスチナ訪問の翌年、一九二三年に最初の学術論文となる「シオン運動に就て」において、社会主義シオニストの指導者、シュロモ・カプランスキー（Shlame Kaplansky, 1884-1950）の発言を参照するかたちで、次のような意見表明に結びついた。

資本と労働とが人口希薄なる地域に投ぜられ、人類の努力を以て土地の自然的条件を改良し、地球表面に荒野なきに至らしむるのが植民活動の終局理想である。シオン運動は反動的にあらず却て歴史進展の必然性を帯ぶ。そはまた不法的にあらず却て国際正義の是認する処である。人類的見地より観れば「六七十万のアラビア人がパレスチナの所有権を主張する権利はない」のである。

#16

当時、社会主義シオニストはパレスチナの入植運動において主導権を取るだけでなく、一九二〇年から二一年にかけて起きた三度にわたるパレスチナ・アラブ人の反英・反シオニスト蜂起によって守勢に立たされていたシオニズム運動の正当性を列強の世論、とりわけパレスチナの占領国であるイギリスの労働運動および労働党に対して宣伝する役割を担っていた。彼等は、バルフォア宣言の撤回を求めてロンドンで陳情活動を行っていたパレスチナ・アラブ人組織、ムスリム・キリスト教徒協会の派遣団を、パレスチナの一般農民を搾取する地主階級やブルジョワ階級の代表に過ぎないとして、その正当性を否定し、ユダヤ人入植者による近代的技術や資本の導入はアラブ人農民の生活水準向上に寄与するものだと主張していた。そうして彼らは、ユダヤ人とアラブ人の民族共存が可能であると説き、シオニズム運動がパレスチナ・アラブ人の民族自決権を侵害するとの批判を回避しようとした。#17

このような社会主義シオニストの政治宣伝は、イギリス労働党の「社会帝国主義」に訴えかけるものであったが、それは、日本の植民地統治の下での民族問題の解決を土地の生産力という観点から考える発想を持っていた植民政策学者・矢内原にとっても共鳴できる議論であった。「シオン運動が私の興味を惹く一つの点はその非資本家的非営利主義的非搾取的植民事業にあり、資本主義的植民の行きつまらんとする今日、特に注目に値する処である」と矢内原は言う。#18

さらに矢内原は、シオニズム運動に注目するもう一つの理由として、「ユダヤ人の復興は聖書の予言せる世界歴史発展の重要なる一項目である」ことを挙げている。#19「地球表面に荒野なきに至らしむる」ことと、ユダヤ人をはじめとした諸民族がキリストの福音を受け入れることを一体的な終末イメージでとらえる矢内原にとって、シオニズム運動とユダヤ教は、ともにキリスト教的な理想社会建設に向けた過程に位置するものとして捉えられていたのである。こうした認識を担保するものとして矢内原が引用しているのが、総合シオニズムの指導者であり、第一次世界大戦後、世界シオニスト機構の議長となったハイム・ワイツマンが「ユダヤ種族維持の秘訣」として述べたという「イスラエルの民、イスラエルの神、イスラエルの土地」という言葉であった。#20

これについて矢内原は、

創世記の記述を根拠として「一の民、一の神、及び一の土地はアブラハム以来不可離の宗教的伝統であった」と断言し、次のように述べる。

今日世界各地より再びパレスチナに帰来せんとしつつあるシオン運動もその帰土に対する理想的憧憬より見て之をユダヤ民族の歴史に屢々あらはれたる宗教的運動の一なりと称するを得よう。#21

ここでは、信仰と愛国心との調和を目指してきた無教会主義者としての矢内原の先入見が、実際には極めて世俗的な運動であったシオニズム運動に対する理解を大きくゆがめていることが分かる。矢内原の議論からは、「イスラエルの地」への集団的帰還を禁じてきたラビ・ユダヤ教の伝統に忠実であろうとする正統派ユダヤ教徒の主張は排除され、#22 イギリス帝国主義の庇護下で入植活動を進める世俗的ユダヤ人によるシオニズム運動こそが、現在におけるユダヤ人の宗教運動であるとされた。

矢内原が引用したワイツマンの言葉はイギリスのジェンタイル・シオニストであるアンドリュー・ウィンゲート（Andrew Wingate）の著作からの孫引きであり、#23 元の出所は不明であるが、当時、バルフォアやロイド・ジョージなど、イギリスの政治家に働きかける際、キリスト教的レトリックが重要な意味を持つことに気付いていたのが、総合シオニストと呼ばれるワイツマンを中心とした活動家達であった。#24 矢内原の論文で何度も引用されている『シオニズムの歴史』の著者ナフム・ソコロウも、ワイツマンの片腕としてシオニスト執行部議長を務める総合シオニストであった。同書は、イギリス国民としてのユダヤ人の立場を脅かすものとしてシオニズムを批判する伝統的ユダヤ人エリートらに抗するために、同国におけるジェンタイル・シオニズムの歴史を近代的シオニズム運動の前史として位置づけるものであった。#25 つまるところ、それは、ヨーロッパ・キリスト教社会の宗教ナショナリズムを背景としたユダヤ人に対する根強い偏見・異民族視を政治的に利用しようとするものであった。ウィンゲートがワイツマンのレトリックに共鳴したように、矢内原もまた自身のナショナリズムと結びついた宗教観を一元的にユダヤ人に当てはめたのである。

以上で見てきたように、矢内原がシオニズムに見た、社会主義運動と宗教運動という二面的性格の背景には、当時のシオニズム運動を牽引していた二潮流である、社会主義シオニストおよび総合シオニストが、パレスチナ人およびユダヤ人からのシオニズム批判に対抗するかたちでイギリスの政界および世論に対して行っていた宣伝活動があった。#26 そしてその宣伝活動は、ヨーロッパ主権国家体制の経済システムのグローバルな拡大を「歴史進展の必然性」として正当化し、その主体として西欧キリスト教的な国民国家を措定する欧米中心史観に掉さすものであった。

一方、パレスチナ・アラブ人側の主張に矢内原が直接触れる機会は当時ほとんどなかった。一九二二年春の現地訪問に際し、もともと矢内原がキリスト教徒として持っていた「聖地」としてのパレスチナ観や、「選ばれた民」としてのユダヤ人観を相対化するような、現地住民とのコミュニケーションや調査が行われなかったことは、この情報ソースの偏りを決定的なものにした。エルサレムで矢内原を案内したのは、イギリスから移住してきたシオニストの青年であった。矢内原は、エルサレム近郊の入植地キリヤト・アナヴィーム（קריית ענבים）を訪ねた際に見た、近隣のアラブ人との良好な関係について書き記している。[#27] その背景には、この入植地に隣接するアブー・グーシュ（أبو غوش）村が、イスラーム・キリスト教協会を主導する都市部の名望家層と対立しており、二〇世紀初頭からシオニスト運動が戦略的に友好関係を築いてきた村の一つであったことが関係していたと考えられる。[#28] この経験は、社会主義シオニストによる、イスラーム・キリスト教協会は一部階級の利益を代表しているに過ぎないとの誹謗に説得力を持たせるものとして受け止められたであろう。

矢内原の最初の植民地研究の成果であるこの論文は、シオニズムを聖書の預言の実現と見た内村のキリスト教シオニズム、そして、植民の意義をその文明化作用に見た新渡戸の植民地認識という二重の先入見をもってパレスチナを観察し、シオニストの文献を読みこんだ結果であった。そこでは、パレスチナ人の側の視点が欠落していたがゆえに、既成の先入見を超える視野を獲得することができなかったと言わざるを得ない。

第三節　矢内原の植民政策論と民族問題

前節で見たとおり、矢内原のシオニズム論において見られた植民概念は、帝国主義下における植民政策の漸進的改良という指向性を持っており、植民地独立運動の根拠とされていた民族自決権概念とは相容れない性格を持つものであった。「一民族が一地域に現在居住するの事実を以て所謂自決権により他民族を排斥し得るや」「パレスチナに於けるアラビア人とユダヤ人との関係は之を民族自決権なる権利の争と見るを得ない。寧ろ社会群の対立なる実質的問題なりと見るべきである」といった言明がそれである。#29

しかしながら、冒頭に述べた通り、キリスト教信仰と研究活動との結びつきが、政治的権力やイデオロギー的独断に左右されない「視野の広さ」を矢内原に与える局面があったことにも注目する必要がある。一九二四年一月、矢内原は朝鮮を調査訪問し、そこでクリスチャンの人脈を通じて多くの朝鮮人と交流を深めた。民族を越えた信仰の交わりは、矢内原の植民地認識に被抑圧者の視点を加える契機となったのである。特に注目されるのは、矢内原が、妻恵子の父堀米吉がキリスト同信会の教友とともに関わっていた木浦近郊の永和農場という干拓事業地を訪ねていることである。そこで矢内原は、近くの朝鮮人集落を案内してもらい、三一独立運動について人々から話を聞いていた。

そうした体験は、一九二六年に発表された「朝鮮産米増殖計画に就て」「朝鮮統治の方針」という、朝鮮における経済搾取と同化政策に対する厳しい批判を展開した論文に結実することとなった。後者において矢内原は、朝鮮議会開設の必要を訴えつつも、「仮に自主朝鮮が全然日本より分離独立を欲するとしても、その事は日本にとりて甚だしく悲しむべき事であるか」と述べ、朝鮮独立の可能性

にも言及した。[#30]

パレスチナと朝鮮における植民地体験は、矢内原の植民政策論の理論的枠組みを提示した大著『植民及植民政策』(一九二六)の理論構成に大きな影響を与えたものと考えられる。そこで矢内原は、植民の概念を、実際の人口移動にもとづく「実質的植民」と政治的従属関係にもとづく「形式的植民」の二側面に整理し、前者には人類の進歩や社会問題の解決に貢献する可能性があると考えた。[#31]「実質的植民」の具体例としてシオニズムが挙げられる一方、「形式的植民」の具体例としては、日本の台湾・朝鮮等の植民地領有が挙げられた。こうした二分法は当時の欧米における植民政策学においても一般的であった移住植民地と搾取植民地という分類法と重なるものであった。しかし、当時の一般的な植民政策論においては、「政治的権力の延長」を必要条件とする「形式的植民」が考察の中心とされており、「実質的植民」を重視し、「植民と移民との本質的区別を否定する」[#32]という矢内原の主張は、シオニズム研究を植民政策研究の出発点としたがゆえの特殊なものであった。

こうした矢内原の植民の定義に対し、東京帝大経済学部の同僚である大内兵衛は「矢内原氏の定義はこと更に政治的方面をぬきにした理想的植民を以て一般植民の定義とする謗はないであろうか」と疑問を呈し、大原社会問題研究所研究員の細川嘉六は、矢内原が「他の植民政策学者と共に同じく、資本家的階級利害の代弁者たる地位にとどまってをられる」と批判した。[#33]

しかしながら、これらのマルクス主義経済学の立場からの批判は、矢内原の「実質的植民」概念の重視が、帝国主義時代における「形式的植民」に対する批判とセットになっていることについて十分認識していないように思われる。このことに関して、カール・カウツキー（Karl Kautsky, 1854-1938）が、アメリカやオーストラリアといった移住植民地（カウツキーの語法では「労働植民地」）における先住民族に対するかつての絶滅政策が、無知な農民による偶発的事態であったとして、それらの植民地化が人類の生産力向上に果たした役割について肯定していることに対し、[#34] 矢内原が次のように批判していることは重要である。

多数の植民者が移住するや、先づ定着すべき土地を得なければならない。［中略］植民者が完全なる生活の地歩を占むるには原住者の駆逐絶滅を最も便利とするは怪しむに足りない。カウツキーが移住植民地の適例にして、人類文化に対する大貢献なりとする米国及び濠洲に於て、最も完全なる原住者の抑圧駆逐が行はれたのである。否、かくの如き原住者の駆逐ありたればこそ、移住植民地としてかくの如き発達が可能であったと見ざるを得ない。[#35]

矢内原の議論はこのことをもって移住植民地の価値を否定するのではなかった。むしろ、マルクス主義者が、帝国主義時代以前の移住植民地における民族浄化は偶発事に過ぎないとして、その植民地形成に人類的価値を認めるのであれば、植民者の数が比較的少ない帝国主義時代の植民地形成において、人類的な価値を実現する可能性を全面否定するのは矛盾していると主張しているのである。こうして、「植民は人類社会の利益なりといふ。然れどもそは決して犠牲なきの利益ではない。植民地原住者の不幸、殊に滅び行ける、若くは滅びんとしつつある原住種族の生命は、実にその為めに支払はれたる犠牲である」と述べる矢内原に対し、細川は、「屠殺会社が屠牛の菩提のために供養塔を立てると同類である」とむべもない。#36　しかし、帝国主義時代以前の移住植民地におけるジェノサイドについて、入植者による土地確保の追求こそが根本原因だとする矢内原の推論には、「帝国主義理論」にこだわるマルクス主義者にはない鋭さがあった。そしてその洞察力はパレスチナにおける「民族対立」についての考察を経ていたからこそのものであったと考えられるのである。

「人類の生産力発展」の価値を疑わないという点では、矢内原も大内、細川も議論の土台を共有していたが、移住植民地における先住民族虐殺の原因についての矢内原の洞察の鋭さは、その民族浄化の歴史に対する消極的肯定という結論が持つ問題性を際立たせる。矢内原にとってパレスチナとアメリカ、さらには北海道といった移住植民地は、キリスト教世界の「西進」の歴史が現前してきた地であり、また、その歴史の構成要素として神の意を受けた民族の発展の地として決定的な意味を持つ場所であり、その意義は否定しようのないものであったのである。

こうした矢内原における「実質的植民」概念の肯定的把握と、他方での「原住者の抑圧駆逐」の必然性という歴史的洞察との矛盾の解決は、『植民及植民政策』において、「地球上各部の経済的利用が普く、人口及貨財の世界的移動が適当に行はれ、生産及消費の世界的分配が統一規律せらるることは、社会主義経済の完全に実現せらるる所以である」として、社会主義的世界経済の成立に求められた。#37

その際、彼が注目していたのは、ドイツ社会民主党修正派のベルンシュタインによる「無産階級も亦自国民の合理的なる地理的発展に対しては利益を有する」といった議論やイギリス労働党の中の「英帝国内の属領に対する労働党内閣の政策は、その住民に人道的にして正義の政治を保証することになるであらう」といった議論など、政権を担うようになり、植民地領有肯定の意見が強くなっていた社会民主主義政党における議論であった。#38 こうした社会主義の論理による植民地領有の正当化は、矢内原が注目した社会主義シオニストの論理に極めて近似したものでもあった。

しかし、矢内原は、一九二五年に労働党政権の下、ロンドンで開催された第一回英帝国労働会議における議論に注目し、南アフリカにおけるインド人労働者の差別待遇改善要求を白人労働者が拒否したことや、カナダやオーストラリアの労働者代表が、イギリス労働者の移民拒否の姿勢を示したことなどから、「単に労働階級の利益を主とすればとて、実質的植民の完全なる実現は之を期待し得ざるべきを知る」と述べ、社会主義的植民政策においても人間の利己心に起因する限界があることを指摘した。#39

こうして矢内原は、『植民及植民政策』の結論において、この限界を乗り越えるためには、キリストの愛こそが必要であるという、有名な信仰告白にたどり着くのである。

虐げらるるものの解放、沈めるものの向上、而して自主独立なるものの平和的結合、人類は昔し望み今望み将来も之を望むであらう。希望！　而して信仰！　私は信ずる、平和の保障は「強き神

の子不朽の愛」に存することを。#40

第四節　矢内原忠雄と満州移民

前節までに見て来たように、矢内原は、帝国主義的植民政策を是正する可能性を社会主義的植民政策に求め、中でも、「社会群の移動」としての「実質的植民」による世界経済の調整機能を重視した。そこでは、北米植民地建設およびシオニズム運動などに見られる、先進国から後進国への人口移動による移住植民地建設が、「宗教的信念」を伴ってこそ、その経済的困難を乗り越え、成功することができるという、キリスト教信仰を根底に置いた社会科学的分析があった。

こうした考えに基づき、一九二九年に著した『帝国主義下の台湾』の中では、「内地資本」が多く進出している台湾西部に比べ、経済的条件が悪く、開発の進んでいない台湾東部への日本人移民を提案し、そこに諸民族共存の「自作農的若くは協同的生産に基礎を置く」ユートピア的社会を建設することを論じた。#41

「資本家的企業の勃興を以て目的と為さず、複雑なる人種構成を有する植民地社会の平和なる協同的生活に目標を置かば、眇たる東部台湾も人類の植民史上最も重要なる地位を獲得するであらう」という希望的観測において、パレスチナ人に対する融和政策が可能であると考えていた社会主義シオニストの入植方針が意識されていたことは明らかであろう。

　このような矢内原の植民政策論における「入植者と先住民族との共生」という理想に支えられた実質的植民概念は、台湾・朝鮮における農業植民が実質的な失敗に終わり、植民地における入植政策に新たな展開の無かった一九二〇年代の帝国日本においては、ほとんど実践的意味を持ち得ないものであった。しかし、一九三二年、「満州国」が設立されると、矢内原は、その軍国主義的性格に対する批判を行う一方で、加藤完治らの主導による満州移民に実質的植民の具体的可能性を見ようとすることになった。

「満州国」成立から約半年後の一九三二年八月から九月にかけて、矢内原は、「建国」直後の「満州国」を訪問、その後、大学で「満州問題」についての講義を行い、それをもとに『満州問題』（一九三四年）を発表した。当時、大学に派遣されていた軍事教官は、教練の時間に矢内原の講義を聴くなと学生に語った。#42　そうした圧力の中、彼は、「支那の統一無くしては日本の繁栄なく、支那の排日有る限り日本の幸福はない。親隣のみ真に合理的永久的意義ある対支政策である」として、「満州国」をもって中国における民族主義の流れを押しとどめることは不可能であるとの視点を明確にした。#43　しかし、その一方、満州移民については、その実行の経済的政治的困難性を指摘しつつも、「多少なりとも日本人移植の行はるる事は日本の為にも望ましき事であるから、能ふ限りの周密なる植民計画を樹立する必要がある」などとして、その成功に期待した。#44　他方、「悲しむべきは支那の排日気運である」として、日本製品ボイコット運動など、中国民衆による抗日運動に対する評価はネガティブなものであった。#45　こうした態度に見られる中国民衆との距離感は、満州訪問時、矢内原の乗っていたハルピン行の列車が「匪賊」によって襲撃されたとき、無傷ですんだことをもって、神に守られたことを確信したというエピソードにも反映している。#46 矢内原は、この経験を通じて、抗日義勇兵らの行動を内在的に理解しようとする契機とはしなかった。

こうした矢内原の姿勢が、「実質的植民」観と結びついていたことは想像に難くない。実際、この調査で矢内原が訪ねたのは、日本人が経営する学校や工場、入植村などであり、中国人の農民や労働者の話に耳を傾け、あるいは彼らの生活の苦しさに思いを馳せた形跡は見られない。訪問先の中でも、奉天にある農業移民の養成を目的とする国民高等学校への訪問は注目に値する。矢内原は、この学校の校長であった加藤完治と第一高等学校時代に河合栄治郎や那須皓等を通じて懇意にしており、先輩として慕っていた。#47 加藤は、一九一六年、内村の弟子である藤井武が山形県理事官であったときにデンマークの国民高等学校をモデルに設立した山形県立自治講習所の初代所長となり、そこで得た農民教育の経験を土台として、一九二六年には茨城県友部に設立された日本国民高等学校校長となっていた。満州事変が起こると、加藤は軍部に働きかけ、この国民高等学校を満州開拓移民のための教育機関として役立てようとした。矢内原が訪ねた奉天の施設は関東軍の協力の下、一九三二年春に友部の国民高等学校の分校として設立されたものであった。#48 この学校の原点において決定的な役割を果たした藤井の敬虔な信仰に矢内原は深い敬意を払っていたが、一九三〇年に彼は他界していた。そして、「満州」訪問の半年前には、同信の塚本虎二とともに『藤井武全集』全一二巻を編集・刊行し終えたばかりであった。矢内原は、その全集刊行を「真理の敵への戦闘をば実行せるものであった」として、黒崎幸吉の発行する『永遠の生命』への投稿記事で次のように述べている。

藤井全集によりて多くの弱き者病める者が慰められた。傷める葦を折る者がある、煙れる亜麻を踏み消す悪の霊がある。傷める者の心に送る慰めは、この悪の霊、この傷ましめる者を打ち挫く。最も柔和なる慰め手が最も勇敢なる戦士なのだ。#49

こうした藤井への信仰的共感は、奉天の国民高等学校で第一次満蒙開拓団に参加すべく農業訓練を受ける東北出身の青年らが加藤完治を深く信頼していることを知ったときの、「氏に対して深き尊敬と共に同情の念を禁じ得なかった」という感想にも反映されていたと考えられる。さらに矢内原は、「而して私の連想は、北米植民の先駆者として寒気に抗し、病気及びインヂアンと闘ひつつ、荊棘を拓いた清教徒等が、天地の主宰たる神に信頼した事実に思ひ及ばざるを得なかった」と語った。#50 矢内原は、加藤完治の精神主義に感化された農民達の中に、藤井の姿を見たのではなかっただろうか。

ここで矛盾しているように思われるのは、矢内原が『藤井武全集』を刊行した際に述べた言葉の中の「真理の敵」「悪の霊」「傷ましめる者」といった言葉において、当時キリスト教徒に対する圧迫を強めつつあった軍部が意識されていたことは時代状況的に明らかである一方、その軍部が推進する大陸侵略政策の一環としてあった満州移民政策の遂行者であった加藤に対して矢内原が高い評価を与えているという点である。しかし、「傷める者の心に送る慰めは、この悪の霊、この傷ましめる者を打ち挫く」という藤井武を記念する一文から推し量られることは、藤井とのつながりをもつ加藤完治の精神主義的な入植運動は、入植者が先住民を搾取する地主階級や資本家階級を形成することのない「非資本家的非営利主義的非搾取的植民事業」となる可能性を持ち、それは関東軍による侵略行為を、「入植者と先住民との共生」へと転換する力になり得るという期待であったように思われる。日本の軍国主義への協力者を、抵抗者と読み違えた矢内原の認識枠組において、中国民衆による武装闘争や日貨ボイコットなど、あらゆる手段を通じた抗日運動は、「共生」への努力を妨害する短絡的な行為であると映らざるを得ないであろう。

実際、第一次満蒙開拓団が武装移民団として入植することになったのは、三江省樺川県永豊鎮の既耕地であった。その土地は、入植後、武力を背景に強制的に買い上げられ、多くの現地住民が土地を追われた。[#51]　一九三四年には土地を奪われた農民達による武装蜂起、土竜山事件が起きていた。当時そうした実情を把握することが困難であったことを差し引いたとしても、信仰に結びついた植民観が、満州農業移民の問題性に対する矢内原の目を曇らせたことは否定し得ない。確かに、矢内原の満州移民支持には様々な留保が付けられており、全面的な支持といえるものではなかった。しかしながら、国際協調主義を支持する立場からの議論であった「実質的植民」論が、満州事変によってその前提条件を破壊されたとき、はじめて現実政治における実践的な意味を持つようになったということは、矢内原の植民政策論の全体的な体系自体が持つ欠陥を示しているようにも思われる。

侵略的ナショナリズムを自浄する力としての宗教的ナショナリズムへの非現実的な期待は、シオニズム運動への評価によっても担保されていた。上述の『永遠の生命』の記事を書いてから間もない一九三二年五月、『社会政策時報』に掲載された「満州植民計画の物質的及び精神的要素」という文章において、矢内原は、満州移民成功に欠かせない要素として入植の「精神的要素」を重視し、「ユダヤ人が世界各国に於て受くる差別的待遇の抑圧を免れ、自由の社会を民族的に歴史的縁故の深きパレスタインに建設せんとするのがシオン運動の精神的要素である」として、満州移民推進論者が入植者に求める「精神的要素」に欠けている「精神的自由、新社会建設の理想」がシオニズム運動にはあると論じていた。#52

しかしながら、矢内原が国際協調主義的理想の実現可能性を示していると考えたシオニズム運動自身が、一九三〇年代、満州移民政策と類似した問題に直面することになった。ナチスによるユダヤ人迫害激化により中産階級以上のユダヤ人移民が増加したことで、パレスチナにおいて相対的に自立したユダヤ人社会の経済的基盤が成立した結果、土地や雇用機会から排除されたパレスチナ人大衆による組織的な抵抗運動が本格化した。入植運動を主導していた社会主義シオニストによる「民族共存」のレトリックと現実との乖離はもはや隠しようがなくなるのである。#53

第五節　矢内原忠雄における藤井武の影響、信仰と実践の関係

満州事変以降の日本社会のファッショ化の中、矢内原は、旧約聖書の預言書の文句を用いるかたちで「預言者的ナショナリズム」にもとづく軍国主義批判を強めていった。#54 盧溝橋事件直後、矢内原は、「ユダヤ民族」が国家として滅んだのは、イザヤ等の預言者の声に人々が耳を傾けなかったためであるが、彼らが今でも民族として存続し、領土と主権さえ得られれば国家を回復できる状態にあるのは、預言者達によって「国家の理想」が維持されたからだと述べた。そして、その「ユダヤ民族」を抑圧し「理想」よりも「領土」を優先するナチス政権を批判すると同時に、間接的にナチスと軍事同盟を結ぶ日本をも批判したのである。#55 さらに、翌一〇月にも、「神の国」と題した講演において「神に審かれたるユダの国よりも、己を驕ぶってユダを撃ったアッスリアの罪の方が更に大きいのである」と述べることで、暗にユダヤ人を迫害するドイツや、中国を侵略する日本の政策を批判しつつ、「日本の理想を生かす為めに、一先づ此の国を葬って下さい」と述べた。#56 この発言がもとで、矢内原は一九三七年一二月に大学辞職に追い込まれた。

このように、矢内原は、日本の軍国主義および帝国主義との対決姿勢を強めていく中、「神の愛」への信頼に基づく漸進的な社会改良とは主張を異にした、「神の義」を基調とする、より急進的な終末論的理想主義に傾倒していった。このことが矢内原をして果敢な軍国主義に対する対決の姿勢を可能ならしめた。言い換えれば、神の摂理としての「実質的植民」への期待が裏切られたとき、その理想実

現のためには神の愛ではなく怒りが必要であると意識されざるを得なかったのである。

しかし、そもそも、「理想」と「領土」とは二項対立的に切り離せるものではない。領土拡張を正当化するイデオロギーとして理想や正義を語る言説は、植民政策の一貫として動員されてきた。シオニズム運動における聖書の記述の政治的利用や、「満州国」建設における「五族協和」「王道楽土」といったスローガンはその一例である。矢内原をして、こうした理想主義的言説の政治利用という側面への注意を怠らせたのは、彼の実質的植民論の根底にある「神の愛」への信仰であったと言える。

その点において、信仰と実践の関係についてより慎重な態度を取り、後半生において再臨信仰を深め、現実政治に対する忌避的姿勢を強めた内村と比較したとき、良い意味でも悪い意味でも、実践をより重視する傾向が矢内原の信仰にはあった。こうした信仰と実践の関係をめぐる内村と矢内原の姿勢の差異は、独立伝道家である内村と、彼の影響を受けながらも社会科学者として生きる道を選択した矢内原との社会的立場によるものと考えることができる。また同時に、第一次世界大戦後の列強による「国際協調体制」の端緒となったパリ講和会議を「バベルの塔」であるとして一刀両断に否定した内村と、[#57]その漸進的発展を期待した矢内原との、時代感覚の違いにも注意する必要があるだろう。

こうした諸々の要因の中でも、矢内原の再臨信仰に「実践的性格」を最も深く刻印したのは、藤井武であった。内村の再臨信仰における政治的消極性に対し、藤井の再臨信仰は現実の政治・社会に対する態度決定によりストレートにつながっていた点に特徴があった。例えば、藤井は、パリ講和会議の随行員となった友人の見送りに際し、彼の手を握りながら、「唯一つだけ是非共会議に臨席傍聴して其模様を報告して貰ひたいものがある」として、「パレスチナの処分問題」に関する議論を聞いてきてほしいと頼んでいた。#58 再臨信仰を「いま・ここ」の問題として実直に捉える藤井の姿勢は、しばしば内村との衝突の原因ともなった。

信仰と現実世界との矛盾を乗り越えるには、キリスト再臨のときを待つしかないと考え、時に妥協的態度を取る内村に対し、藤井は、矛盾に立ち向かう実践、とりわけ信仰の表明に自己犠牲を厭わない価値を付していた。矢内原は、藤井が死の直前、「内村先生記念講演会」において、「すべての真理の敵に向って新たに宣戦を布告」すると述べたことを深く記憶にとどめ、それに引き続いた閉会の祈りの中で、「すべての善き事は貴神に、すべての悪しき事は私共の上に帰しますするやうに!」と祈った時には、「全身が震い上がった、そして心からなるアーメンが爆発した」と回想している。#59 藤井の再臨信仰における実践を重視する性格は、矢内原が内村の再臨信仰を世代を超えて解釈し直す際に決定的な役割を果たしていた。そのことは、シオニズム運動や満州移民政策への肯定的評価に影響を与えると同時に、果敢な軍国主義批判をも可能にしたのだと考えられる。

小括

内村がヨーロッパ・キリスト教世界の拡大に接ぎ木するかたちで「日本的キリスト教」を構想したように、矢内原は、欧米植民地主義の限界を日本が是正するかたちで世界の文明化に貢献するという「日本的植民政策」を構想しようとした。矢内原は、植民政策における民族問題の深刻さを理解しつつも、「神の愛」への信仰に支えられた「実質的植民」概念を通じて、理想的植民政策が「神の国」建設に貢献し得ることを期待した。満州事変が一九二〇年代の「国際協調体制」に決定的な打撃を与え、また、シオニズム運動がパレスチナ人の反英・反シオニズム闘争との全面的な対立局面に入っていく一九三〇年代においてもなお、矢内原は、「実質的植民」論にもとづく「植民の精神的要素」を強調し、満州移民やシオニズム運動を擁護する姿勢を取った。

しかし、内村が当初抱いた楽観的構想が日本の帝国主義化の中で挫折し、「預言者的ナショナリズム」へと転化せざるを得なかったように、日中戦争勃発による軍国主義の全面化によって矢内原の「日本的植民政策」は挫折し、「預言者的ナショナリズム」の警句に取って代えられざるを得なかった。しかし、矢内原の「預言者的ナショナリズム」においても、やはり内村のそれとは若干ニュアンスを異にする藤井武の影響を無視することはできないように思われる。天皇制軍国主義の絶頂期において、矢内原の再臨信仰における国家像は、次のようなものであった。

キリストの再臨は国家を消滅せしめるものでなく、却って反対に世界の各国家をば真に国家らしき国家と為すものと信じます。統治権を消滅せしめるのでなく、統治権をして真に光輝ある統治権たらしめるものであります。〔中略〕キリストの再臨は各国家の国体の精華を完成し発揚するものであって、国体を破壊するどころか、国体を完成する信仰であります。#60

この文章は、一九四四年、再臨信仰について治安維持法違反で懲役三年の有罪判決を受け、大審院に上告中であった無教会信徒の浅見仙作に矢内原が宛てた手紙からの抜粋である。検閲を意識せざるを得なかったにせよ、ここに書かれている再臨観には、「アブラハムの子孫なるイスラエルは今は世界に散在すと雖も再びパレスチナの地に帰りて栄光の王国を建設しキリスト自ら之を統治し彼等を以て万国を治め給ふのである」#61 とする再臨運動期の内村の終末観よりも、むしろ、藤井の「日本はやがて遺憾なくその独一の理想に目さめるであらう。それと共に二千五百年の日本文明は新しき生命によみがへるであらう。・・・まことにキリストは奈良平安の宗教、文学と、鎌倉江戸の芸術、道徳とを毀たんがために来たのではない、却て之を完うせんがために来たのである」#62 とする、より民族主義的な終末観の強い影響を見ることができる。ここには、浅見の無実を何としても勝ち取ろうとする強い意志とともに、戦時下において強化された国体観念への批判の論理を欠いた宗教ナショナリズムの立場が表明されている。

信仰と愛国心の調和を強く信じた内村の再臨信仰を受け継ぎつつも、その実現に向けた信者個々人の倫理的実践に重きを置いた矢内原の姿勢は、一九二〇年代においては「実質的植民」概念に基づく植民政策論を生み出し、一九三〇年代以降には「預言者的ナショナリズム」に基づく軍国主義批判を可能とした。しかし、その宗教ナショナリズム的な民族観においては、植民地支配下における宗教的・民族的「他者」である民衆の生活意識に寄り添おうとする意識は後退せざるを得ず、シオニズム運動や満州移民政策において動員されていた宗教的・精神主義的レトリックを客観的に批判する視点を持ち得なかったと言える。日本の敗戦後、戦後リベラリズムの代表的知識人として高く評価されてきた矢内原の植民地主義認識を問い返すことは、今なお表出し続ける日本における排外主義やパレスチナ人の置かれ続けている不条理な権利剥奪状況を鑑みれば、避けることのできない現在的課題であるように思われる。

註

＃1　矢内原忠雄「私の歩んできた道」『矢内原忠雄全集』第二六巻、三八―三九頁。

＃2　柳父國近「矢内原忠雄論――帝国主義とファシズム批判の預言者」キリスト教文化学会編『プロテスタント人物史』（ヨルダン社、一九九五年）。

＃3　鴨下重彦、木畑洋一、池田信雄、川中子義勝編『矢内原忠雄』（東京大学出版会、二〇一一年）。収録論文中、三浦永光「信仰と学問――一九三〇年代を中心に」が、植民政策とキリスト教伝道に関する矢内原の議論が、彼自身の同化政策批判と矛盾する側面のあることを指摘するなど、「学問」と「信仰」の関係について議論をしている。

#4　村上勝彦「矢内原忠雄における植民論と植民政策」『岩波講座　近代日本と植民地四　統合と支配の論理』（岩波書店、一九九三年）、二〇五―二三七頁；Usuki, Akira. "Jerusalem in the Mind of the Japanese : Two Japanese Christian Intellectuals on Ottoman and British Palestine." *Annals of Japan Association for Middle East Studies* 19 (2) (2004), 35-47; John C. De Boer, "Circumventing the Evils of Colonialism: Yanaihara Tadao and Zionist Settler Colonialism in Palestine." *Positions* 14 (3). Duki University Press, (2006).

#5　田中良一「救済としての植民？――矢内原忠雄における伝道の植民政策学」『相関社会科学』第二一号、二〇一一年。

#6　矢内原「パレスチナ旅行記」『全集』第二六巻（岩波書店、一九六五年）、七二九頁。

#7　再臨運動の終わりと三一独立運動との関わりについては、本書第二章第五節を参照。

#8　植村「国際連盟とキリスト教」『著作集』第二巻、二三一―二三二頁。

#9　内村「平和の告知　路加伝第二章十四節の研究」『全集』第二四巻（一九八二年）、五〇頁。

#10　植村「大戦の現状」『著作集』第二巻、二一九頁。

#11　植村の再臨観については、「キリストの再臨」『著作集』第六巻、三〇六―三一一頁を参照。

#12　矢内原「余の尊敬する人物」『全集』第二四巻、一三七頁。

#13　金子文夫「日本の植民政策学の成立と展開」『季刊三千里』第四一巻（一九八五年二月）、四九頁。

#14　矢内原「基督者の信仰」『全集』第一四巻、六一―六三頁。

#15　矢内原の労働者階級に対する認識は以下の文献が参考になる。戴国煇「細川嘉六と矢内原忠雄」『朝日ジャーナル』第一四巻第五二号（一九七二年一二月一五日）、四四頁。

#16　矢内原忠雄「シオン運動に就て」『経済学論集』第二巻第二号（一九二三年一〇月）、六二―六三頁。カプランスキーの発言の出典は、Shlomo Kaplansky, "Juden und Araber in Palästina," *Der Sozialist* 10, März 1922, 161. 原文では「国際的な労働者―民主主義の責務という観点から判断すれば、一〇万人のアラブ人にパレスチナの所有権はない」となっている。

＃17　森まり子『社会主義シオニズムとアラブ問題――ベングリオンの軌跡 1905～1939』（岩波書店、二〇〇二年）、六八―七二頁。

＃18　矢内原「植民政策の新基調」『全集』第一巻、五三一頁。

＃19　同上、五三二頁。

＃20　矢内原「シオン運動に就て」七三頁。

＃21　同上。

＃22　ラビ・ユダヤ教における「パレスチナ帰還」の禁止については、ヤコヴ・M・ラブキン『トーラーの名において――シオニズムに対するユダヤ教の抵抗の歴史』菅野賢治訳（平凡社、二〇一〇年）、一三九頁を参照。

＃23　Andrew Wingate, *Palestine, Mesopotamia, and the Jews*, Pickering & Inglis, 1919, 88.

＃24　総合シオニストは、入植活動を優先する東欧ユダヤ人を中心とした実践的シオニストと、「民族的故郷」建設のための列強の後ろ盾を獲得することを優先する中・西欧ユダヤ人を中心とした政治的シオニストの対立を納め、双方を取り込むもうとしたハイム・ワイツマンを中心として成立したグループ。Chaim Weizmann, *Trial and Error: the Autobiography*, Hamish Hamilton, 1949, 157-185 を参照。

＃25　Nahum Sokolow. *History of Zionism 1600-1918*, I&II, Longmans, Green and Co., 1919.

＃26　矢内原が参照した文献には次のようなものがある。【ムスリム・クリスチャン協会による主張に対抗するためにロンドンで発行された宣伝パンフレット類】Leonard Stein, *The Truth About Palestine: A Reply to the Palestine Arab Delegation*（Zionist Organization, 1922）; Leonard Stein, *The Mandate for Palestine: Some Objections Answered*（British Palestine Committee, 1922）; Israel Cohen, The "*Conflict" in Palestine: A Reply to the Secretary of the Palestine Arab Delegation*（Zionist Organisation, Central Office, 1922）; Israel Cohen, *Zionist Progress in Palestine*（Keren Hayesod, 1922）; Alfred Mond and Chaim Weizmann, *The Jewish National Home and Its Critics*（Zionist Organisation, 1922）. ※L. Stein は、世界シオニスト機構政治局長、I. Cohen は同機構事務局長。【その他シオニズムの立場から書かれた文献】Shlomo Kaplansky, "Juden und Araber in Palästina,"（*Der Sozialist* 10, März

1922). ※Shlomo Kaplansky, *Jews and Arabs in Palestine* (The Socialist Review 14 (102), March 1922) と同内容。
Keren Hayesod, *The Keren Ha-Yesod Book: Colonisation Problems of the Eretz-Israel* (Foundation Fund, 1921) ; Nahum Sokolow, *History of Zionism 1600-1918*, I&II (1919); Arthur Ruppin, *Wirtschaftliche Tätigkeit in Palästina: Referat gehalten auf dem XII. Zionistenkongress in Karlsbad, am 6. September 1921* (1922).【キリスト教シオニストによる文献】Andrew Wingate, *Palestine, Mesopotamia, and the Jews: The Spiritual Side of History* (1919); Frank G. Jannaway, Palestine and the World (1922).

#27　矢内原「パレスチナ旅行記」『全集』第二六巻、七三〇頁。

#28　Hillel Cohen, *Army of Shadows:Palestinn Sollaboration with Zionism,1917-1948* (University of California Press,2008),78-79.

#29　矢内原「シオン運動に就て」六二―六三頁。

#30　矢内原「植民政策の新基調」『全集』第一巻、七四二頁。

#31　矢内原「植民及植民政策」『全集』第一巻、二六頁。

#32　同上、一八頁。

#33　大内兵衛「矢内原教授の『植民及植民政策』」『大内兵衛著作集』第九巻（岩波書店、一九七五年）、六一〇頁。
細川嘉六『植民政策批判――現代植民運動における階級利害の対立』（叢文閣、一九二七年）、五三―五四頁。

#34　Karl Kautsky, *Socialismus und Kolonialpolitik*, Buchhandlung Vorwärts, 1907, 25-26.

#35　矢内原「植民及植民政策」『全集』第一巻、二二三―二二四頁。

#36　同上、二二五頁。細川「植民政策批判」五七頁。

#37　矢内原「植民及植民政策」『全集』第一巻、四七六頁。

#38　同上、二三八頁、二四二頁。

#39　同上、四八〇頁。

#40　同上、四八三頁。

＃４１　矢内原「満洲問題」『全集』第二巻、五六一頁。
＃４２　猪木正道「矢内原先生の思い出」南原繁他篇『矢内原忠雄：信仰・学問・生涯』（岩波書店、一九六八年）、一五二頁。
＃４３　矢内原「満洲問題」『全集』第二巻、六一七―六一八頁。
＃４４　同上、六三五頁。
＃４５　同上、六一七頁。
＃４６　矢内原「匪賊に遭った話」『全集』第二六巻、八三―九〇頁。
＃４７　矢内原「日記」『全集』第二八巻、四四―四六頁、五二頁、七五―七六頁、一四〇頁、二五五頁、三〇一頁、三三〇頁。
＃４８　宇野豪『国民高等学校運動の研究――一つの近代日本農村青年教育運動史』（溪水社、二〇〇三年）、二五九―二六〇頁。
＃４９　矢内原「『藤井武全集』の刊行を終りて」『全集』第二四巻、八四一頁。
＃５０　矢内原「満洲問題」『全集』第二巻、六六四頁。
＃５１　小倉幸男「満州第一次武装開拓団弥栄村の追憶」平和祈念事業特別基金編『海外引揚者が語り継ぐ労苦（引揚編）』八（平和祈念事業特別基金、一九九一年）、二一〇―二一二頁。
＃５２　矢内原「満洲問題」『全集』第二巻、六四五頁。
＃５３　森『社会主義シオニズムとアラブ問題』一八二―一八九頁。
＃５４　「預言者的ナショナリズム」については、柳父圀近「内村鑑三における『預言者的ナショナリズム』」『内村鑑三研究』第四八号（二〇一五年）、三―三六頁を参照。
＃５５　矢内原「国家の理想」『全集』第一八巻、六二三―六四五頁。
＃５６　同上、六四七―六五四頁。
＃５７　内村「平和来」『全集』第二五巻、四九頁。
＃５８　藤井武「ユダヤ人問題其一」『藤井武全集』第九巻（岩波書店、一九七二年）、五〇三頁。

#59　矢内原「忘れ得ぬ言葉」『全集』第二四巻、七九五頁。
#60　矢内原「書簡　昭和一九年（一九四四年）」『全集』第二九巻、二七三頁。
#61　内村「エルサレム大学の設置」『全集』第二四巻、三一五頁。
#62　藤井「聖書より見たる日本」『全集』第二巻、五五五頁。

第四章　エルサレム宣教会議と植民地主義

はじめに：主流派プロテスタント教会におけるジェンタイル・シオニズム

本章で扱うエルサレム世界宣教会議（Enlarged Meeting of the International Missionary Council）は、一九二八年三月二四日から四月八日にかけてエルサレムのオリーブ山北側山腹にあるジャーマン・ホスピス（現アウグスタヴィクトリア病院）で開催された。主催組織は国際宣教協議会（International Missionary Council、以下ＩＭＣ）で、世界五〇か国から約二四〇名以上のクリスチャンが参加した。

世界恐慌の前夜、第一次世界大戦後の「国際協調体制」が辛うじて保たれていた時期におけるこの国際会議が、中東と東アジアにおける植民地支配と抵抗という文脈において、どのような歴史的意味をもつのかについて考察する。

第二章と第三章で論じてきた内村鑑三と矢内原忠雄は、天皇制軍国主義に抗い、国家とキリスト教との関係に調和をもたらそうとする思想的営為の中でシオニズム運動に希望を見出そうとした。また、次章で論じる中田重治の日本ホーリネス教会は、天皇制軍国主義に対してより同調的であったものの、やはりキリスト教シオニズムの前千年王国論的聖書解釈にもとづき、ナショナリズムとキリスト教信仰とを融合させたという点において、無教会主義キリスト教と共通した面を持っていた。

本章で中心的に登場する主流派プロテスタント教会の連盟組織である日本基督教連盟は、再臨運動期の無教会主義者やホーリネス教会が主張していた前千年王国論を掲げることはなかったが、エルサレム世界宣教会議への参加というかたちで一九二〇年代の中東情勢に関与することになった。

序章第四節でも指摘した通り、キリスト教シオニズムは必ずしも原理主義的な聖書解釈に依らずとも、欧米キリスト教世界に広く浸透している「ユダヤ人観」「パレスチナ観」を通じて成立し得る。そしてそのような欧米キリスト教的世界観が、文明発展史観や人種主義、植民地主義などのかたちをとって非キリスト教世界の知識人（とりわけキリスト教知識人）に共有されたとしても不思議ではない。ただし、そうした広い意味でのキリスト教シオニズムが日本で受け入れられる際に、東アジアにおけるナショナリズムや植民地主義の政治的文脈が介在せざるを得ないであろうことは、内村・矢内原のシオニズム認識のあり方からも推測できる。例えば、日本基督教会の植村正久は、前章でも紹介した通り、一九一七年一二月のイギリス軍によるエルサレム占領をもって、「トルコとその精神状態を同じゅうし、これと異ならざる線路を歩みつつある国民はエルサレムの攻略をもって己が前途を暗示せらるる心持せねばならぬであろう」と述べているが、[#1] そこには、同時期の内村に見られる前千年王国論的な終末意識を見ることはできない。植村の終末観は「自今重ね重ねお出ましになるとキリストは仰せられた。・・・ペンテコステは言うまでも無く、エルサレムの落城もまたキリストの臨まれたのである。かかる出来事の間にキリストの盛徳や威力が発揮せらるる」[#2] というもので、それは、キリスト教と近代文明とを同一視し、その漸進的な勢力拡大を神の摂理とみなす後千年王国論的な歴史観に近いものであったといえる。かつて植村は、申命記三一章においてモーセがカナンの地を前にヨシュアに語った「汝この民と共に往き、昔エホバが彼らの先祖たちに与えんと誓い給いし地に入るべき・・・これを獲さすることを得べし」という言葉をもって韓国併合を神の意志に沿うものとした上で、次のように述べていた。

> 日本は彼の半島を開発し、その人民を誘掖し、東洋の進歩に貢献し、広く人道を世界に興起せしむべき天職を帯び、この大任を負担するに最もよく適当せる、すなわち既に神より「先祖たちに」朝鮮国を「与えられ」たるものなるがゆえに、これを併有するの権利有るなり。[#3]

ここにおいて、イギリスの中東における帝国主義政策を神の意志に沿うものとみなした植村の植民地主義意識の原型を明確に見ることができる。このように、前千年王国論を経ずとも、欧米プロテスタントのシオニズム認識は、日本のナショナリズムや植民地主義を通じて日本の主流派プロテス

【図6】エルサレム国際宣教会議
the International Missionary Council Records (1913-1962), Missionary Research Library Archives, Burke Library, Union Theological Seminary 所蔵

タント教会の中にも「共鳴現象」を引き起こしていたのである。

しかし、こうした「共鳴現象」は、日・英・米の協調関係が成立している限りにおいて政治的に可能なものであった。日本国内では、一九二四年の米国の「排日移民法」によって反米意識が高まるなど、二〇年代後半になると、多くのキリスト教徒を含めた英米協調派の立場は次第に不安定なものになっていった。植村正久が「エルサレム陥落」に歴史の進歩の法則を看取してから一〇年余り後の一九二八年にイギリス委任統治下で開催されたエルサレム世界宣教会議での議論の中心は、当時深刻さを増していた社会問題や民族問題などで、もはや帝国主義の将来を楽観視できる状況ではなくなっていた。以下、東アジアと中東における植民地主義の連関という観点から、この会議がもった歴史的意味について考察する。

第一節　ミッショナリー運動からエキュメニカル運動への転換

一九世紀末から二〇世紀初頭にかけ、欧米プロテスタントのミッショナリー運動は、米国の学生ボランティア運動を急先鋒として、大きな盛り上がりを見せた。彼らの「我々の世代の間に全世界のキリスト教化を」という性急かつ楽観的なスローガンは、欧米列強による非欧米社会に対する不平等条約の強要および植民地拡大を通じた布教権の拡大や、交通・通信手段の発展による布教手段の効率

化に伴うものであった。#4

また、一九世紀後半の米国における第三次信仰復興運動を背景によって活力を与えられたミッショナリー運動は、産業化に伴う社会の世俗化と自由主義神学の影響力拡大に対する抵抗という側面も持っており、保守的な福音主義が運動のなかで大きな潮流を占めていた。各地に派遣された宣教師も、神学的に保守的な傾向が強く、それぞれの地域におけるキリスト教の展開に独自の影響を与えた。#5

しかし、ミッショナリー運動の展開に伴い、様々な伝道組織の活動の調整や現地政府との交渉窓口が必要とされるようになる中、ミッショナリー運動の中に、プロテスタント諸教派の対等な合同や連携を目ざす動き——エキュメニカル運動——が現れるようになった。その直接的な源流は、YMCA（Young Men's Christian Association）やYWCA（Young Women's Christian Association）、世界キリスト教学生連盟（World Student Christian Federation）、世界日曜学校協議会（World's Sunday School Association）など、一九世紀に始まる超教派のキリスト教系非政府組織に求められる。そして、本格的なエキュメニカル運動の出発点となったのが、学生ボランティア運動の指導者として頭角を現したジョン・R・モット（John R. Mott, 1865-1955）が議長を務めた一九一〇年のエディンバラ世界宣教会議であった。この会議後に設立された「継続委員会」(Continuation Committee)が発展するかたちで一九二一年、やはりモットを議長として発足したのがIMCであった。

米国の教会組織を主力としたエキュメニカル運動では、教派による細かい教義の違いを超えて、ミッショナリー活動を進める上での実践的な連携が目指された。これに対し、これまでミッショナリーの指導や支援を受けてきた非欧米地域のプロテスタント指導者は、民族主義の機運が高まるにつれ、ミッショナリーからの独立を志向するようになり、教派の枠を超えた「民族的キリスト教」を目指すようになっていった。例えば、日本における内村鑑三の無教会主義はその先駆的な例であった。#6

しかしながら、無教会主義がキリスト教とナショナリズムとの調和を実現する努力の中で教会組織の形成を意識的に避け、自律的な信仰者のネットワークを志向していったのに対し、日本の主流派教会を含め、アジアにおける多くのプロテスタント教会の指導者は、既成の教派教会の連合組織というかたちでその「民族化・国民化」を追求し、さらにその民族的・国家的要求を国際的にアピールする場として、IMCのネットワークに連なることとなった。具体的には、第一次世界大戦後、IMCの働きかけを受けるかたちで、中国（一九二二年）やインド（一九二三年）、日本（一九二三年）、朝鮮（一九二四年）に"National Christian Council"を称するプロテスタント教会の連合組織が次々と設立された。#7

これらの動きの背景には、朝鮮における三一独立運動やインドにおけるサティーヤグラハ運動、中国における五四運動など、一九一九年を画期とする各地の民族解放運動の高揚があり、その中で「民族教会」形成への機運が高まったということが指摘できる。しかしその一方、民族資本に主たる基盤を置くアジア各国のキリスト教指導者によるこれらの性急な動きの背景には、コミンテルンの影響下における各国共産党の設立――中国共産党（一九二一年）、日本共産党（一九二二年）、朝鮮共産党（一九二五年）、インド共産党（一九二五年）――への対抗という意味があったと考えられる。とりわけ日本においては、「思想善導」政策への協力など、政府の「危険思想」対策と密接に関連したかたちで運動が展開したことが、他のアジア諸国における動きとは大きく異なる点であった。#8

続いて、中東・アラブ地域におけるミッショナリー活動と、その独自の歴史的展開について概観する。オスマン帝国各地には一九世紀初頭から欧米プロテスタントのミッショナリーが進出していたが、当初目指していたユダヤ教徒やムスリムの改宗は激しい抵抗の中でほとんど成功せず、東方キリスト教徒コミュニティが宣教活動の対象となっていた。イギリス聖公会のミッショナリーが活発に活動してきたパレスチナにおいても、パレスチナ人プロテスタントのほとんどは、キリスト教徒の過半数を占めるギリシア正教コミュニティからの改宗者であった。しかし、二〇世紀初頭にはギリシア正教側からの抗議を受け、聖公会によるギリシア正教徒への宣教活動もまた停止を余儀なくされていた。#9

第一次世界大戦後のイギリスによるパレスチナ統治は、インドやエジプトにおける植民地統治に倣った、宗派コミュニティを単位とした分断統治であり、その中核には、ユダヤ人の「民族的故郷」設立をめざすシオニズム運動があった。必然的に、キリスト教徒のパレスチナ民族主義指導者は、キリスト教徒としてのアイデンティティを強調するエキュメニズムよりも、むしろイスラム教徒と協同しての民族的連帯を重視した。一九一八年にパレスチナ各地で地元有力者を中心に結成された「イスラーム・キリスト教協会」の活動は、宗派分断を通じてパレスチナ人のナショナリズムを無視しようとするイギリスに対し、超教派的なナショナリズムを戦略的に強調するものであった。同様の非宗派主義的な動きはエジプトにおける一九一九年革命や、インドにおけるガンディーらのサティーヤグラハ運動の中にも見られるものであった。

そうした中、モットの主導の下、一九二四年の二月から四月にかけて、アルジェリア、エジプト、レバノン、イラクでプロテスタント各派のミッショナリーを集めての宣教会議が行われ、その総括会議が四月にエルサレムで開催されていた。そして、このエルサレム会議では、「エジプト、北スーダン、エチオピア、シリア、パレスチナ、トルコ、バルカン地域、アラビア半島、イラク、ペルシャ」におけるキリスト教の諸組織・会議を代表する評議会の設立が決議され、それに基づき、一九二七年にはエジプトのヘルワーンで西アジア・北アフリカ協議会（一九二九年、近東キリスト教協議会Near East Christian Councilと改称。以下、NECC）が設立された。[#10] しかしながら、この協議会の指導者のほとんどが欧米のミッショナリーに占められていたという点、また、協議会の地理的範囲が民族単位ではなく「イスラーム地域」として一括されていた点において、先に挙げた東アジアのキリスト教協議会とは大きく性格を異にしていた。

欧米帝国主義の影響下でキリスト教を受容した東アジアにおいては、しばしば、排外主義的ナショナリズムと結びつくかたちでキリスト教徒への迫害が引き起こされており、キリスト教徒の民族的団結によってナショナルな政治における存在感や対外的アピール力を強める意義は大きかった。

しかし、オスマン帝国の「ミッレト制」の下での宗教的多元性という政治的・社会的伝統を持つキリスト教徒、とりわけパレスチナ人クリスチャンは、その伝統を脅かし、宗派間対立を誘引しかねない欧米ミッショナリーの宣教活動に対して強く警戒せざるを得ず、NECCにも参加しなかった。ミッション団体は東方キリスト教徒への宣教を対イスラーム宣教への突破口として位置づけようとしたが、彼らの多くは、プロテスタントへの改宗者も含め、超教派的なナショナリズムを支持し、シオニズムを含めた宗派別分断統治に対する強力な反対者となった。他方、ミッショナリーの視点から見ると、イスラーム社会の中での共生を強く主張し、宣教活動を忌避するパレスチナ人クリスチャンの主張は、「不活発で臆病、宣教への情熱の欠乏」というように受け止められていた。#11

以下の節では、エルサレム宣教会議に体現された列強を中心とする国際協調主義の中で顧みられることのなかった二つの植民地主義――朝鮮における日本統治とパレスチナにおけるシオニズム――を取り上げる。

第二節　エルサレム世界宣教会議と朝鮮問題

一九一〇年のエディンバラ世界宣教会議を引き継ぐかたちで一九二八年四月、イギリス委任統治下のエルサレムにおいて行われた国際宣教協議会（International Missionary Council. 以下、IMC）の世界会議（The Jerusalem Meeting of the International Missionary Council）は、小規模ながらも、「アジアのキリスト教徒の主体性」をより本格的に打ち出した会議として、運動の画期をなすものとして評価されてい

る。エディンバラ宣教会議における一二〇〇人以上の参加者のうち、アジア出身のクリスチャンが一七名であったのに対し、エルサレム宣教会議においては、二三一人の参加者のうち五二名が非欧米人であった。[#12]　日本からは、一九二三年に結成されたエキュメリカル組織である日本基督教連盟によって、鵜崎庚午郎（メソヂスト教会）を団長として、小崎道雄（組合教会）、都留仙次（日本基督教会）、柳原貞二郎（日本聖公会）、久布白落実（組合教会）らが派遣され、また、大会実務委員として、日本ＹＭＣＡ同盟学生部主事の中原賢次が参加した。朝鮮からは、鄭仁果（창씨명、一八八八―一九七二：朝鮮日曜学校協会事務局長、長老教会）、梁柱三（양주삼、一八七九―一九五〇？：朝鮮ＮＣＣ議長、メソヂスト教会）、申興雨（신흥우、一八八三―一九五九：朝鮮ＹＭＣＡ総務、メソヂスト教会）、金活蘭（김활란、一八九九―一九七〇：梨花女子大学総長、メソヂスト教会）らが参加した。[#13]

会議では、インドや中国、朝鮮、日本等、アジアからの参加者によって、宣教師の特権的地位や欧米教派の移植が批判され、各民族の文化に即した教会の確立が強調された。エディンバラ会議に引き続き議長を務めたモットは、宣教の「送り手／受け手」という表現を止めようと呼びかけた。[#14]

しかし、このように欧米の植民地主義的宣教のあり方に意識的であったこの会議において、日本の朝鮮植民地支配について批判的な議論がなされることは非常に限られていた。八冊に及ぶ会議の報告書の中で唯一朝鮮人クリスチャンの立場からの植民地主義批判として記録に残っているのは、「人種紛争」に関する議論で、金活蘭が「行政問題における朝鮮人への差別」について話したというのと、[#15]　国際連盟が人種問題解決に貢献するとの鵜崎庚午郎の意見に対して、同じく金活蘭が「現行の

国際連盟規約は非従属民族に参加できる場を与えていない」と述べたという二つの言及のみである。#16

他方、一九二四年の「排日移民法」の問題を含めたアジア系移民問題について、元日本基督教青年会同盟総主事を二〇年間勤めていた親日家のガレン・フィッシャー（Galen M. Fisher）の事前提出論文が六〇ページにわたり掲載されるなど、IMCにおける日本と朝鮮の位置付けの違いは明白であった。#17

その大きな理由にはIMCの運営を中心的に采配していた米国の宣教師達の中で日本の帝国的ナショナリズムに対する配慮が強く働いていたことがあると考えられる。例えば、年に一回発行されていたIMCの機関紙『インターナショナル・レビュー』*International Review of Missions*（一九二七年一月発行）における日本の朝鮮統治について次のように述べている。

一〇年余りの間に、より良い通信手段の設置、土地耕作法の改良、植林、教育プログラムの開始・発展、行政の確かな効率といった点において、長足の進歩が見られた。この近代的体制の開始にかかわる諸事実に目を背けずとも、これらの近代的発展の徴を認識しないわけにはいかない。#18

ここで「近代的体制の開始にかかわる諸事実」とは、韓国併合直後の一〇五人事件によるフレームアップや三一独立運動の弾圧など、武断統治期の抑圧政策を指すものと考えてよいだろう。この文章の後ろには、さらに次のような文が続くことにも注意しておきたい。「パレスチナやシリア、トルコで過去五年間に起きた変化も、その現状および将来においてもつ重要性という観点から、同じように驚くべきものである」。つまり、日本統治下朝鮮における近代化と英仏の委任統治下における（あるいはその影響を受けた）中東の近代化が一つの尺度の下で高く評価されているのである。

こうした評価の裏側には、中国を中心とする東アジアにおける共産主義の影響力の浸透に対する強い懸念があったと考えられる。一九二五年の上海における五・三〇事件によるナショナリズムの高揚は、中国における反キリスト教運動をも刺激し、欧米ミッショナリーのみならず、中国人キリスト教徒も批判にさらされることとなった。モットは、中国だけでなく日本や朝鮮においても共産主義の影響が拡大しているとして、「私の判断では、この政治宣伝の広範かつ強力な特性は誇張ではない。近代的政治機構を崩壊させるこのキャンペーンには巨額の資金がつぎ込まれている」と述べている。[#19] また、これらの地域における民族運動や労働運動の背景には、急激な近代化による儒教や仏教など伝統的宗教の衰退に乗じた「ソ連の反宗教的プロパガンダの恐ろしくも破壊的影響」があると断じている。[#20] つまり、このようなミッショナリー運動の存在基盤が脅かされている状況に対し、モットが、希望を見出せる動向として重視していたのが、日本の朝鮮統治の「成功」および第一次世界大戦後の中東情勢であったのである。

翌二八年一月発行の『インターナショナル・レビュー』に掲載された「世界情勢」（World Survey）という、IMCが関わる各国・地域の宣教活動の状況について順に述べた無署名記事のトップには「日本帝国」が位置付けられ、朝鮮については次のような記述がされていた。

日本と朝鮮との間の政治的関係は、より良く調整されるようになり、貿易も発展し、輸出入とも確実に増加している。・・・鉄道や植林、新しい産業が発展しつつある。日本の政策はこの国の経済的繁栄を促進している。軍が過度に厳しかった日々は過去のものになったようだ。斉藤総督の効率的な行政の下、悪弊をなくすための継続した努力が行われており、その努力は良い効果をもたらし続けている。いまだに多くの貧困が残っているが、そのことについて朝鮮人達は、おそらく不当にも、日本の統治者を批判したがる。#21

ここでは、斉藤総督の「文化政治」に高い評価が与えられる一方、朝鮮人のナショナリズムに対して否定的な評価しか与えられていない。そもそも、IMCの働きかけによって朝鮮基督教連盟（Korean National Christian Council）が結成されているにも関わらず、『インターナショナル・レビュー』に朝鮮人クリスチャンの文章が掲載されることは、第二次世界大戦後の一九四七年までなかった。これは、インドや中国、日本のクリスチャンの民族的主張が時折掲載されていたことを考えると、明確な政治的配慮／差別がなされていたと考えるべきであろう。

この「世界情勢」でのパレスチナ情勢やシオニズム運動への言及もまた、極めて楽観的なものであった。

> 一九二七年四月にパレスチナ・アラブ会議が常設委任統治委員会に対し、過剰なユダヤ人移民を批判する請願を送ったものの、注意深い観察者の意見によれば、アラブ人とユダヤ人との間の相互寛容は、ほとんど完成段階にある。アラブ人はユダヤ人入植者による全般的な土地の繁栄によって、失うものは何もなく、多くを得られるということに気付いている。
>
> ユダヤ人移民を制限するという委任統治権力の政策は、一部から攻撃があるものの、一般的には承認されている。・・・土地の高値と輸入品への高い関税にも関わらず、文明化の貢献を含めて、植民者は良く健闘している。[#22]

一九二〇年代半ばは、朝鮮においても、パレスチナにおいても、第一次世界大戦後直後に高揚した反植民地主義ナショナリズムが過酷な弾圧と懐柔とによって鎮静化させられていた時期であった。そうした中、共産主義の影響による非妥協的・反キリスト教的な反植民地主義運動の再活性化を恐れていたＩＭＣの欧米キリスト教指導者は、それぞれの地域における植民者と先住民との「平和的共存」をもたらす経済的繁栄の力に過度に期待し、また、それを宣伝することで共産主義勢力に対抗しようとしたのだと考えられる。

したがって、エルサレム宣教会議において、クリスチャンの社会問題に対する取り組みの必要性が強調されたのは当然のことであった。そこでは、社会的福音の響きをもつ「神の国」などの言葉が多用されつつ、帝国主義時代の資本主義と植民地主義がもたらす社会矛盾に対して、共産主義とは異なる理念と解決法を打ち出すこと、そしてそのためのキリスト教徒のインターナショナルな協力・協調が求められたのである。

そうした社会問題に関してエルサレム宣教会議で設定された議題の一つには、共産主義の浸透が懸念されていた農村問題があり、分科会の討議資料のなかには、ロックフェラー二世（John Davison Rockefeller, Jr.）が支援する社会宗教調査研究所（Institute of Social and Religious Research）のエドムンド・ブルンナー（Edmond Brunner）が三か月間にわたって行った朝鮮の農村調査をまとめた報告書"Rural Korea"もあった。#23 ブルンナーの調査には、一九〇三年に結成された皇城基督教青年会（朝鮮ＹＭＣＡ）が全面的に協力していた。小作争議が頻発していた一九二〇年代後半から、朝鮮ＹＭＣＡは、申興雨らの指導によって農村事業に重点を置いていた。ブルンナーは、「併合は既遂事実である。・・・［この］研究は、政治的希望や過ぎ去った繰言に関する筈はない」#24 と、報告書の政治的性格を強く否定しつつも、日本の植民地政策に対して次のような率直な批判も行った。「多くの朝鮮人が適法ではあるが最高倫理とは相容れない過程を経て土地を失った事に付ては疑がある筈が無い。朝鮮には搾取が行はれてきたのである。・・・此の状態に於ける一つの攪乱分子は紙幣発行の独占権を持っている国営の朝鮮銀行である。此の銀行が朝鮮の搾取よりも発展の為に働かなければ不況の克服は尚更困難であらう」。#25

ここで述べられた朝鮮における土地収奪および朝鮮銀行による日本人入植者優遇の問題は、すでに一九二五年、ハワイで開催された太平洋問題調査会において申興雨によって提起されており、そこでは東洋拓殖株式会社が名指しで批判されていた。[#26] ブルンナーの指摘の背後には、朝鮮YMCAの意向があったと考えられる。

しかし、エルサレム宣教会議の報告資料を見る限り、こうした指摘が、会議の中で表だって取り上げられることにはならなかった。全体討議において申興雨は、"Rural Korea"を取り上げ、農村事業、とりわけ農業技術を伝える教育事業の必要性を訴えているが、それに対し、平壌で長年宣教に携わってきたサミュエル・モフェット（Samuel A. Moffett, 1864-1939）は、「ブルンナー氏の提案の多くは、我々の〔福音伝道という〕ミッションとはまったく異なる概念にもとづいたものだ」と批判し、その内容に踏み込んだ議論を封じてしまっている。[#27] 三一独立運動に際しては、当局に追われていた朝鮮人青年を匿った容疑で連行された経験をもち、[#28] 総督府官吏に対し、「兵士、憲兵警察、消防夫のしたことは誰も弁解できないほど残虐で、違法である」と訴えていたモフェットであったが、[#29] その後の文化統治期における総督府の懐柔政策の下で、他の多くの宣教師と同様に「帝国の支配に自らを適応させていく道」[#30] を選んだのだといえる。とりわけモフェットは、一九二八年の当時、平壌の崇実大学の学長として、総督府による指定学校の認定を受けるために奔走しており、朝鮮人クリスチャンによる総督府批判に対し、神経質になっていたことが推測できる。[#31]

一九二八年末までには崇実大学は指定学校の認定を受け、翌一九二九年には、モットが天皇から二度目の叙勲（勲一等瑞宝章）を受けるなど、[#32] 日本当局と米国宣教師との間には緊密な協調関係が続いていたのである。

一九二〇年代の東アジアは、ソ連の影響力の増大に対抗するかたちで、英米日の協力を軸とするワシントン体制が維持されていた。[#33] 日本の統治以前から朝鮮に根を下ろしていた英米の宣教師も、そうした国際関係の枠組みの中で活動の発展を図ろうとしていた。朝鮮人クリスチャンにとって、IMCへの参加は、朝鮮民族の国際的地位の確保と、総督府への外圧形成のための貴重な機会であった。しかし、日本における軍部の台頭にも懸念を抱いていた宣教師の側からすれば、少なくとも一九二八年の段階においては、キリスト教徒に代表される日本のリベラル勢力は信頼に足る力を保持しているように見えており、植民政策批判という「外圧」を強めることによって彼らの立場を不利にすることは避けなければならなかった。長年に渡り信頼関係を築いてきた朝鮮人クリスチャンの苦境への同情よりも、ワシントン体制の維持を前提とする「国際協調」の論理が優先されたのだと言える。

第三節　日本基督教連盟と「神の国運動」

エルサレム宣教会議において、日本からの参加者は、近隣諸民族に対する日本の抑圧政策に関心を寄せることはなく、国内の社会問題、とりわけマルクス主義の影響が強まりつつあった労働問題・農村問題の領域に対し、いかにキリスト教徒が実践的に関わるか、という点により大きな問題意識をもっていた。例えば、長年、東京でバプテスト教会の宣教師として活動し、エルサレム宣教会議の日本代表団に参加していたウィリアム・アキスリング（William Axling, 1873-1913）は、日本の人口の半数を占める農民が普通教育の普及などによって自らの権利に目覚めつつあるが、それは「異教的・物質主義的な傾向をもっており、精神的・道徳的価値を無視している」と述べ、農民組合が「物質的救済のプログラムを伴なった共産主義の宣伝によって座礁させられ、完全に破壊されてしまった」という賀川豊彦の言葉を紹介していた。[#34] 会議直前には三・一五事件による共産主義者一斉摘発があり、会議後の六月に開催された「天皇即位御大典記念日本宗教大会」では、大会宣言に「共産主義等の結社、及其の運動の絶滅を期す」ことが記されるという社会的空気の中で、日本のクリスチャンは社会問題に対する自らの立場と方針をより明確にすることが要求されていた。一九二九年四月、ジョン・R・モットを迎えて鎌倉および奈良で開かれた日本基督教連盟の特別協議会における参考資料では次のように「我邦基督教界の情勢」が述べられている。

政府は特に思想善導に心を注ぐに當り、教育界は明治以来宗教を除外したる教育の結果を刈取り、殊更に覚醒を余儀なくせられ、基督教に対する世間一般の期待は甚だ重きを加へてきた。

基督教会は此一般的思想国難を打開すべき使命を帯びて、新たに対策を考量すべき時機に置かれた時恰もエルサレム宣教大会となり、・・・相応教界覚醒の時機を迎へたのであつた。[#35]

この特別協議会において、賀川豊彦は「神の国運動」の名において全国的伝道運動を行うことを提唱し、この提案が土台となり、以後三年間にわたり、労働伝道、農村伝道を軸に運動が進められることになった。#36

また、この特別協議会では、日本基督教連盟常議員で、植村正久が設立した富士見町教会の長老でもあった田川大吉郎が、朝鮮基督教連盟のエルサレム宣教会議等への参加について「朝鮮と日本とを同等に観て、外国から案内され、外国に代表せらるることは、日本国人の不愉快とする所であるのみならず、日本の国家的立場と其の性質とが、これと相容れないのであります」という問題提起を行っていた。#37 ここに見られる率直な朝鮮ナショナリズムへの敵対的意見表明の背景には、朝鮮人クリスチャンの民族的主張によって、キリスト教徒全般が「非国民」として扱われることのないよう自己防衛を図ろうとする日本基督教連盟の姿勢を伺うことができる。

この国際会議における朝鮮の代表権問題は、やはりモットが立ち上げに関わっていた太平洋問題調査会（Institute of Pacific Relations. 以下、IPR）において一九二九年の一〇月から一一月にかけて開催された京都会議（議長・新渡戸稲造）において朝鮮の代表団は、独立した資格での代表団派遣を阻まれ、IPRを脱退するに至った。#38 朝鮮代表団のこのような姿勢を支えていたのは、一九二六年の李朝最後の国王純宗の葬儀に際し、朝鮮共産党を中心に計画された「六・三〇万歳運動」や、共産主義者と民族主義者との連合戦線として一九二七年に結成され、申興雨や金活蘭らが参加していた新幹会や槿友会に象徴される民族的連帯の高まりであったと考えられる。#39 この時点における朝鮮のエキュメニカル運動は、欧米のクリスチャンとの連携を通じて、日本の植民地支配に対抗し、ナショナルなキリスト教徒の立場を主張することに力点があったと考えられる。この点では、一九一八年から二一年にかけての労働運動、その後一九二六年頃までの農民運動を主導しながら、社会主義者との共闘に挫折した経験を前提とした賀川の「神の国運動」とは大きく異なる性格をもつものであり、[#40]また、共産主義の敵対視というIMCの全般的な傾向の中でも特異な政治性を有していた。このことも、モフェットのブルンナー報告に対する反発の背景をなしていると考えられる。

しかし、賀川の「神の国運動」の最中に勃発した満州事変は、日本の軍国化を加速し、社会主義者のみならず、クリスチャンの改良主義的立場からであっても、独立性のある社会運動を行える余地は失われていった。日米協調体制は崩壊し、第二次大戦勃発から間もない一九三九年一一月には、日本基督教連盟総会は、賀川の主唱する満州基督教開拓村の建設を採択、[#41]さらには一九四〇年の皇紀二千六百年奉祝全国基督教信徒大会を主導するなど、大陸侵略と天皇制軍国主義に積極的に関わっていった。

一方、エルサレム世界宣教会議の朝鮮代表団に参加した人びとは、その後、社会主義者との共闘に挫折し、一九三〇年代半ばには、総督府の圧力に抗しきれず、農村事業の継続を断念、神社参拝の圧力に屈するなど、植民地権力に取り込まれていくこととなった。[#42]

第四節　エルサレム世界宣教会議とパレスチナ問題

一九二八年のエルサレム宣教会議において、もう一つ等閑視されていた植民地主義の問題がある。開催地のエルサレム自体が、イギリス委任統治下のパレスチナという実質的植民地であったという問題である。そのことが意識された形跡は、宣教会議の諸資料からはほとんど窺えない。

エルサレムで世界宣教会議を行うというアイディアは、一九二五年一月に米国のアトランティックシティで開催されたＩＭＣ委員会で提案されており、翌年、モットがアジア諸国を訪問した際にも各国の教会から支持されたという。#43　この案は翌二六年七月、スウェーデンのレトヴィックで行われたＩＭＣ委員会で正式決定されたが、その報告書には、会場にエルサレムが選ばれたのは、「宗教的な背景が第一の理由ではなく、三大陸から来るキリスト教指導者がもっとも集まりやすい場所だからである」とわざわざ書かれている。#44

しかし、実務的な理由からエルサレムが会場に選ばれたという説明は、後から付け加えられた言い訳という性格が強いように思われる。そこには二つの政治的理由があったと推測できる。第一には、東アジアでの開催が当時の政治情勢への配慮から見送られたということが消極的理由として考えられる。まず、日本における開催に関しては一九二〇年の世界日曜学校大会を中国人クリスチャンがボイコットしたこともあり（朝鮮人クリスチャンも数人しか参加しなかった）、リスクが高いと判断された可能性がある。また、中国ではナショナリズムの高揚の中、一九二二年に北京の清華大学で開催された世界学生基督教連盟大会を契機として反キリスト教運動が起こり、一九二四年の第一次国共合作を経て一九二五年の五・三〇事件後には新たに上海で非基督教大同盟が結成されるなど、安心して宣教会議を開催できる状況ではなかった。#45

第二には、モットらの主導でイスラーム地域における宣教活動が活発化していたことが積極的理由として挙げられる。前述した通り、一九二四年の二月から四月にかけて、イスラーム地域で活動する諸宣教団体による会議が中東各地で開催されていた。トルコ革命によるカリフ制の廃止（一九二四年三月）など、中東地域が大きく揺れていた時期に開かれたこれらの会議について、モットは「イスラームの弱体化ないし解体の間違いない兆候を明らかにした」と評価しており、宣教活動を拡大するチャンスが訪れたと考えていた。#46　この経緯を考えると、一九二五年のIMC委員会で、世界宣教会議の会場をエルサレムにするとの提案がなされた背景には、イスラーム地域における影響力を強化しようとする意図があったと考えるのが自然であろう。

実際、パレスチナにおける政治運動を主導してきたイスラーム・キリスト教協会の姿勢は基本的に世俗的ナショナリズムにもとづくものであったため、宣教会議を開催することが大きな困難を伴うようには思えなかったかもしれない。また、一九二三年九月にバルフォア宣言を前提としたパレスチナ委任統治が正式に国際連盟によって承認された後は、対英政治交渉によるシオニスト支持方針の撤回を目指してきたイスラーム・キリスト教協会の影響力は低下し、同協会の主導で開催してきたパレスチナ・アラブ会議も、同年六月に行われた第六回会議を最後に中断していた。イスラーム・キリスト教協会の中で主導的位置を占めてきたフサイニー家とナシャーシービー家を始めとした反対派との対立は、深刻な政治的停滞を招いていたが、それは、統治する側の視点から見れば、パレスチナは平和裏に統治されているということであった。

しかしながら、その後、パレスチナの政治的環境は、急速に変化していくことになる。ユダヤ人移民を支える経済的基盤を形成すべく、アメリカ・シオニズム運動を有力な資金源とするシオニストによる土地買収や、ユダヤ系の企業・農場からアラブ系労働者を排除する「労働の征服」（כיבוש העבודה）運動が行われ、パレスチナ人の不満と危機感が高まっていた。[#47] そうした中、若い世代のパレスチナ人の中から、既成の指導部に代わる新たなイニシアチブを求める声が強まっていった。

そのような動きを強く促す契機となったのが、エルサレム世界宣教会議に対する抗議行動であった。そもそも、欧米ミッショナリーに対する反発は、一九二四年の中東各地におけるIMCの会議とその後の宣教活動の活性化を契機として、とりわけエジプトにおいて高まっていた。一九二七年四月には、米国改革派教会の宣教師サミュエル・ツウェマー（Samuel M. Zwemer, 1867-1952）がイスラーム教育の権威であるカイロのアズハル大学構内で宣教用冊子を配布したことがムスリムの強い反発を引き起こし、彼は一七年間活動の拠点としてきたエジプトを出国せざるを得なくなるという事件が起きた。[#48] 同年五月にはヘルワーンでNECCが結成され、六月頃には、エルサレム国際宣教会議の計画がエジプトのアラビア語紙で報道された。それを受け、イスラーム最高評議会に対して宣教活動の中止を求める論文が新聞に掲載されると、危機感を持ったカイロ在住の宣教師、アーサー・T・アプソン（Arthur T. Upson, 1888-1959）は、モットに対して開催場所を変更することを薦めた。[#49] これに対し、ＩＭＣ側は、エルサレム開催を変更することは既に決定事項であることを確認した上で、会議は非公開とすること、特別なイベントではなく、ＩＭＣ評議会の拡大会議という位置づけにすること、その他、深刻な結果を避けるためにあらゆる手はずを整えることをアプソンに伝えていた。[#50]

こうした状況の中、一九二七年一一月にはカイロでムスリム青年協会（جمعية الشبان المسلمين）が結成され、翌年には同協会の発足メンバーでもあったハサン・バンナー（حسن البنا, 1906-1949）によってイスマーイーリーヤでムスリム同胞団（جماعة الإخوان المسلمين）が結成された。[#51] 英語の略称がＹＭＭＡとなるムスリム青年協会という名称からもうかがえるように、これらの動きは、ＹＭＣＡ等の宣教活動による「西欧化」に対抗するための文化活動や教育活動を行うことを目的としていた。

このイギリス統治への反発を背景とした反ミッショナリー運動の盛り上がりに対して、聖公会エルサレム教区のイギリス人主教レニー・マッキネス（Rennie MacInnes, 1870-1931）は、エルサレム宣教会議の直前に、「［宣教を目的とする］宣伝のためにエルサレムが会場に選ばれたのではない」とする声明をわざわざアラブ紙に発表しなければならなかった。[#52] 会議が始まると、会期中の四月二日から八日にかけてパレスチナ各地（トゥルカレム、ジェニーン、ヤーファー、ハイファ、ナブルス、エルサレム、ガザ、ナザレ、ティベリア、アッカ）およびカイロのムスリム青年協会代表であるアブデルハミード・サイード（عبد الحميد سعيد, 1890?-1940）からＩＭＣ宛に抗議の電信が届けられた。[#53] 四月二日付のヤーファーからの電信の発信人がムスリム青年協会ヤーファー支部となっていることからも、これらの抗議活動が、エジプトにおける反ミッショナリー運動と連携していたことは極めて明快である。また、エルサレム発の二通の電信の内の一通が、アミーン・フサイニー（الحاج أمين الحسيني, 1895-1974）の管轄下にあるエルサレムのアクサー・モスクのハティーブ（説教者）であることと、同時期に彼の義理の息子ムニーフ・フサイニーが経営するアラビア語紙『ジャーミア・アラビーヤ』الجامعة العربيةでも会議を攻撃する記事が頻繁に掲載されていたことを考えると、これらの「電報送付キャンペーン」にアミーン・フサイニーが深く関与していたことも間違いない。[#54]

これらの抗議では、宣教会議が非公開とされていることについて、ムスリムの改宗を目論む秘密会議であるとの疑惑が表明された。実際には、マッキネスが発表した通り、エルサレム宣教会議はムスリムに対する直接の宣教を目的に掲げたものとは言えず、抗議運動の主張は、宣教会議の趣旨を正確に踏まえたものではなかった。しかし、サミュエル・ツウェマーと共にカイロで長年活動していた英国教会伝道協会の宣教師ウィリアム・ガードナー（William Henry Temple Gairdner, 1873-1928）による事前提出論文は、相も変わらず、イスラーム地域のクリスチャンがムスリムに対する宣教活動を行わない理由を、「長年にわたるクリスチャン少数派に対するイスラーム国家の権威による横柄で冷酷な抑圧が、先住クリスチャンによるイスラーム教徒への伝道をためらわせている」ためなどとし、「あまりに長く歪められてきた［アラブ人クリスチャンの］考えを変えることに注意を集中させるべきだ」と主張するものであった。[#55]

このように、イスラーム地域における宗派共存の歴史的意味および東方キリスト教徒の主体的意志を無視し、「イスラームの抑圧性」を自明視する議論があったことを考えれば、エルサレム宣教会議に対するパレスチナ人らの批判が的外れであったということはできない。

会議終了後の一三日には、金曜礼拝の後にエルサレムやナブルス、ヤーファー、ガザで抗議のデモが起き、ガザでは警察の発砲により数名のデモ参加者が負傷する事件が起きた。#56 これに対する抗議として、一五日にナブルスで街頭デモ、一八日にヘブロンで学校ストが行われた。#57 さらに同日、ヤーファーにおいて「全パレスチナ・ムスリム・クラブ会議」が開催され、そこに集まった各地の諸団体がムスリム青年協会を結成することが議決された。#58

その三日後の二一日には、イスラーム最高評議会の指令の下、ガザの事件に対する抗議としてエルサレム旧市街で商店ストが行われた。翌日のニューヨークタイムズ紙は、同評議会議長であるアミーン・フサイニーの次のような発言を掲載した。「我々はこの聖なる国をミッショナリーの活動に焚きつけられた宗教紛争の戦場にしようとは思わない。この地のイスラーム教徒はいかなるミッショナリーの運動の前にあっても一歩たりとも退かない決意を固めている」。#59 こうした動きに対し、プルマー（Herbert Plumer）総督は、以後、パレスチナでの宣教会議は禁止するとの決定を行わざるを得なかった。#60 これらの抗議活動の経緯を見ると、これまでパレスチナ人の政治闘争を主導してきたイスラーム・キリスト教協会の動きが全く見られず、ムスリム青年協会およびアミーン・フサイニーによる新たなイニシアチブが生まれていることが分かる。

同年六月には五年ぶりとなる第七回パレスチナ・アラブ会議が開催されるが、そこでは青年活動家の新しいイニシアチブと旧指導者層との溝が明確にされた。この会議において、ムスリム青年協会ガザ支部の指導者であったハムディー・フサイニー（حمدي الحسيني, 1899-1988）は、委任統治の拒否とアラブの統一の中でのパレスチナの独立を主張したが、イギリスとの対立に後ろ向きな執行部が彼の主張を受け入れることはなかった。[#61]

ムスリム青年協会は、イスラームの原点回帰を求めるサラフィー主義を掲げ、政治活動には関与しないことを綱領に明記していた。[#62] しかし、青年協会には、多くの活動的なアラブ民族主義者が参加しており、そこではイスラーム主義とアラブ民族主義が幅広い政治的スペクトルにおいて強く結びついていた。ハイファ支部の創設メンバーにはアズハル大学で学んだシリア出身のイスラーム改革主義者イッズッディーン・カッサーム（عز الدين القسام, 1882-1935）がいる一方で、ガザ支部のハムディー・フサイニーは一九二九年からコミンテルン指導下の反帝国主義同盟（League against Imperialism）に参加していく。[#63] ナブルス支部の代表イッザト・ダルワザ（محمد عزت دروزة, 1888–1984）は、ナジャハ・スクール（後のナジャハ大学）の初代学長で、オスマン帝国時代のアラブ民族主義組織アル・ファタート（جمعية العربية الفتاة）のメンバーとしてアラブの大反乱にも参加していた。[#64] アッカ支部の創設メンバーであるアクラム・ズアイティル（أكرم زعيتر, 1909-1946）は、ダルワザの教え子であり、インドのマハトマ・ガンジーによる非協力運動に大きな影響を受け、パレスチナでその実践を試みることになる。[#65] 開かれた人的ネットワークの中でパレスチナ情勢を見ることができた彼らは、地縁・血縁を地盤とする伝統的指導者層に比べ、より広い視野から新しいパレスチナ解放の展望を切り開こうとしていく。また、彼らがイスーラムを旗印に幅広い連帯を構築しようとしたことは、必ずしもキリスト教徒を排除することを意味しなかった。ナブルス支部はキリスト教徒のメンバーを受け入れていたし、一九二七年一一月に開催された青年協会の総会で採択されたムスリム労働者の組織化の決議に際しては、付帯決議として「ムスリム労働者の組織という考えと、聖なる人種的絆によって彼らと結びついているクリスチャン労働者が組合活動に参加することとの間には全く矛盾はない」とされていた。[#66]

他方、エルサレム宣教会議を契機とした「宗教の政治化」に政治的機会を見出したアミーン・フサイニーは、一九二〇年代初頭から行ってきたハラム・シャリーフ再建募金の国際的組織化を呼びかける集会を一九二八年八月にエルサレムで開催し、さらに一九二九年八月、シオニストの挑発行為によって発生する「西の壁事件」が起ると、一九三一年一二月には、聖地問題を討議するために、エジプトやシリア、イラク、インド等からの代表者を迎えて世界イスラーム会議を主催するなど活動の規模を広げ、パレスチナにおける主導的政治指導者としての評価を固めていった。[#67]

ここで注意する必要があるのは、そもそもイスラーム最高評議会は、イギリス委任統治政府が、インドやエジプトにおける分断統治の手法を踏襲した宗派別統治をパレスチナで行う手段として設置したものであり、その権限は宗教的領域に限定されていたということである。同じフサイニー家の中でも、政治運動の主導権はパレスチナ・アラブ会議によって選出されるアラブ執行委員会の代表を長年務めていたムーサー・カーズィム・フサイニー（موسى كاظم الحسيني, 1853-1934）に預けられていた。パレスチナ・アラブ会議の影響力の失墜は、アミーン・フサイニーにとって政治的主導権を握る好機ではあったものの、同時に、自らの権力の制度的基盤を握る委任統治政府との対立はフサイニーにとって回避すべきものであった。その点において、外国宣教団体を「主敵」とするエルサレム世界宣教会議への抗議運動は、比較的少ない政治的リスクで政治的主導力を誇示できる活動であったといえる。アミーン・フサイニーは、「西の壁事件」に際しても、委任統治政府に対して事態収拾への積極的協力を申し出ていた。#68 ハラム・シャリーフ再建運動にせよ、世界イスラーム会議の開催にせよ、委任統治政府の承認の下で行われたものであった。そうした点では、ムスリム青年協会に結集する活動家とは明らかに政治的傾向を異にしていた。

しかしながら、フサイニーは、広範なイスラーム地域を植民地下に置くイギリスにとって、国境を越えたムスリムの連帯が深刻な脅威になり得ることもよく理解していた。この時期、エジプトのファード国王に対してフサイニーが「パレスチナはイギリス統治下にありながら、ムスリムが反英のアジテーションを困難なく行える場所の一つだ」と述べたことがジョン・チャンセラー（John Chancellor, 1870-1952）高等弁務官から植民地省に報告されている。#69 フサイニーが述べた「我々はこの聖なる国をミッショナリーの活動に焚きつけられた宗教紛争の戦場にしようとは思わない」という発言も、こうしたイギリス側の懸念を念頭に置いた上で、自らの事態収拾能力をアピールしたものと考えられる。

このように、アミーン・フサイニーは、一方で、フサイニー家というエルサレムにおける伝統的名望家の権力ネットワークに政治的基盤を置きつつも、他方で、イギリスの分断統治政策を背景として、イスラーム的国際連帯のキーパーソンとして自らを立ち上げていくことで、図らずも既存の政治構造を転換する役割を担うことになったといえる。しかし、その転換の決定的な原動力となったのは、解放闘争の行き詰まりをもたらしている名望家対立を乗り越えようとする若い世代の活動家たちであった。

エルサレム世界宣教会議をめぐる抗議行動が、会議開催期間中においては電報による陳情型運動にとどまり、会議終了後、外国人ミッショナリーらが帰国した後に、無統制なかたちで街頭行動へ移行していくというプロセスそのものに、委任統治政府とのトラブルを避けようとするフサイニーと、よりラディカルな大衆的団結を目指す活動家たちとの間の齟齬が表現されているとみてよいだろう。イギリスとの政治交渉ではなく、大衆的な独立運動を志向する彼らのイニシアチブは、その後、必然的にフサイニーのコントロールを乗り越えることとなり、一九三一年四月から開始されるイッズッディーン・カッサームを指導者とする武装闘争、一九三二年夏のイスティクラール党（حزب الاستقلال）結成、さらには一九三六―三九年の「パレスチナ大蜂起」（الثورة الفلسطينية الكبرى）へと結びついていくことになるのである。[#70]

小括

本章では、一九二八年のエルサレム宣教会議に関わる二つの植民地主義について、英米ミッショナリーの立場、朝鮮人クリスチャンの立場、日本人クリスチャンの立場、そして会議の舞台となったパレスチナ住民の立場をそれぞれ考察した。

エルサレム宣教会議において（翌年の太平洋問題調査会京都会議とは異なり）、形式上、朝鮮代表団は、日本代表団と対等の立場で参加し、討議資料の中に日本の植民政策の問題についての指摘を入れ込むことができた。しかし、その指摘は、実際の議論においてはほとんど取り上げられることはなかった。そこには、朝鮮代表団に対する配慮とともに、日本代表団およびその背後にある日本政府に対するより大きな配慮を見ることができた。#71

エルサレム宣教会議参加者の多くが共有していた問題意識は、ソ連の影響を背景とした共産主義運動が国内の社会運動や世界各地の民族解放運動のなかで支持を集めつつあるなかで、それに対抗し得るキリスト者としての具体的な行動指針を打ち出すべきであり、そのためにも、階級や民族の違いを乗り越えた教会間の協力を模索しなければならない、というものであった。

しかし、日本の植民地下にあった朝鮮のキリスト教徒にとって、欧米の宣教師および宣教団体との協力は、総督府からの抑圧に対する防御壁という意味でも欠かせないものではあったが、同時に共産主義者を含めた植民地支配からの解放を求める勢力の団結が重要であることは中国の国共合作の動向からも明らかであった。

一方、ＩＭＣの財政を中心的に支えていた米国の宣教団体は、日本と朝鮮それぞれに宣教師を送っていた。また、米国政府自体がソヴィエト・ロシアの革命外交と中国のナショナリズム高揚に対応するため、英・米・日の協調を軸とするワシントン体制の維持を望んでいた。#72 彼らは、ＩＭＣを通じて、植民地支配をする側とされる側に位置する日本人クリスチャンと朝鮮人クリスチャンらの融和をはかることで、マルクス主義に対抗し得る「自由主義勢力」の安定を目指し、自国の外交上・通商上の権益を確保しようとしていたと考えられる。そして、こうした目的意識は、イギリスや日本のクリスチャンやリベラリストにとっても共有し得るものであった。第一次世界大戦後、日本の最大貿易国は米国となっており、一九二〇年代の対米貿易は貿易総額の三割を超えていた。その次の貿易国は中国で、対中資本投資は日本の対外資本投資総額の九割を超えていた。#73 エルサレム宣教会議への日本人参加者の渡航費は渋沢栄一ら財界人の寄付に依っていたが、#74 その背景には東アジア権益をめぐるステークホルダー間の調整機能が期待されていたと見ることもできるだろう。

エルサレム宣教会議の背景にあったと考えられる、このような植民地主義的利害の共有は、シオニスト入植者と現地アラブ人との対立が続いていたパレスチナに関してはどうであったのであろうか。結論から言えば、英文・和文の種々の報告書や報告記事を読む限り、会議でパレスチナ問題が討議されることは一切なく、むしろそのことにこそ、政治的配慮が強く働いていたとみるべきであろう。

エルサレム宣教会議の最終日は西方教会のイースターに重ねられていたが、その日はちょうどマウシム・ナビー・ムーサー（موسم النبي موسى）と呼ばれる、預言者ムーサー（モーセ）を讃えるイスラームの祭りの初日でもあった。エルサレムを起点とするこの行事は、一九世紀以降の欧米キリスト教ミッショナリーの浸透やシオニスト入植者の増大の中で次第に地元イスラーム教徒の宗派的民族的な自己主張の場という性格をもつようになっており、一九二〇年四月に起きた反英・反シオニズム蜂起のきっかけにもなっていた。[#75] その際にアミーン・フサイニーは暴動を扇動した廉で欠席裁判によって有罪判決を受け、一時亡命を強いられていた。その後、委任統治政府が彼をイスラーム最高評議会の議長に据える際、ハーバート・サミュエル高等弁務官に、同様の煽動を行わないことを表明していたのである。[#76] したがって、反ミッショナリー感情が高まっていた時期に行われたこの会議が大きなトラブルもなく全日程を終えることができたのは、IMCが「深刻な結果を避けるためにあらゆる手はずを整え」たことに加え、委任統治政府との関係を重視するアミーン・フサイニーが会期中の抗議運動を陳情型運動に留めるという自己統制を行ったことが背景にあったのだと考えられる。

パレスチナで宣教会議を開催することの政治的リスクに気付いていたIMCは、シオニズム運動を支持する立場を明確にすることこそなかったものの、英米プロテスタントの伝統とも言えるユダヤ人宣教を進める立場は維持しており、会議の前年一九二七年四月には、ブダペストとワルシャワでユダヤ人宣教を主題とする国際会議を開催していた。そこでの主要な問題意識は、東欧のユダヤ人の若者の多くが世俗化し、共産主義運動に流れ込んでおり、また、彼らの多くが米国に移民しているという状況を阻止しなければならないというものであった。これらの会議の「パレスチナに関する特別決議」では、「本当のパレスチナの戦略的重要性はユダヤ人人口の数字や今後予想される増加にあるのではなく、文学や芸術、学問、思想、ジャーナリズムにおいて優れた人物を通じてパレスチナに流入している新しい、文化的に活動的なユダヤ教の要素にある」として文化シオニストに近い立場を示した上で、彼らこそ、キリストに目を向ける可能性をもっていると論じていた。#77　そこでは先住パレスチナ人の存在は一顧だにされなかった。

一連の会議の主催者の一人であったスコットランド連合自由教会のジェイムス・M・ブラック (James M. Black)は、エルサレム宣教会議で次のように述べている。

ヨーロッパにおける共産主義指導者のほとんどが、ハンガリーのクン・ベーラやソヴィエト・ロシアのレーニンやトロツキーのように、信仰を失ったユダヤ人であるということは驚くべきことである。・・・世界には一五五〇万人のユダヤ人がおり、そのうち一〇〇〇万人以上が中央ヨーロッパの心臓に刺さった矢のようにして存在している。このユダヤ人の巨大な集団が、彼ら自身の宗教から離れ、しかもキリスト教に感化されないままで、キリスト教文明の中心にいることがヨーロッパの教会にとって何を意味するのか考えてほしい。純粋に政策的観点から見ても、改宗していない一〇〇〇万人のユダヤ人を［教会の］本拠地ヨーロッパの心臓部にもつこと、あるいは、二五〇万人のユダヤ人を本拠地を米国の中心部に持つことは、教会にとって最も危険なことである。彼らは今後の状況に捉え難い影響を与え、これまで経験したことのない、より致命的な物質主義と世俗主義の種を拡げるであろう。[#78]

ここで繰り返し強調されている、世俗化したユダヤ人が共産主義者になるリスクという議論は、同時期にモットが述べていた、アジアの伝統的宗教の衰退と共産主義の浸透との関係と同じ論理にもとづいている。また、その論理において、マルクス主義が浸透する背景として、アジアにおける植民地主義の抑圧、あるいは、欧米キリスト教社会における反ユダヤ主義の暴力を看過するという自己責任免除の姿勢という点でも共通している。しかし、重要な違いは、ここで議論の対象とされているユダヤ人は、キリスト教徒と同じ欧米社会の構成員であるということである。マルクス主義者にユダヤ人が多いことを議論する際に、ヨーロッパ・キリスト教社会の差別の問題を意識することなく、欧米社会におけるユダヤ人の存在そのものをリスクと見なす姿勢は、まさに近代的反ユダヤ主義の表明に他ならない。そのようにして認識された、ユダヤ人に対する宣教活動の必要性は、ユダヤ教徒ないし世俗的ユダヤ人がキリスト教への改宗を拒み続けた場合、追放ないし虐殺の必要性へと容易に転嫁し得るものであったといえる。

そもそも、非キリスト教地域における「世俗化」をキリスト教宣教の好機と見なす議論は、この時期のＩＭＣの全般的姿勢を示すものであった。エルサレム宣教会議の開催決定自体が、ムスタファ＝

ケマルによるカリフ制の廃止に象徴される、イスラーム世界における世俗的ナショナリズムの導入に好機を見出す中で提案されたのであった。そこでは、非キリスト教世界における「世俗化」において、西欧型の国民国家モデルが導入されることが自明視され、そのプロセスと表裏一体のものとしてあった植民地主義や反ユダヤ主義が顧みられることはなかった。例えば、カイロ・アメリカン大学の初代学長であるチャールズ・R・ワトソン（Charles R. Watson, 1871-1948）は、一九二四年春の『インターナショナル・レビュー』への寄稿論文で、イスラーム世界におけるナショナリズムの台頭と世俗化の動きに対するミッショナリー運動の性急な期待に警鐘を鳴らすべく、次のように述べている。

> イスラーム教徒の地域を特徴づけてきた驚くほど低水準の道徳と教育から新たに生まれてきた民族精神に付随する多大なデメリットを十分考慮に入れる必要があるだろう。キリスト教の信仰と性格を有してこなかった地域に対して、そのような［西欧キリスト教世界における］民族的性格にのみ備わった道徳的資源を期待すべきではない。・・・ムスリムの土地における民族精神は、過去において優勢であった政教一致理論（church-state theory）から生じる誤った認識に深く影響されていることを認識する必要があるだろう。[#79]

このような、長い歴史的経緯の中で構築されてきたイスラーム世界における統治システムを「ヨーロッパ近代」の高みから断罪する議論に見られる無自覚な植民地主義に対する反論としては、一九二六年の『ミッショナリー・レビュー』紙において、郭秉文（Kuo Ping-Wen, 1880-1969）が展開していた議論が的確であろう。上海の長老教会に所属するクリスチャンであり、国立東南大学（現・南京大学）の学長を務めるなど中国教育界における中心的指導者の一人であった郭は、当時中国を席捲していた反キリスト教運動によるミッショナリー・スクールに対する攻撃を擁護して次のように述べていた。

米国とイギリスに、中国や日本、インドから来た六千人の宣教師がいると考えてみてください。彼らは国のあらゆる地域に学校や大学を開設し、そこに五〇万人の子供が入学し、そこでは儒教や仏教、神道を広める取り組みが行われていると。これらの学校における活動が米国やイギリスの民主主義の最良の理念に合致しているのかどうか、そうした学校が政府の監督や管理の下に置くべきではないのかどうか、といった声が米国やイギリスの人々から上がるのは自然なことではないでしょうか？・・・反キリスト教運動を支持する人びとのほとんどは、キリスト教の政治的な関与のゆえにそうしているのです。なぜなら、キリスト教は、人びとが今憤慨している不平等条約による保護の下で中国に導入されたからです。また、ミッショナリーたちの母国は、ミッショナリーたちが説いた「何事でも人々からしてほしいと望むことは、人々にもそのとおりにせよという」「黄金律」の原則を実践しなかったからです。そしてまた、強まるナショナリズムの精神を正しく認識せず、新しい状況に適応すべく、活動の方針と内容を修正しないミッショナリーがいたからです。#80

このような欧米中心主義批判が、エルサレム世界宣教会議が「アジアのキリスト教徒の主体性」を重視する契機の一つとなったことは間違いないであろう。会議で確認された「勧告」(recommendations)の中には、「非従属民族の諸問題が異なる民族の支配階級によって行政管理されているケース」については、統治する側の民族は、非従属民族が「できるだけ早い時期に自身の諸問題を処理し、自立し、自らを統治できるようになるように支援する」義務を委任されていると考えるべきである、という項目が入れられた。[#81] また、同じ「勧告」には、日本人参加者の要望により、移民における人種差別を行うべきでないとする文言も入れられた。しかしながら、こうした議論にも関わらず、エルサレム宣教会議では、日本やイギリス、米国など大国の協調関係が優先される中で、朝鮮人やパレスチナ人の民族的権利が顧みられることはなかった。日本人およびユダヤ人シオニストによる「代理植民地主義」は、欧米ミッショナリーによる道徳的検証の対象から意識的・無意識的に外されてしまったのである。ここで示された普遍的理念をめぐる二重基準は、その後急速に崩壊していくことになる日英米協調関係の基盤の危うさを示すものであった。会議の二か月後には、関東軍による張作霖爆殺事件が起き、日本は満州事変から日中全面戦争へと突き進んでいき、日本人クリスチャンがその一翼を担っていた「リベラル勢力」は急速に瓦解していった。

他方、パレスチナにおいては、エルサレム宣教会議が一つの誘因となるかたちで、一九二九年八月の「西の壁事件」が発生するなど、バルフォア宣言を前提としたイギリス委任統治の欺瞞性は隠しようのないものとなっていった。そうした中で、パレスチナ人の民衆的立ち上がりは加速していき、一九三六年の「パレスチナ大蜂起」へとつながっていくことは前述した通りである。

両大戦間期の東アジアと中東において、国際協調を演出したエキュメニカル運動の「理想」の破綻に大きく貢献したのが、「満州国」と「シオニズム」という、西欧キリスト教的理想主義の鬼子ともいえる地域主義的理想主義に身を纏った移住植民地プロジェクトであった。次章で議論する中田重治の思想と行動において、この二つの移住植民地プロジェクトは中心的な意味をもつことになるが、そこでは、植村正久の思想やエルサレム宣教会議において見られた英米協調主義的な植民地主義への共鳴ではなく、より自立的な軍国主義的民族主義への共鳴が主題となるであろう。

註

#1　植村「戦争と平和」『著作集』第二巻、二一七頁。
#2　植村「キリストの再臨」『著作集』第七巻、三〇八頁。
#3　植村「大日本の朝鮮」『著作集』第二巻、二五五―二五六頁。
#4　Hutchison, *Errand to the World*, 91-93; 李省展『アメリカ人宣教師と朝鮮の近代――ミッションスクールの生成と植民地下の葛藤』(社会評論社、二〇〇六年)、七―八頁。
#5　Hutchison, *Errand to the World*, 112-113; 閔庚培『韓国キリスト教会史――韓国民族教会形成の過程』金忠一訳(新教出版社、一九八一年)、一四一―一四二頁。土肥昭夫『日本プロテスタント・キリスト教史』(新教出版社、一九八〇年)、二〇―二一頁。

#6 Hans-Ruedi Weber, *Asia and the Ecumenical Movement: 1895-1961*, 152.

#7 Hogg, *Ecumenical Foundations*, 211-214.

#8 海老沢有道、大内三郎『日本キリスト教史』（日本基督教団出版局、一九七〇年）、四七一—四七七頁。

#9 Laura Robson, *Colonialism and Christianity in Mandate Palestine* (University of Texas Press, 2011), 130.

#10 *International Review of Missions*17 (1928), 47.

#11 W. H. T. Gairdner, "Oriental Christian Communities and the Evangelization of the Moslems" in John R. Mott, *The Moslem World of To-Day* (George H. Doran company, 1925), 281.

#12 Hutchison, *Errand to the World*, 180.

#13 Hans-Ruedi Weber, *Asia and the Ecumenical Movement: 1895-1961*, 131, 154; International Missionary Council, *Addresses on General Subjects*, 168.

#14 Hutchison, *Errand to the World*, 180.

#15 International Missionary Council (ed.), *The Christian Mission in the Light of Race Conflict*, Jerusalem Meeting of the International Missionary Council, March 24-April 8, 1928, IV (International Missionary Council, 1928), 226.

#16 Ibid., 233.

#17 Ibid., 142-210.

#18 *International Review of Missions*16 (1927), 7.

#19 Ibid., 5.

#20 Ibid., 8.

#21 *International Review of Missions*17 (1928), 18.

#22 Ibid., 67.

#23 Edmund de Schweinitz Brunner, "Rural Korea: A Preliminary Survey of Economic, Social, and Religious Conditions" in *The Christian Mission in Relation to Rural Problems*,Jerusalem Meeting of the International

Missionary Council, March 24-April 8, 1928, Volume VI, ed. International Missionary Council（1928, 84-172. 日本語訳は、「朝鮮農村視察報告」として『外人の観たる最近の朝鮮』調査資料第三五（朝鮮総督府、一九三二年）、一—一一〇頁に収められており、以降の引用もこれにもとづく。

#24 Ibid., 89. 日本語訳は同上、一一〇頁。

#25 Ibid. 116-117. 日本語訳は同上、四三—四四頁。

#26 申興雨「朝鮮より見たる太平洋問題」『太平洋の諸問題』澤柳政太郎編（太平洋問題調査会、一九二六年）、一三三—一三八頁。

#27 International Missionary Council (ed.), *The Christian Mission in Relation to Rural Problems*,Jerusalem Meeting of the International Missionary Council, March 24-April 8, 1928, Volume VI (1928), 237-239.

#28 長田彰文『日本の朝鮮統治と国際関係——朝鮮独立運動とアメリカ一九一〇—一九二二』（平凡社、二〇〇五年）、一九九頁。

#29 李『アメリカ人宣教師と朝鮮の近代』、一六九—一七〇頁。

#30 同上、四〇頁。

#31 同上、一六九—一七〇、二二四—二二五頁。

#32 JACAR. A10113063900 叙勲裁可書・昭和四年・叙勲巻五・外国人（国立公文書館）。

#33 たとえば、一九二三年と二八年に、東洋拓殖会社の米貨社債がナショナルシティ商会に対して引受発行されていた。三谷太一郎『ウォール・ストリートと極東——政治における国際金融資本』（東京大学出版会、二〇〇九年）、一〇七頁。

#34 International Missionary Council (ed.), *The Christian Mission in Relation to Rural Problems*, 234-235.

#35 日本基督教連盟編『特別協議会参考』（日本基督教連盟、一九二九年）、一〇頁。

#36 海老沢亮編著『神の国運動実施報告（第一期三ヶ年間）』（神の国運動中央事務所、一九三二年）、一—三頁。なお、賀川が「神の国運動」という言葉を使い始めるのは一九二六年一二月頃で、ＩＭＣ委員会のレトヴィック会議で

エルサレム宣教会議の開催が正式決定された数か月後のことである。隅谷三喜男『賀川豊彦』(岩波書店、二〇一一年)、一七四―一七八頁。

#37　日本基督教連盟編『特別協議会参考』、四二―四三頁。

#38　片桐庸夫『太平洋問題調査会の研究――戦間期日本IPRの活動を中心として』(慶應義塾大学出版会、二〇〇三年)、三八七―三九三頁。

#39　同上、三八九―九〇頁。姜在彦『新訂朝鮮近代史』(平凡社、一九九四年)、二二六―二三一頁。

#40　社会運動における賀川の挫折については、佐治孝典『土着と挫折――近代日本キリスト教史の一断面』(新教出版社、一九九一年)、三九―四七頁などを参照。

#41　賀川豊彦記念松沢資料館『満州基督教開拓村と賀川豊彦』改訂版(雲柱社：賀川豊彦記念松沢資料館、二〇〇七年)、八頁。

#42　閔『韓国キリスト教会史』、四〇四―四〇八頁。

#43　William Paton, “The History of the Jerusalem Meeting of the International Missionary Council” in *Addresses on General Subjects*, Jerusalem Meeting of the International Missionary Council, March 24-April 8, 1928, Volume VIII, ed. International Missionary Council (1928), 4.

#44　*International Rview of Missons* 16 (1927), 735.

#45　山本澄子『中国キリスト教史研究』増補改訂版(山川出版社、二〇〇六年)、八九―九〇頁。

#46　John R. Mott, *The Moslem World of To-Day*. (George H. Doran company, 1925), 363.

#47　一九二〇年代のパレスチナにおけるシオニストによる大規模土地買収については、藤田進『蘇るパレスチナ――語りはじめた難民たちの証言』(東京大学出版会、一九八九年)、七一―八七頁を参照。

#48　Heather J. Sharkey, *American Evangelicals in Egypt: Missionary Encounters in an Age of Empire* (Princeton University Press, 2008), 113-115.

#49　Letter from Arthur T. Upson to John R. Mott (July 11, 1927), the International Missionary Council Records

(1913–1962), Missionary Research Library Archives, Burke Library, Union Theological Seminary, Series 4, Box 5, Folder 2.

#50 Copy of Letter to Arthur T. Upson (August 16, 1927), ibid.

#51 Sharkey, *American Evangelicals in Egypt*, 105.

#52 'Anglican Bishop Allays Moslem Fears of Missionary Meeting in Jerusalem,' *Jewish Telegraphic Agency* (March 22, 1928).

#53 Telegrams to John R. Mott, the International Missionary Council Records (1913–1962), Missionary Research Library Archives, Burke Library, Union Theological Seminary, Series 4, Box 5, Folder 2.

#54 الجامعة العربية (*al-Jāmi'a al-'Arabīya*) 119 (Mar 22, 1928); 120 (Mar 30, 1928); 121 (Apr 3, 1928) ; 122 (Apr 1, 1928).

#55 International Missionary Council (ed.), *The Christian Life and Message in Relation to Non-Christian Systems of Thought and Life, Jerusalem Meeting of the International Missionary Council, March 24-April 8, 1928*, Volume I (1928), 229.

#56 'Arab Antagonism to Missionaries,' *Times* (April 16, 1928), 15; Abdul Wahh'ab Kayyali, *Palestine: a modern history*. (Croom Helm, 1978), 137.

#57 'School Protest against Gaza Event,' *Palestine Bulletin* (April 19, 1928), 3; 'Nablus Manifestations' *Palestine Bulletin* (April 22, 1928), 3.

#58 Weldon C. Matthews, *Confronting an Empire, Constructing a Nation: Arab Nationalists and Popular Politics in Mandate Palestine* (I.B.Tauris, 2006), 56.

#59 'Moslems Close Shop in Jerusalem Protest,' *New York Times* (April 22, 1928), 31.

#60 Basheer M. Nafi, *Arabism, Islamism and the Palestine Question, 1908-1941: A Political History* (Ithaca Press, 1998), 94.

#61　Mathews, *Confronting an Empire, Constructing a Nation*, 58. なお、ハムディ・フサイニーは、ガザのフサイニー家の出身であり、のエルサレムのフサイニー家とは全く関係がない。
#62　Ibid., 56.
#63　Ibid., 57-58.
#64　Ibid., 57.
#65　Ibid., 68-71.
#66　Ibid., 59-60.
#67　Nafi, *Arabism, Islamism and the Palestine Question*, 104.
#68　Philip Mattar, "The Mufty of Jerusalem and the Politics of Palestine," *Middle East Journal* 42 (2) (spring, 1988), 231.
#69　Kayyali, *Palestine*, 141.
#70　カッサームの武装闘争から一九三六年蜂起へと至る経緯については、藤田『蘇るパレスチナ』第二章5「貧民街のジハード宣言」を参照。
#71　このことについては日本組合基督教界の実質的な機関紙であった『基督教世界』に実直な意見が吐露されている。「何故に欧米からの代表者が『そうだ、日本はいけない、朝鮮に同情する』と言ひ放ち得ないか。それは悲しい哉、米国にも比島があり、英国にも印度があるからである。」ただし、この著者は会議には参加しておらず、現地からの電報にもとづいて感想を記している。『基督教世界』(一九二八年四月一二日)、一頁。
#72　この時期の日・米・英三国関係については、細谷千博「ワシントン体制の特質と変容」『ワシントン体制と日米関係』(東京大学出版会、一九七八年)、三―三九頁を参照。
#73　今井清一『大正デモクラシー』(中公文庫、二〇〇六年［一九七四年］)、五二八―五二九頁。
#74　渋沢青淵記念財団竜門社編『澁澤栄一傳記資料』四二巻、三二八―三三〇頁。
#75　Ilan Pappe, "The Rise and Fall of the Husainis (Part 1)," *Jerusalem Quarterly*, 10 (Autumn 2000), 36;

臼杵陽「聖地における戦争と暴力――ある日本人の見たエルサレム」『同志社大学二一世紀COEプログラム一神教の学際的研究――文明の共存と安全保障の視点から――二〇〇六年度研究成果報告書』(同志社大学一神教学際研究センター、二〇〇七年)、二六三―二六四頁。

＃７６ Mathews, *Confronting an Empire, Constructing a Nation*,31-32.

＃７７ International Missionary Council and the Conference of Missionary Societies in Great Britain and Ireland, *The Christian Approach to the Jew : Being a Report of Conferences on the Subject Held at Budapest and Warsaw in April 1927* (Edinburgh House Press, 1927), 29.

＃７８ International Missionary Council, *Addresses on General Subjects,* 124-125.

＃７９ Charles R. Watson, "Nationality in Islamic Lands," *Internatoinal Review of Missions* 13 (April 1924), 171.

＃８０ P. W. Kuo, "The Present Situation in China and Its Significance for Missionary Administration," *Internatoinal Review of Missions* 15 (January 1926), 53-54.

＃８１ International Missionary Council, *The World Mission of Christianity: Messages and Recommendations of the Enlarged Meeting of the International Missionary Council held at Jerusalem, March 24-April 8, 1928* (1928), 41-42.

第五章
中田重治のユダヤ人観と日本ホーリネス教会の満州伝道

はじめに

本章では、東洋宣教会ホーリネス教会（以下、ホーリネス教会）の創始者である中田重治（一八七〇―一九三九）の一九三〇年代の思想と行動について考察する。メソヂスト教会員であった中田は、第一章第五節でも触れたように、一八九七年から翌九八年にかけてシカゴのムーディー聖書学院に留学し、そこで、当時米国の保守的クリスチャンの間に広く浸透していたホーリネス信仰の影響の下で聖霊体験を受けた。その後、米国で知り合ったチャールズ・E・カウマン夫妻（Charles Elmer Cowman and Lettie Burd Cowman）とともに東京で東洋宣教会（Oriental Missionary Society）を設立、さらにこれを母体として中田の主導で一九一七年に設立されたのがホーリネス教会であった。

ちょうどその頃から中田はディスペンセーショナリズムの教理を積極的に取り入れ始め、一九一八年からは内村鑑三らとともに再臨運動を行った。中田においてそうであったように、米国の保守的プロテスタントにおいてディスペンセーショナリズムが広く受け入れられるようになった背景には第三次大覚醒において広がったホーリネス信仰があったと考えられている。ホーリネス信仰は、使徒行伝にある聖霊降臨以降の時代を「聖霊の時代」として、聖霊体験による「聖化」を強調するが、このことは、イエスの復活以降の時代を聖霊の働きによって福音が異邦人に及ぶ「教会の時代」とするディスペンセーショナリズムの摂理史観と極めて整合的であったからである。[#1] ホーリネス信仰とディスペンセーショナリズムとの結合は、聖化された人間だけが終末における艱難を携挙（空中に上げられ、そこでキリストに出会うこと）によって逃れられるとの解釈を生んだ。[#2]

中田がムーディー聖書学院で学んだのは、このディスペンセーショナリズムと結びついたホーリネス信仰であった。留学当時の中田は、ディスペンセーショナリズムの教義に含まれるキリスト教シオニスト的聖書解釈には注目していなかったが、第一次世界大戦を契機としてシオニズムをキリスト再臨が近づいている徴であると捉えるようになったのである。

本章が主に対象とする一九三〇年代の中田は、原理主義的な聖書解釈と日本のナショナリズムとを結び付け、日本にはシオニズム運動を支援する終末的使命があると熱心に唱えた。こうした主張は「昭和のリバイバル」と呼ばれる、一九三〇年五月から約一年半にわたりホーリネス教会を中心に広

【図７】中田重治
米田勇編『中田重治伝』中田重治伝刊行委員会、一九九六年［一九五九年］口絵より

がった信仰復興運動を契機として強調されるようになった。このリバイバルの背景には、世界恐慌以降の不景気や思想統制の強化、中国情勢に連動した軍部の台頭といった状況に対する民衆の漠然とした不安や恐怖があった。#3

しかし、キリスト教シオニズムに強く傾倒した中田の主張に対し、ホーリネス教会の中では異論が起こり、一九三三年から一九三六年の紛擾期間を経て、ホーリネス教会は中田の主張を教会の使命からの逸脱と批判する「日本聖教会」と、中田を支持する「きよめ教会」とに分裂した。さらに一九四一年には「きよめ教会」から「東洋宣教会きよめ教会」が分離し、ホーリネス教会は三派に分立することになった。「日本聖教会」と「きよめ教会」は、一九四一年の日本基督教団成立に際し、それぞれ第六部と第九部に組み込まれ、#4「東洋宣教会きよめ教会」は教団に加わらず、単立の宗教結社となった。しかしながら、いずれもその再臨信仰のあり方が治安維持法に違反するということで、一九四二年と四三年の二度にわたる一斉弾圧を受け、活動停止に追い込まれた。

こうした経緯もあり、現在、中田の系譜にある教派は一〇以上に分かれている。とりわけ、「きよめ教会」の流れを引き継ぐいくつかのグループにおいては、「ユダヤ民族のために祈れ」という中田の主張は今も引き継がれており、中にはイスラエル政府との協力関係をもつグループもあるなど、日本におけるキリスト教シオニズムの潮流の重要な背景をなしている。

しかし一般的に、日本キリスト教史において当時の中田の主張は、戦時下の非常時局における逸脱として片付けられてきた。例えば、一九五九年に刊行された中田の伝記の「解説」において宮沢正典は、

「〔聖書の中の〕日いずるところを独自に日本と同定し、それを信じることでからめとられて特異な聖書的国体観を信仰して、じつは聖書から逸脱していった」と分析している。[#5] 二〇〇七年には中田のホーリネス信仰について初めて本格的に神学上の考察を行った研究書が刊行されたが、そこでは、中田のユダヤ人問題への傾倒は「終末論的緊張の破綻」と評されている。[#6] 他に重要な研究としては、宮沢正典「中田重治」、[#7] 池上良正の「ホーリネス・リバイバルとは何だったのか」、[#8] 宮田光雄『国家と宗教』[#9] などが挙げられるが、いずれも一九三〇年代の中田のユダヤ人論については、原理主義と国策追随の融合といった評価に留まっており、そのこと自体が誤りとは言えないものの、当時の日本の国内外における政治情勢との関連が十分に掘り下げられているとは言えない。とりわけ、当時のホーリネス教会が満州伝道を積極的に行っていたことは、日本の在満ユダヤ人政策を媒介項として、中田のユダヤ人問題認識と切り離すことのできない意味を持っているように思われる。

本章では、一九三〇年代における中田独特のキリスト教シオニズムの主張を、帝国日本の宗教統制、ユダヤ人政策、大陸〔満州〕政策の三つの文脈において再考し、一見エキセントリックな主張の背景には、軍国主義の伸張の中で教団とホーリネス信仰の生き残りを図るためにも、軍部との癒着を深めながら民族主義的な聖書解釈を深めていくという、打算的ともいえる側面があったことを示す。

第一節　第一次世界大戦と日本におけるユダヤ人への関心

日本においてユダヤ人に対する関心が大衆的に広がったのは、第一次世界大戦以降のことである。そこでのユダヤ人像は主として二つのルートを通じて移植されたと考えられる。#10

第一のルートは、クリスチャンを経由したキリスト教シオニズムの影響である。一九一七年一一月二日、バルフォア英外相が「ユダヤ人の民族郷土建設」への賛同を表明したことはシオニズムへの関心を高め、とりわけ米国の保守的福音主義者の間にシオニズム運動をキリスト再臨の兆候とするキリスト教シオニズムの聖書解釈を広める契機となった。

こうした動きを日本で最初に受け止め、ユダヤ人問題への関心を深めたのは日本人クリスチャン達であった。例えば、組合教会の海老名弾正は、一九一八年の元旦に「エルサレムの回復」と題した長文の記事を発表した。そこで海老名は、イギリスの労働界におけるシオニズム支援の動きに言及し、「之れは実に猶太人及クリスチャンに取りて興味深き問題である」と述べ、シオニズム運動の背景について解説した。#11　また、すでに一九〇六年にパレスチナを訪ね、『巡礼紀行』を発表していた徳富蘆花（一八六八―一九二七）は、一九一九年、妻愛子と共に世界一周旅行の途上パレスチナを再訪した。「基督の再臨は已にあった。大戦そのものが已に審判であった」との認識をもった蘆花は、ヴェルサイユ会議に参加している西園寺公望やロイド・ジョージ英首相、ウィルソン米大統領等に、軍備全廃を要請する公開書簡をエルサレムから送付する一方、ナザレで出会ったユダヤ人シオニストに対して

は、今は「『還元』の時代だから、猶太人がパレスチナに帰るは当然」と述べ、シオニズム運動に共感を寄せた。#12

この時期のキリスト教界でユダヤ人問題についてとりわけ強い関心が示されたのは、第二章ですでに述べたように、一九一八年から一九年にかけて内村鑑三と中田重治を中心に行われた再臨運動においてであった。中田は、一九一七年の暮には、米国におけるキリスト教シオニズムの代表的文献とも言えるウィリアム・E・ブラックストーンの *Jesus is Coming* の翻訳『耶蘇が来る』を出版していた。『耶蘇が来る』はホーリネス教会の主要テキストの一つとなった。内村も、一九一八年八月のヘブライ大学の定礎式の新聞記事を読み、「彼等が再びパレスチナに帰り旧きダビデの王国を造らんとの聖書の預言は彼等の歴史に由て証明せられつゝある」と述べるなど、この時期、頻繁にシオニズム運動に言及した。#13

第二のルートは、シベリア出兵兵士を通じたロシアの反ユダヤ主義からの影響である。ロシア革命に対する列強の軍事干渉の一環として、日本が一九一八年八月にシベリア出兵を開始したことは、白系ロシア人軍人の間に広がっていた反ユダヤ主義を日本社会に持ち込む契機となった。その背景には、対ソ連戦略上、ユダヤ人研究を必要と考えた軍部の意向があった。すでに第二章第五節で三一独立運動直後のウラジオ特務機関による「ユダヤ人情報」を紹介したが、そうした諜報機関内のユダヤ人陰謀論は、その後も衰えることなく、一九二〇年一〇月には、東京朝日新聞に「注意すべき猶太人」という記事が掲載されるようになった。

最近米国加州は勿論満洲其他朝鮮方面に排日的気分が漲つてゐる最近猶太人某が邦人間に十数萬圓の運動費を使つて過激思想を盛に注入しつゝあるの噂が傳へられてゐるが其筋では極秘中に探査してゐる、右に就き警視庁当局の語る處に依ると『日本内地で猶太人の最も多く入り込んで居る處は神戸の二百弱余名横濱に百数十名で東京には比較的少いが支那上海あたりには八百名から居る是等多くの猶太人は宗教界精神界経済界に於ても非常な勢力を有つてゐる、彼の加州に於ける排日の主張者の多くは殆ど猶太系の人物で彼地に於ては勿論日本内地に於ても其の威を逞しうして居るから油断なく注意して居る』#14

この時期、朝鮮・ソ連と国境を接し、朝鮮独立運動の根拠地となっていた中国東北部間島地方では、シベリア派遣軍の一部も参加するかたちで「庚申年大惨変」と呼ばれる大掃討作戦が行われていた。また、第三インターナショナルが上海で開催した「極東社会主義者会議」に、官憲の目を潜り抜けて大杉栄が参加したのも一九二〇年一〇月のことであった。#15　他方、当時カリフォルニアでは、日本人の土地所有を禁じた一九一三年の排日土地法に続き、一一月に州議会で可決されることになる日本人の借地を禁じた第二次排日土地法の審議が行われており、日本においては反米的論調が高まっていた時期でもあった。一九一九年に日本を訪問したジョン・デューイ(John Dewey, 1859-1952)夫妻はこうした状況に対し、「アメリカに対する批判は自由主義的な信条の拡大を阻止し、大軍閥に有利な言論を強める最も容易な方法である」と指摘しているが、[#16] この対米批判に加え、ロシア革命を受けて活発化しつつあった社会主義運動を同時に批判することのできる都合のよい便法がユダヤ人陰謀論であった。日本における本格的な反ユダヤ主義の導入は、「大正デモクラシー」の自由主義的風潮の中で社会主義運動と民族解放運動の国境を超えた結びつきが拡大することを恐れた国家権力の下で行われたのだといえる。

しかしながら、シベリア派兵を契機とした陸軍のユダヤ人研究は、社会主義運動や米国の世論を背後で操作するユダヤ人という先入見から出発しているため、必然的に客観性を欠いたものにならざるを得なかった。一九二一年一一月に「北満洲特務機関」が刊行した『猶太研究』は当時哈爾濱特務機関長であった四王天延孝（一八七九―一九六二）陸軍大佐が主に執筆したものと思われるが、その内容はフリーメーソンに関する陰謀論を含め、推測・憶測に基づく記述に溢れるものであった。マルクス主義者、資本家、シオニスト、正統派ユダヤ教徒など、アイデンティティのあり方から文化、居住地まで多様な存在であったユダヤ人をあくまでも統一的な政治傾向をもった一枚岩的存在として描こうとするため、表面的な多様性の背後には「秘密の陰謀」が隠されている、とせざるを得ない論理構成になっていた。こうしたユダヤ人観の根拠として最もよく引用されているのが、世界シオニスト機構広報部長であったイスラエル・コーヘン（Israel Cohen, 1879-1961）の『現代のユダヤ人の生活』*Jewish Life in Modern Times* であった。例えば、この著作の第八章「人種的身体的特徴」の中の「ユダヤ人の大多数は、数値的に見れば、非ユダヤ人から区別される身体的・骨相学的特徴の最大公約数を示している」[#17]というコーヘンの記述は、『猶太研究』の第二章第一節「猶太人と其鑑別法」で引用され、「今日まで他民族との血旅〔脈?〕の混淆を来たさざりし特殊の人種なること」[#18]という主張の根拠とされていた。自らが国家を持つに値する「民族」であることを証明するためにユダヤ人概念を再構築しようとするシオニストの努力が反ユダヤ主義の根拠とされたということは、シオニズムが反ユダヤ主義と表裏一体のものであることを証明するエピソードとも言えよう。

なお、『猶太研究』には「帝国の対過激対策」という目的以外に、大局的なユダヤ人政策を定めるための基礎研究という位置づけもあった。

従来絶海の孤島に退嬰して猶太問題の圏外に超然たりし我帝国も今や愈々一等国の末班に列して混乱綜錯せる世界の大洋に乗り出す時は直ちに猶太に関する二個の潮流に遭遇すべし而して反猶太に伍すへきや或は又、人種別撤廃の大道を取り寧ろ彼等に同情し之と提携して帝国の進路を拓くへきやは、遅れたりと雖も常に今日に於て熟慮断行すべきの機運に際会せり・・・[#19]

ここで意識されているのは、一九一九年一月、上海シオニスト協会からの働きかけに応じるかたちで世界シオニスト機構宛にバルフォア宣言支持の立場を正式に伝え、[#20]翌年発足した国際連盟においても常任理事国として同宣言にもとづくパレスチナ委任統治を推進する側に立った日本外交のあり方であろう。一九二〇年にはイスラエル・コーヘンが、シオニズムを世界各地のユダヤ人社会に宣伝し、彼らから物質的・精神的支援を得ることを目的として、アジア歴訪の旅を行い、一二月、横浜と神戸のユダヤ人コミュニティを訪ね、シオニズムへの支援を訴える講演を行った。その様子は新聞各紙で報道された。#21 コーヘンは上海やハルビンでも講演しており、それぞれの地のユダヤ人コミュニティから熱烈な歓迎を受けていた。こうした状況に対し、四王天延孝ら、ユダヤ人陰謀論に感化されていたシベリア派遣軍関係者が警鐘を鳴らそうとしてまとめたのが、『猶太研究』であったと考えられる。

シベリアに出兵した兵士の中には、帰国後、反ユダヤ主義の書籍を刊行するなど、熱心なユダヤ人陰謀論者となった者が少なからずおり、日本社会におけるユダヤ人観に大きな影響を及ぼした。陸軍では四王天以外に、安江仙弘（一八八八―一九五〇）がおり、海軍では犬塚惟重（一八九〇―一九六五）、また通訳官として従軍した民間人として、酒井勝軍（一八七四―一九四〇）、樋口艶之助（一八七〇―一九三一）、小谷部全一郎（一八六八―一九四一）などが、そのようなかたちで「ユダヤ人問題の専門家」として活動することになった。#22

なお、これらのシベリア出兵を介したユダヤ人への関心は、もう一つの関心のルートであるキリスト教シオニズムとも様々なかたちで接点を持っていた。例えば、『猶太研究』の刊行にも関与していた酒井勝軍は、キリスト教原理主義の拠点の一つと見なされていたシカゴのムーディー聖書学院に中田重治がいたのとほぼ同時期に在籍していた（中田が一八九七年入学で、酒井が一八九八年入学）。酒井は、一九二四年の著書『猶太人の世界征略運動』の中で次のように述べている。

> 聖書のシオンは未成の理想国に非ずして、既成の日本なり・・・シオン運動は唯独り猶太人の祖国復興のみのものに非ずして、同時に日本の神州なる事、及耶蘇の神子なる事をも自づから世界に紹介する宣伝運動なり、而して猶太人の所謂世界統一は彼等の独裁に拠るものに非ずして、耶蘇基督と日本帝国と猶太民族との合同一致に由るものなる事を知らざるべからず[#23]

つまり酒井の議論は、ムーディー聖書学院で学んだ原理主義的な終末論をベースに、日本神国論とユダヤ人陰謀論を取り込んだ習合的な摂理論であり、ユダヤ人利用論という側面をもっていた。

他方、二〇世紀初頭にロシア人の反ユダヤ主義者が書いたとされる偽書「シオン長老のプロトコル」(*The Protocols of the Elders of Zion*)の日本語訳を収録した『世界革命之裏面』の著者安江仙弘は、一九二八年に酒井とともにパレスチナを視察しており、一九三三年以降は、ユダヤ人問題をめぐり中田と協力関係をもつことになる。

第二節　軍国主義の伸張とホーリネス教会

一九一五年一月、大隈内閣が行った対華二一か条要求は、門戸開放政策を掲げる米国の対日姿勢を硬化させた。その背景には、辛亥革命以降、中国の近代化に大きな期待を寄せていた伝道団体による抗議の声等の影響を受けた対日世論があった。そのような世論を背景としたウィルソン政権の圧力を受けつつも、日本政府は軍事力を背景に要求の多くを袁世凱政権に受諾させた。しかし、「中央政府の政治・財政・軍事の顧問として有力日本人を招く」「日本人に布教権を認める」などの要求を含んだ第五号はあきらめざるを得なかった。特に仏教界からの強い要求があった布教権が拒否されたことは、すでにキリスト教の布教権が認められている欧米列強に対して日本が差別されているという不満を残すことになった。#24

一九一七年一〇月、中田重治を監督とする東洋宣教会ホーリネス教会が東洋宣教会から独立するかたちで立ち上げられ、これまで協働してきた米国人宣教師と組織的に分離した背景には以上のような政治状況もかかわっていたと考えられる。ホーリネス教会の勢力は、一九一八年の統計によれば、教役者数六〇名、正会員数一六五三人という弱小組織であった。#25 しかし、明治以降のキリスト教が旧士族層や豪農、知識人を中心に広がったのに対し、中下層の勤労者への伝道活動を積極的に行うことで、ホーリネス教会は急速に会員数を増やしていった。とりわけ、再臨運動後の一九一九年から二〇年にかけては「大正のリバイバル」と呼ばれる信仰復興が見られた。彼らの再臨信仰においてユダヤ人問題は大きな位置を占め、毎月第一木曜日、ユダヤ人のための祈祷会が東京の神田ホーリネス教会で行われ、ロンドンのユダヤ人伝道団体で働く改宗ユダヤ人のクリスチャンへの献金が集められた。#26

ここでは、ホーリネス教会に関して、ユダヤ人問題との関わりで重要な意味を持つことになる二つの動きについて述べる。

(一)「満州」における植民地伝道の開始

ホーリネス教会(当時はまだ東洋宣教会)が「満州」に進出したのは第一次世界大戦中のことであった。対華二一か条要求により、炭鉱の権益期限が九九年延長されたばかりの撫順が「満州」における最初の教会建設地に選ばれた際、中田は次のように述べ、その終末的意義を訴えていた。

主は一日に一萬噸宛《づつ》の石炭を掘り出しても三百年も続くといふ撫順に純福音の烽火を上げ給ふは何かの暗示の如く思はれる。・・・北満およびサイベリヤの内地にまで此福音が宣伝せらるるやうになる事と信ずる・・・どうか読者諸兄姉、地の極を見出す為に祈り且御尽力下さい。#27

この当時から、中田にとって日本の植民地拡大とそれに伴うホーリネス教会の伝道活動の拡大は、一体のものと捉えられ、さらにそのことは「地の極」まで福音が述べ伝えられる時が来る、すなわち、「神の国」が到来しつつあるという再臨信仰と固く結びついていた。撫順炭鉱周辺は満鉄付属地とされており、二一か条要求で拒否された内地布教の範疇には入らないが、この時期の「満州」進出が政府の大陸政策と無関係に行われたとは考えがたい。その後、ホーリネス教会は奉天、大連、安東、遼陽へと伝道範囲を広げていった。

一九一〇年代から一九二〇年代に至るまでのホーリネス教会が「満州」伝道に際してどういったレベルで関東軍や関東庁、満鉄などの植民地統治機関との協力関係をもっていたのかについての情報は少ない。しかし少なくとも、日本の満州権益の中心的存在である撫順炭鉱への中田のまなざしからも想像されるように、植民地伝道は植民地権力と無関係には行い得ない。たとえば満鉄初代総裁の後藤新平は就任間もなく表見訪問に来た日本基督教会伝道局幹事貴山幸次郎に対し、「只我々が威圧圧迫する斗りではいけないから、君等宗教家が愛の手を伸して親善の道を能く示して貰い度い。会堂でも建てる場合は出来るだけ建築材料など寄付したり或は安く払下げる様にするから」と述べたという。#28 また、中田・内村らと共に初期の再臨運動に参加していた組合教会の木村清松は、一九一九年五月、「満州」に赴き、満鉄や朝鮮総督府、朝鮮銀行などから得た総計三万五千円の賛助金によって奉天の教会を再建し、さらに三万円の募金を得て上海中日教会を設立した。そこで彼は上海における朝鮮人に対する諜報活動および懐柔工作に従事していたことが知られている。#29 こうした植民地における軍民協力の呪縛からホーリネス教会も例外ではなかったことは、満州事変以降、明白となる。

（二）　神社問題の発生

一九二〇年代、キリスト教会をはじめとした宗教団体を統制しようとする動きは、社会主義運動の活性化や神道系新宗教の組織拡大を背景に加速した。経済恐慌が社会不安に追打ちをかけた一九二七年には宗教法案、一九二九年には宗教団体法案が、宗教団体の管理を目的として上程されたが、超教派の反対運動によって廃案に持ち込まれた。中田はこの反対運動に中心的に関わった。また、一九二八年には第一次ほんみち不敬事件が起き、一九二八年の三・一五事件と二九年の四・一六事件による共産党弾圧といった動きも続いた。

一九二九年末には、宗教法案・宗教団体法案をめぐる議論において焦点の一つとなっていた神社と宗教との関係を整理すべく、内務省に神社制度調査会が設置された。神社が宗教施設であるかどうか、すなわち神社参拝が宗教行為に当たるかどうかについて、再びキリスト教界、仏教界、神道界を巻き込んだ議論が沸き起こった。そうした中、一九三〇年四月、「満州」南部の安東高等女学校に通うホーリネス信者の生徒四名が神社参拝を拒否したことに端を発する一連の紛争が発生した。生徒らを説得することができなかった学校側が彼女達を無期停学処分にすると、安東ホーリネス教会の福音使を務めていた吉持久雄は新聞に公開抗議文を発表した。#30　これに対し、父兄会や町内会、氏子総代、関東庁までもがホーリネス教会に反対する動きを見せるなど地域全体に問題が拡がった。教会は家主から立退きを要求され、同信の朝鮮人が所有する旅館への移転を強いられた。『満洲日報』は、大日本国粋会安東本部長の「如何なる理由ありとするも我帝国臣民として神社の参拝を拒否するが如き言辞や行動に出る者は制裁を加へなければならない・・・全市民が挙って糾弾しなければならない」とする言葉を一面で紹介した。[#31] 大日本国粋会の名誉総裁は、田中義一内閣の内務大臣として特高警察の全国整備や治安維持法改悪を敢行した鈴木喜三郎であった。[#32] その後も、同じような事件が日本国内のホーリネス信徒においても立て続けに起きた。[#33]

そうした中、中田はあくまで「妥協は大禁物」として、「諸の偶像教とは決して妥協せず、どこまでも聖書其儘の教理を信じて一糸乱れず進撃する覚悟である」と主張した。[#34] 他方、問題が起きた女学校の校長が所属していた日本基督教会の現地牧師は、『福音新報』に今回の事件の原因をホーリネス教会の「偏狭なる基督教」に求めるかのような記事を書いた。[#35]

満州事変以降には、ホーリネス教会以外の教派においても同様の事件が頻発するようになった。一九三二年五月には上智大学で軍事教練[#36]の一環として行われた靖国神社参拝をカトリック信者の学生二名が拒否し、最終的に日本カトリック教会が神社参拝は宗教行為ではないから許容できるとの判断を示すことで事態の収拾をはかった。なお、中田はこの事件について「我等は毫も軍教には反対しない［。］これは今のところ護国の為に必要な事である」としつつ、「最後の一人となるまで悪魔来の悪思想又は偶像と戦ひ一歩も譲らぬ覚悟を有して居る」と述べた。[#37]

このように、ホーリネス教会の神社参拝に対する原則的な姿勢は、あくまでも偶像崇拝の否定によるものであって、内村鑑三の第一高等学校不敬事件のように軍国主義に対する抵抗へと結びつくものではなかった。こうしたホーリネス教会の姿勢は、ホーリネス信仰における「完全な清潔」という概念と密接に結びついていたと考えられる。それは、キリスト教への回心（第一のめぐみ）に次ぐ、聖霊体験という第二のめぐみを経た「聖徒」のみがキリストの再臨において救済されるという考え方であった。このような信仰のあり方は、ホーリネスの信徒こそが真のキリスト教徒であるという自他を明確に区別する自己認識をもたらしており、自分たちが「聖徒」であることの証明として、偶像崇拝の拒否を含めた「道徳的完全」が強調されたからである。[#38]

中田はメソジスト教会の伝道師として小樽や択捉島、大館など地方で伝道していた頃から、仏教や神道の先祖供養・先祖崇拝の伝統が強い民衆の生活の場に入り込み、戦闘的にキリスト教の正しさを説くスタイルを貫いていた。小樽での路傍伝道では「先祖の位牌はどうするのだ」との野次に対し、「そんなものは取って割って、風呂の下で燃やしてしまえ」と返し、手向かってくる者があれば、学生時代に習得した柔術で相手を投げ飛ばすという伝道振りであったという。[#39] 中田がホーリネス信仰に出会うことになるムーディー聖書学院を選んだのも、「無学な靴屋の小僧」から出発した大衆伝道家であるムーディーへの憧憬があった。[#40]

神を知ることで人間が本来持っている「内住の罪」を完全に取り除くことができると説くホーリネス信仰との出会いは、中田の戦闘的伝道スタイルに理論的根拠を与えたといえる。

多くの教会はあつても聖書を神の聖言として信じて立つている教会は少ない。・・・故に初代の基督教、基督の基督教を何等の偏見なく宣伝せんが為に建設したのがホーリネス教会である。耶蘇は人間の心中から罪悪を除去してしまへば他の一切の問題の解決は与えられる事を知つてゐ給ふたのである。・・・犯した罪内住の罪を潔められ、生身持つてゐる間聖潔い世渡りが出来る様にせられる主の血潮を伝へ度いと戦つているのである。#41

こうして中田はホーリネス教会を、「悪魔の支配してゐる国に進軍して其処から人々を救ひ出す軍隊」であると認識するようになった。このような中田の信仰にとって、民衆がもともと持っている伝統的宗教観に妥協したかたちで、神社は宗教ではないから参拝しても構わないとすることは、悪魔との妥協を意味し、ホーリネス教会の根本的なアイデンティティにかかわることであると捉えられたのである。

第三節　満州事変以降のホーリネス教会と軍部との関係

一九三〇年五月、中田は神社参拝問題解決のために「満州」を訪問し、満鉄理事の大蔵公望に面会するなどしたものの、打開策を見出せずにいた。そうした中、中田が留守にしていた東京聖書学院でリバイバルが起きた。「昭和のリバイバル」と呼ばれるこの信仰熱の高まりは一九三三年頃まで続いた。中田自身、「此節柄のように不安におそわれて居る時は神を求むるようになるものである」と述べているように、このリバイバル運動は、神社問題による教会への圧迫と表裏一体のものであったと考えられる。一九三二年の統計でホーリネス教会の会員数は約二万人となり、ホーリネス教会は最盛期を迎えていた。#42

このリバイバルの熱気が冷める間もなく、満州事変が起きると、中田は次のように述べ、英米協調主義を基調とする幣原外交に挑戦する関東軍の姿勢に同調する立場を明らかにした。

> 日本は黙示録七章二節にある日出国の天使である。世界の平和を乱す事のみをして居る四人の天使(欧州四大民族)から離れて宜しく神よりの平和の使命を全ふする為に突進すべきである。#43

ここで「欧州四大民族」とは、露独英仏の四列強を指している。つまり、「平和の使命」のためであれば国際連盟脱退も辞してはならないという趣旨である。さらに、犬養内閣成立後の一九三二年一月には、「満蒙へ進出せよ」との論説記事を発表し、「満州国」独立の方針がまだ正式決定していない段階であるにも関わらず、「満蒙は新国家を樹立するやうになるに相違ない」と述べ、「奉天に聖書学院を設けて、日、満、蒙、鮮、露の伝道志願者を集めて修養せしむる事が急務」「大に献金せられんことを御勧め申すものである」と呼びかけた。#44

このような満州事変に対する中田の積極的支持は、主流派プロテスタント教会の連合組織である日本基督教連盟に比べても突出したものであった。日本基督教連盟は、事変当初、「満州事変を深く痛む。熱心平和的解決を祈る」と中華民国基督教連盟に表明しており、#45 日本の国際連盟脱退後の一九三三年一一月になって、基督教連盟の希望は報いられず、日本は「国際連盟を離脱するの已むを得ざるに至った」とする声明を出していた。#46

中田の好戦的姿勢の背景には、満州事変を主導した関東軍との関わりがあったと考えられる。中田は、おそらく神社参拝問題の解決のために奔走する中で関東軍関係者と何らかのかたちで接触し、結果的には、満州伝道に関わる福音使#47 らを関東軍の急進的大陸政策に関与させていったのではないかと推測できる。例えば、宗教法案反対基督教同志会で共闘した日本基督教会富士見町教会の退役軍人である日疋信亮は、杉山元陸軍次官と中田との書面のやりとりを仲介する労を取っている。#48

満州事変を経て一九三二年に入ると、『きよめの友』紙上等で、これまでの日本人住民を中心とした満州伝道を中国人住民にも広げていく努力が呼び掛けられるようになった。「満蒙へ進出せよ」という勇ましい記事で中田は次のように述べている。

満蒙独立とともに直に起るべき問題はかの民を如何に司導するかである。其責任は日本の双肩にかゝつて居る。これは基督教徒が先づ考ふべき問題である。根本問題は在満の日本人のみならず満蒙人の教化である。#49

こうした中田の呼びかけに応じるかたちで、この年の二月頃、在満州の福音使吉津好雄ら四名が中田の意向を受け、内蒙古に近い洮南を視察、「今後満洲に日本人が進出するとすれば第一の場所であると思はれる・・・再臨の目捷に迫る今日、朝鮮人、支那人、蒙古人の伝道は我等に託されし最後の使命である。監督の提唱さるゝ満蒙進出はたしかに聖旨の其所にある事を信じられます」と述べた。[#50]

「満州国」成立後の一九三二年六月にも中田は「満蒙伝道の急務」という記事を書き、ホーリネス教会が、撫順・奉天・大連・安東県・遼陽・吉林・四平街・洮南の九か所で伝道活動を行っており、そのうち最後の三か所では、現地住民を重点対象としていることを明らかにしている。そして洮南では教会の建築に取り掛かっていること、二月に関東軍が占領したばかりのハルピンではロシア人伝道に向けた準備が進められていることなどが報告されている。[#51] 洮南には、かつて安東神社参拝拒否事件の渦中にあった吉持夫妻が派遣され、教会建設の任に当たっていた。中田自身、九月に「満州」を訪れ、馬占山（一八八五—一九五〇）の抗日蜂起など、抗日義勇軍による攻撃が頻発する状況の中、各地の福音使を訪ねている。営口でたまたま覗いた中国人の伝道集会では、中田は献金を「礼拝の時の外に金を受け取らぬ」と拒否された。[#52] 彼は、その理由を外国人ミッショナリーの方針のせいであろうと推測しているが、自分が日本人であるが故に拒否されたという可能性に全く思い至っていないことは、中田の民族問題に関する政治的ナイーブさを象徴するエピソードでもある。

一九三三年に入ると、中田の指示により「満州」におけるホーリネス教会の福音使達は各自の教会を平信徒に任せ、長期の巡回伝道を行うようになるが、その報告記事からは、彼等と満鉄や関東軍との深い関わりが読み取れる。例えば、五月には、「福音使隊」の活動に際し、満鉄吉長線の新京・吉林・敦化の各駅においていつでも五割引券を発行してもらえることになったとの記事が見られる。#53

塘沽停戦協定によって満州事変に一区切り付いて間もない時期の一九三三年六月末から吉持は、約四か月にわたり、東部内蒙古と「満州」北部の広大な地域を旅行し、その報告を翌年の一～三月、『きよめの友』に掲載した。吉持は「途中の村々に聖書の分冊を配布しながら行くのでなかなか日数を要するが、普通では入る事の出来ぬ部落に入る事が出来たので感謝であつた」というように、あたかも伝道活動の一環であったかのように述べている。#54　しかし、そこに記されている巡回地は、関東軍経理部が作成した「軍用資源蒐集利用法調査実施計画」（関特地第四六号、一九三三年六月三〇日付）の中の第四区（全体で七区まである）の計画にある一〇か所の「調査中心地」の内、記事から判明する限り六か所をカバーしている。#55　第四区の調査計画の「利用機関」には特務機関も挙げられている。また、現地調査期間が七～一〇月とほぼ一致していることからも、吉持の「巡回伝道」が、この調査への参加を意味していたことは間違いない。「緊急資源ヨリ着手シ可及的速ニ軍需ニ応シ得ルヲ主眼」とするという この調査は、国防国家建設のための計画経済を「満州」において進めようとする関東軍が一九三三年三月に発表した「満州国経済建設綱領」にもとづくものであったと考えられる。

ここで、吉持がこの調査隊に加えられた理由を考えたい。一つには、伝道活動の中で鍛えられた彼の中国語の能力にあったと推測される。しかしより直接的な理由は、当時の関東軍経理部長が佐野会輔主計総監であり、彼が大連キリスト教会に所属するクリスチャンであったことに関係していると思われる。彼は、日露戦争に出征中であった一九〇五年一二月一六日、大連基督教会の創立総会に合わせて開かれた洗礼式で日本基督教会伝道局幹事の貴山幸次郎（一八六五—一九四〇）より洗礼を受けていた。当時の彼の上司であり、また、この大連基督教会設立を主導していたのが、満洲軍陸軍倉庫長であった日疋信亮であった。#56 日疋は一六名のクリスチャンを軍属として採用し、部下として率い、満洲陸軍倉庫本部内の一室で日曜日の礼拝や金曜日の祈祷会を行っていた。そうした環境の中で、佐野も洗礼を受けることになった。満洲軍陸軍倉庫はその後関東陸軍倉庫となり、関東軍経理部の管轄下に置かれ、満州事変においても石原莞爾（一八八九—一九四九）の作戦指揮による錦州作戦などで決定的な役割を果たしていた。#57 以上に述べた事実関係を総合すると、吉持—中田—日疋—佐野というラインで、関東軍による軍用資源調査への吉持の参加が決まったのだと考えるのが合理的である。

　吉持は、巡回中、洮南から一五〇キロメートルほど北に位置する塔子城の「日本軍の駐屯本部」で「馬賊」襲撃の報を聞き、「友軍と本部との連絡の用務を帯びて活動した」。負傷兵を護送する際に戦死した日本兵の遺体を目撃した吉持は「今まで体験した事のない同胞愛国家愛に燃やされ」、「福音伝道の層一層使命の重大なる事を感じた」という。#58 ホーリネス教会の伝道活動が日本の大陸進出と表裏一体のかたちで行われていたことは、信仰的にも矛盾なく受け入れられていた。

　この長期にわたる巡回活動の目的地とされていた「興安南分省」北部に位置するモンゴル人コミュニティである札賚特（ジャライド）旗の巴特瑪拉布坦（バトマラプタン、一八九九—一九四六）王は、当時、興安南分省警備軍（旧蒙古独立軍）の司令官として一九三三年二月から五月にかけて関東軍が行った熱河作戦に参加し、翌三四年七月には蒙古人将校養成のための興安軍官学校の校長になるなど、関東軍の内蒙工作におけるキーパーソンの一人であった。#60 この興安南分省警備軍はもともとは、満州事変を受けて独立の機運が高まった東部内蒙古において関東軍の支援の下に組織された蒙古独立軍を改組したものであった。関東軍は「満州国」設立に際し、圧倒的多数を占める漢民族を刺激しないよう、東部内蒙古においてそれまで利用してきたモンゴル独立運動を抑制する必要を認め、特にモンゴル人の多い地域に興安省を設置し、特別行政区域とすることで彼らの民族主義を「満州国」のシステム内に収めようとしたのである。#61

吉持はジャライド（札賚特）旗周辺のラマ教寺院を訪ね、彼らの宗教意識などについて聞き出している。これが軍用資源調査計画にはない行動であることを考えると、この調査旅行が、当時、承徳特務機関長であった松室孝良や奉天特務機関長の板垣征四郎（一八八五―一九四八）らが進めていた内蒙工作とも関わっていたことが推測される。

松室は一九三三年一〇月、「蒙古国建設に関する意見」の中で、「蒙古国の成立は甘粛、新疆等にある回々族の興起を促し必然的に回々国の建設」をもたらすものであり、その結果、「支那をして日本と提携せざるの止むを得ざる境地に導」くことができるとして、内蒙工作をさらに西方におけるイスラーム工作へと接続し、中国包囲網を形成する構想を公表した。#62 こうした構想をもとに、板垣ら関東軍の急進派幕僚がイスラーム工作を含めた「西進論」を実行に移していくことになる。

第四節　「聖書より見たる日本」

一九三〇年代のホーリネス教会における満州伝道の拡大は、ユダヤ人問題への関心の高まりと並行した動きでもあった。同様の現象は、撫順における教会建設やブラックストーンの『耶蘇が来る』の翻訳出版などに象徴されるように、再臨運動から「大正のリバイバル」にかけての時期にも起きたことであった。しかし、「昭和のリバイバル」の背景に、神社参拝拒否をめぐる迫害事件の頻発という緊迫した状況があったことは、この時期のホーリネス教会と権力との関係を考える上で極めて重要であるように思われる。前節で見た吉持福音使らの満州伝道における軍事協力的な性格を考える際、政治的に厳しい立場に置かれていたホーリネス教会が「国家への忠誠心」を社会的に示す必要に迫られていた、あるいは少なくとも、権力から協力を要請された場合に拒否することが極めて困難であっただろうという事情を無視することはできない。また、軍部にとっても、「満州」北部や東部内蒙古の日本人が少ない地域に危険を冒してでも入っていく動機や語学力をもったホーリネス教会の福音使達は、民心把握や情報活動を進める上で貴重な存在であったように思われる。このようなホーリネス教会と軍部との協力関係は、ユダヤ人問題をめぐっても展開していくことになった。

中田は、一九三二年一一月二三日から二七日にかけて淀橋教会で「聖書より見たる日本」という連続講演を行った。この講演で中田は、「日本民族が主の再臨に関係のある民であること、ことにこれに伴うユダヤ民族の回復に親密な関係のあること」を説いた。#62 これまでも中田は、熱心なナショナリストであったし、同時に終末におけるユダヤ人のパレスチナ帰還を信じるキリスト教シオニストであったが、この講演ではさらに関東軍の「西進論」が組み込まれることになった。

まず中田は、聖書の中に出てくる「日のいづるところ」や「東」といった表現を日本のことであると同定し、例えば、イザヤ書四一章二節の「たれか東より人を起こししや。われは正しきをもてこれをわが足下に召し、その前にもろもろの国を服せしめ、またこれにもろもろの王を治めしめ・・・」の句は、日本が「大陸に向かって武力をもって発展していく」ことを予言していると解釈した。#63 また、イザヤ書四九章一一―一二節の「われもろもろの山を道とし、わが大路を高くせん。見よ、人々あるいは遠きより来たり、北また西より来たらん。あるいはまたシニムの地より来るべし」については、「大路」を鉄道、「シニム」を中国（方面）と解釈し、「日本が満蒙に手を伸ばすことは当然で、ついに鉄道が敷かれて、トルキスタンからペルシアのほうに出て、バグダッドからエルサレムに至るという順序になるのである。これは聖書から見た大陸政策の一つである」とした。#64 こうして、ホーリネス教会の使命は、「この末の世にて日のいずる国よりイスラエルの援助者を起こし、世界の平和を乱す者を罰して選民を救う」ことにあるとした。あくまでも「最終戦争」において殲滅戦を行うのは欧米列強同士であり、日本はその戦争にユダヤ人が巻き込まれるのを救う立場にあり、「満蒙」進出はその準備段階に当たるというのである。

こうした中田の論は、本章の最初に述べたように、これまでの研究では、ほとんど重視されて来なかった。しかしながら、「満蒙」から中央アジアを横断する鉄道を敷いてエルサレムに進出するという中田の「西進論」が、松室ら陸軍急進派の「西進論」に影響を受けたものであることはこれまでの行論から明らかだといえる。「満蒙」から中東へと延びる鉄道は、中田の宗教的想像力の産物では決してなく、当時、「満蒙鉄道」の整備が急速に進められようとしており、その中には索倫・赤峰・承徳など、西方へと向かう路線が多くあった。そうした鉄道計画は、かつてロシア出身のタタール系ムスリムのアブデュルレシト・イブラヒム（Габдрәшит Ибраһимов, 1857-1944）とともに亜細亜義会を立ち上げた内田良平（一八七四—一九三七）が一九三〇年に提起した、赤峰からさらに西方、綏遠・寧夏・甘粛・青海へと延びる「満蒙鉄道網」の整備案につながるものであった。[#65] 当時は、日本から「満蒙」、さらにはアフガニスタン、トルコまで糾合し、欧米諸国に対抗しようとするトゥラン主義や、汎イスラーム主義との連携を目指す大アジア主義が真剣に唱えられていた時代でもあった。吉持の巡回地であった興安省の官吏であった野副重次はトゥラン主義の主要なイデオローグであり、『汎ツラニズムと経済ブロック』などの著作を発表していた。[#66] 一九三三年一〇月には、軍部のイスラーム工作の一環としてイブラヒムの再来日が実現していた。このイブラヒムの来日には、当時、イスタンブールの駐トルコ日本大使館で武官として勤務していた神田正種（一八九〇—一九八三）陸軍中佐が深く関わっていた。満州事変の際、朝鮮軍参謀であった神田は、対ソ戦略上、「ソに勝る鉄道網の整備が根本的に必要である」という問題意識から関東軍参謀の板垣征四郎や石原莞爾らに協力し、上司である林銑十郎

（一八七六―一九四三）朝鮮軍司令官に「満州」への軍の越境出動を具申していた。この要請に応じた林は、広い意味でのトゥラン民族に属する朝鮮、「満州」、モンゴルの諸民族が日本の支援の下で「満州」に国家を建設すべきだと考えるトゥラン主義者であった。#67 また同時に、林はイスラーム工作にも関わっており、一九三八年には大日本回教教会の初代会長に就任することになる。

「満州」を起点とするこれらの動きに共通した問題意識は、極東における軍備を着々と強化しつつあったソ連に対する危機感であった。そうした中、一九二〇年代まで日本の外交戦略の主流であった英米協調主義に代わる積極的大陸政策の一つとして考えられていたのが、「満州」から華北、内モンゴル、中国西北地方（寧夏、甘粛、陝西、青海、新疆）、さらには中央アジア、西アジアに至るまでの地域に防共・親日勢力のネットワークを築くというグローバル戦略であった。その際、共産主義に対する防波堤として重要視されたのが、イスラーム工作をはじめとした宗教工作であった。

このように、「満蒙」から中央アジアを横断する鉄道を敷いてエルサレムに進出するという中田の「西進論」には、同時期の関東軍幕僚層の中で「満州国」建設の次の段階として構想されつつあった「西進論」に符合するものであった。それは、陸軍に伝統的な「南守北進」が、一九三五年の北鉄買収などの対ソ融和策によって抑制されたことで浮上してきた方針であった。#68

ただし、中田の議論を良く読むと、列強との軍事衝突を何とか避けようとする意図も読み取れる。中田は一九三三年二月、自らの発案によりシカゴで開催されることになっていた世界ホーリネス大会への参加を、船の予約までしてあったにも関わらず中止しており、その理由の一つとして、国際連盟脱退が避けられない情勢において、キリスト者を英米と同一視しての迫害事件の危険もある中、外国になど行っていられない、と強い危機感を表明していた。#69　中田が講演の中で、日本の進出の方向として、しきりに東に行ってはいけない、西へ行けという主張をしている背景には、ホーリネス教会が強い関係をもっている米国との戦争を避けなければならないという強い動機があるようにも思われる。

［イザヤ書四一章によれば］東より起こる人は向こうところ敵なき勢いで諸国を征服するとあり、東から西へ西へと、大陸に向ってグングン伸びて行くことを預言している。これは海軍のことではない。大陸に向って武力をもって発展していくのである。#70

［元寇やロシアが日本に負けたことを考えれば］日に向かって逆らうことが大禁物であることを思わせられる。日を後ろにして行く時に勝利が得られる。#71

ここで海軍に触れられているのは、海軍の中で優勢であった南進政策が意識されていると考えられる。海軍が当時危険視していたシンガポールの英海軍基地については、中田は「そんな所はわれわれの眼中にない。注意すべき所はユフラテ川付近である」と述べている。#72　また、日ソ中立条約締結をめざす動きに触れ、「ロシアが日に逆らって戦うことは不自然なことで、聖書の光より言えば、ロシアは南のほうに向かって行って、東の方に向かってこない」とも述べている。#73

このように、英米・ソ連との戦争を当面回避しつつ、内モンゴル工作やイスラーム工作を通じて大陸西方への武力進出を積極的に唱えるという中田の姿勢は、永田鉄山（一八八四―一九三五）参謀本部情報部長ら陸軍統制派の、列強――とりわけソ連――との衝突に至る前に日満経済ブロックの実力を蓄えるべきだとする方針と、その方針の下で具体化されていった松室や板垣など、関東軍の「支那通」軍人による「西進論」から影響を受けたものと考えられる。

第五節　ユダヤ人問題への新たな関心と背景

次に注目したいのが、満州事変勃発後、中田が陸軍内の「ユダヤ通」として知られていた安江仙弘少佐（一九三二年中佐、三七年大佐進級）と交流を深めていたことである。安江は、陸軍士官学校の二一期生で、同期の石原莞爾とも親交があった。一九三二年三月、中田は『きよめの友』紙上で、当時東京歯科医療専門学校の配属将校であった安江が前年末に出版した『革命運動を暴く』を読書中であるとする短文を書いている。#74

ヒトラーのドイツ首相就任から間もない一九三三年二月には、同紙に「満洲国とユダヤ民族」と題した記事が掲載された。

満洲に於ける聖戦はいよいよ諸兄姉の祈りに由りて勝利の中に前進しつつある事は感謝である。然しこれと同時にユダヤ民族の満洲国に対する態度を見逃してはならない。主の再臨と密接なる関係があるからである。或満洲国支那語新聞を見ると、過日各宗教団体の代表が新京の日本〇〇《［ママ］》司令を訪れ、同司令をして感激せしめたとの事であるが、其の中のユダヤ教徒の文のみを左に大略掲げて諸兄姉のご注意を乞ふ者である。

日本人の正義を感謝すると同時に、満洲国の政治は日本人の援助によって将来必ず幸なる国家の出現する事を信ずる者である。

過去二千年来幸福を失って居る我等ユダヤ民族は今後満洲国に於て楽土を尋ね得たい。

・・・此のユダヤ人に対して新国家政府の態度如何によっては、彼らユダヤ民族の満州国移住を誰が否定出来やうぞ。黙示七〇二の東方の天使が我が日本国民とせば、神は摂理の中に彼らを我等の勢力圏内に入れ給ふ事は奇しき事ではない。・・・#75

この記事の署名は（H・Y・）となっており、これはハルビンで伝道活動をしていた原雄一と推測される。日常生活や伝道活動の中、中国語に長けた彼が偶然、上記新聞記事を目にした可能性もないとは言えないが、中国語新聞の中のユダヤ人情報に目を通す必要が別にあったという可能性が大きいように思われる。

同じころ、中田は「陸軍部内に於てユダヤ人問題の研究者としての権威某少佐」、つまり安江少佐の来訪を受けている。このことについて彼は「聖書より見たるユダヤ人の帰趨とかの人々の総合的研究の結果とが一致して居るのに驚かされた」と述べている。#75 また、三月末頃にはホーリネス教会で安江の講演会が開催され、その場で有志による「ユダヤ人問題研究会」を発足させることが決定された。#76

安江とホーリネス教会との協力関係が急速に深まっていく背景として、この時期に「満州」におけるユダヤ人工作の方向性が明確化されたということが大きな意味を持つものと考えられる。その方向性は、外務省外交史料館保存公文書の中にある、関東庁警務局長から拓務次官等に宛てた一九三三年四月一日付の「北満に於ける猶太人に就て」という機密文書において示されている。#77 そこでは、「北満に於ける蘇連邦勢力の伸展に対する当地方猶太人の協力は多大なるものあり」「彼等は日本民族を以て猶太民族に対し敵意を有し反猶太的なるヒットラー一派に好意を寄するものとなし日本勢力の強化は彼等の商業的地盤を破滅せしむるものとして之を恐る」というように、主としてロシア出身の在満ユダヤ人を日本に対する潜在的敵対勢力として見なす論調が強い。また、「フリーメーソン」に関わる次のような記述は陰謀論そのものと言えるが、同時に国際連盟脱退直後の焦燥感をそこに読み取ることもできる。

本結社の極東に於ける首領は上海に居住する猶太人サッスンにして英国の対支政策に偉大なる勢力を有す・・・昨春来満せる国際連盟調査委員長リットンが本結社の重要なる一員なる事は有

名なる事実にして其報告は前記サッスンの指示に依り作成せられ・・・斯くて本結社の意図に反する日本に対しこれと密接なる関係を有する猶太民族が敵意を有するは明瞭なり而かも本結社は国際連盟に無限の勢力を有しこれをして反日政策を実施せしむ・・・従って日本は当地に於て猶太民族の好意を期待し得ざるは勿論返ってその攻撃を予期せざるべからず

これらの記述から、「満州」北部のユダヤ人（その大部分がハルビンに居住していた）が当時重要な監視対象とされていたことが分かる。

しかしながら、この文書の結論部では、ユダヤ人の間で「日満官憲ト何等カノ具体的交渉ヲ設定スルヲ可ナリトスル意見ヲ有スルニ至レリ」として、このような動きを利用することが得策であるとして、次のようなユダヤ人利用論を提言しているのである。

（一）猶太人居留民は満洲に対し同情を有すとの宣言をなさしむ
（二）彼等を通し外国資本の流入を促進せしむ
（三）彼等の有する言論機関を利用する事は或程度の交換的好意表示により決して至難の事に非ず

右好意の表示により彼等の勢力を強化する事なきを要する事換言せば此好意は一時的弁法性を有するを要することは勿論なり蓋し彼等は終局に於て吾人の敵たるべきを以てなり

而して蘇連邦及米国の政策に無関心なる土着猶太人の日常生活保護に関する好意表示を以て其最も適当なるものと思考す之が為猶太教会を利用するを良とす

最後の文に「土着猶太人ノ日常生活保護」とあるのは、前年から白系ロシア人の右翼組織ロシア・ファシスト党による在ハルビン・ユダヤ人に対する誘拐事件や行方不明事件が散発していることが念頭に置かれているものと思われる。一九三二年三月にハルビンで薬局を経営するM・U・コフマンが拉致され、行方不明となり、一九三三年八月には、ハルビン在住ユダヤ人青年音楽家シメヨン・カスペの拉致・殺害事件が発生した。こうした動きに対し、ハルビン・ユダヤ人協会会長、アブラハム・カウフマン（Abraham Kaufman, 1885-1971）などが抗議の声を上げ、「満州」におけるユダヤ人迫害に対する日本の無策が国際的に批判されるようにもなった。実際、これらの事件の背景には、ロシア・ファシスト党を対ソ連諜報活動の中で利用していたハルビン特務機関や憲兵隊の存在があったことが、様々な証言・研究によって明らかになっている。[#79]「北満に於ける猶太人に就て」が出された後にカスペ事件が起きていることを考えると、この文書がどれだけの効力をもったのかについては疑問が残る。第一節でも述べた通り、白系ロシア人の影響による反ユダヤ主義は陸軍内において無視できない拡がりをもっており、「ユダヤ人利用論」に対する異論も強くあったと考えられるからである。

阪東宏は『日本のユダヤ人政策　一九三一――一九四五』の中で「関東軍参謀部と特務機関内には白系ロシア人工作とユダヤ人工作が存在したと推定され、一九三三―三六年の時期には白系ロシア人工作を優先させていたと推測してよい」と述べ、安江も深く関わった第一回極東ユダヤ人大会(一九三七年一二月二六～二八日)以降、ユダヤ人工作が表に出てくるようになったことを指摘している。#80

「H・Y・」の記事にあった「日本人の正義を感謝すると同時に、満洲国の政治は日本人の援助によって将来必ず幸なる国家の出現する事を信ずる」といった在満ユダヤ人の声が満州の中国語新聞、さらにはホーリネス教会の機関誌で紹介されたということ自体、「北満に於ける猶太人に就て」で提言されたプロパガンダ戦略がすでに実行されていたことを示していると見ることも可能である。

安江は、前年に引き続き一九三四年八月、茨城県阿字ヶ浦にて行われたホーリネス教会の夏期聖会でユダヤ人問題について講演し、次のように述べている。

> 若しも我等が他国と戦争しました際、彼等は実戦の外に宣伝戦、外交戦、思想戦、経済戦、革命扇動戦等を以て挑むで来るでありませうし、我等も亦此の見えざる戦争を以て之に対応せねばなりません。然るにユダヤ人は此の見えざる戦争にかけては世界の古つはものであり、・・・故に吾々は此のユダヤ人の力を計算外に措いて戦争することは大なる誤りであると思ふのであります。#81

ここでの安江は典型的なユダヤ陰謀論を展開しているわけであるが、そこに、ユダヤ人に対する一定の信頼感がなければ、利用論にはつながり得ない。そこで安江は、これまでユダヤ人が問題を起こしてきたのは、国家を持たない「裏国家民族」であったからであり、「ユダヤ人の革命思想の根源は、自国国家民族に対する忠愛の念から出て居るもの」であったと解釈する。そして、彼らが「復帰」しつつある「パレスタインの自国ユダヤ国に於ては、いまだ嘗て一人として反国家主義や革命思想を抱いたものがない」と述べている。つまり、安江のユダヤ人利用論の背景には、シオニズム運動は、異常な「裏国家民族」であるユダヤ人を正常化しつつあるという論理があり、それは、彼が一九二八年に訪ねたパレスチナで出会ったシオニスト指導者らとの交流によって裏書きされたものだと考えられる。安江はパレスチナのシオニストについて、「我が明治維新の時の愛国の士が活動しているかの様な趣である」として共感していたのである。#82

反ユダヤ主義と親シオニズムが織り込まれた安江のユダヤ人利用論は、ユダヤ人の政治力や経済力への非現実的な過大評価に結びついていた。

一九三三年に入ってからの軍部とホーリネス教会との接近は、東部内蒙古を含む北「満州」の制圧に続き、熱河侵攻を行う中で必要とされるようになった宗教工作活動の一環としてあった。それは、占領期における諜報活動や対日協力者育成を主眼とするキリスト教工作および、米国資本導入と親日報道促進のためのユダヤ人工作への日本人クリスチャンの動員という性格を持つものであった。

しかしながら、関東軍の西方への占領地拡大方針は、列強、とりわけ米国との対立回避を課題とするユダヤ人工作とは根本的に矛盾するものであり、そこには、実態を無視した「ユダヤ人」の一体性や経済力への過大評価という反ユダヤ主義的バイアスがあったといえる。次節では、この戦時下ユダヤ工作の問題が、ホーリネス教会にどのような影響を与えることになるのかについて見てみたい。

第六節　ホーリネス分裂事件からホーリネス弾圧へ

一九三三年九月、中田は、『聖書より見たる日本』において展開した主張をホーリネス教会の聖書学院における講義内容においても反映させるように車田秋次（一八八七―一九八七）や米田豊（一八八四―一九七六）ら同学院教授に強く要請した。彼らは、中田の主張が本来のホーリネス教会の信仰から逸脱していると感じ、陰に陽に批判をするようになっていたのである。そして、「一、監督の方針に於ては我が教会の憲法を無視せるファッショ主義であり、所信に於ては我が教会の重大使命なる伝道と救霊を軽視し、無関心の態度をとり、更に之を否定するが如き言動あること、二、ユダヤ人の民族的回復とその建国のための祷告が我が教会の主なる使命となれりと称せられる事、及び現在に於ける個人的救よりも艱難時代に於ける我が民族の民族的救を力説せらるることは、諒解し難くまた合致し難し」として、中田の新方針の是非を討議するため、総会常置委員の立場において臨時総会を招集した。[#83]　中田はこの臨時総会を非合法として一〇月一九日付で五教授を解職、他方、教授らは一〇月二五日から二六日に開催された臨時総会において中田を監督職から解職し、教会は紛擾状態に陥った。教会財産をめぐる問題にまで発展したこのホーリネス分裂事件は、上述の日疋信亮や青山学院院長の阿部義宗（一八八四―一九六二）、日本組合基督教会霊南坂教会の会員で政友会議員の松山常次郎（一八八六―一九八〇）らの仲介により、三六年一〇月に中田派の「きよめ教会」と委員会派の「日本聖教会」とに「和協分離」するまで続いた。

中田の「聖書より見たる日本」の主張が教会の分裂にまで至った理由には、教義的な意見の相違に加え、神社参拝拒否を貫く中での政治的・精神的緊張があったように思われる。問題の連続講演の半月前、平沼騏一郎会長が率いる国本社の『国本新聞』は、中田の神社不参拝の主張に対して「聞き捨てならぬ中田牧師の言」として糾弾する記事を掲載していた。[84] 委員会派で「きよめの友」の編集を担当していた米田豊は、一九三三年二月三日の同紙でこの記事に言及しつつ、「神を信じ、来世を信ずる我等は我等は信仰の為に殉ずる覚悟を要する。我等は元より徒に事を構へて妄りに人心を興奮させんとする者ではない・・・然し事勿れ主義を遵奉して信仰の態度を曖昧にする事が出来ぬのである」との決意を表明していた。『国本新聞』では、国本社理事である四王天延孝の影響もあり、「対ソ連思想戦」の一環としてユダヤ陰謀論を展開する記事が多く掲載され、特に満州事変以降は、欧米列強の対日圧力を陰謀論に関係付ける記事が増えていた。例えば「対日経済封鎖運動はフリーメーソンの陰謀―我国民の思想攪乱を策した国賊新渡戸稲造は其走狗」（一九三二年三月一〇日）、「暴露した英米支の猶太式外交」（一九三三年三月一日）、「猶太人が牛耳る国際的排日秘密結社」（一九三三年四月二〇日）といった調子である。こうした観念右翼における反キリスト教感情も入り混じった反ユダヤ主義の増強に気付いていた米田らが、中田によるシオニズムと日本の大陸政策への支持の強調に対して、平時以上に警戒心を高めざるを得なかったと考えられるのである。

他方、ホーリネス分裂事件の解決に日疋信亮をはじめとした超教派の有力クリスチャンが関わった背景には、日疋を会長として一九三三年六月に発足していた満州伝道会の動きを無視することができない。満州伝道会は、日本基督教会富士見町教会に事務所を置きつつも、超教派による伝道の取組みとして発足し、近江兄弟社奉天支社長であった山下永幸を現地代表として、一九三四年九月までに奉天、新京、大連に教会を設立していた。#85 この満洲伝道会に、ホーリネス教会が分裂騒動の最中にあった一九三五年五月、吉持の洮南教会が合流することになった。ちょうど翌月に梅津・何応欽協定（六月一〇日）と土肥原・秦徳純協定（六月二七日）が締結され、華北分離工作が本格化するタイミングでの合流であった。「満州」においてもホーリネス教会は監督派と委員会派に分裂せざるを得なかったが、吉持は熱心な中田派であった。伝道会の第二教区（満洲北部）の主事となった吉持の下で、伝道地は、一九三九年初春までに教会六か所（洮南、索倫、開通、チチハル、ハルビン、海倫）と祈祷所五か所、福音堂一か所と拡大していった。#86

建国間もなく、各地で抗日武装抵抗が続く「満州国」において、関東軍と緊密な連絡を取りつつ、宗教工作活動としての伝道活動を整合的に行うには、少なくともキリスト教各派間の連携が不可欠であり、それが超教派組織である満州伝道会の存在意義であったと言える。そうであるからこそ、満州伝道に深く関わり、満州伝道会への参加が期待されていたと考えられるホーリネス教会が伝道会発足直後に分裂したことは、一教派の内部問題という性格を超えたものとして関係者に受け止められたのだと考えられる。会長の日疋や委員の阿部義宗、常務である松山常次郎など、ホーリネス教会の「和協分離」に関わったクリスチャンの多くが満州伝道会関係者であったことは、そのことを裏書きしている。

一九三七年七月、盧溝橋事件が勃発すると、中田は「日露戦争の時には内村氏の非戦論が公表せられ、其が基督教会の代表的意見の如く思はれて、いよいよ誤解を深めた」が、「今は基督教が日本にとりて最も必要なるものである事を知らしむる絶好の時である」として、「例へば恤兵に於て、国防献金に於て、慰問袋に於て赤誠を顕はすべきである」と檄を飛ばした。#87 中田は、キリスト教徒の積極的な戦争協力が、神社不参拝の主張を貫くためにも必要であると考えていたのである。

八月、チャハル作戦で関東軍が西部内蒙古に進撃すると、中田は、「聖書より見たる日本」で主張した「西進論」がまさに現実化しているとして意気高揚した。

日本は北より来たる赤化思想を防ぐために、万里の長城に沿うて西へ西へと進んで行くのである。

私が嬉しく思ってゐる事は、我等は戦争と同時に一早く慰問袋を作って戦地にある皇軍に送ったのであるが、その礼状がドシドシと戦地の将兵方から届いてゐる。然も其が何れも長城線に沿うた方面からである。上海方面に戦ってゐる兵士方をも犒はねばならぬ事は勿論であるが、我等は預言の光に従って西へ西へと進みつつある将兵方にそれを送る事が出来た事を感謝するもの

である。#88

ここでは、対ソ防共地帯として中国西北地域を侵略することが、イギリスの利権が集中する上海への日本軍の進出とは区別されている。しかし、華北分離工作の西方への拡大は、国民党の対日妥協を不可能とし、したがって国民党との提携を前提とする列強との協調をも不可能にするものであった。#89「神様はチャンと甘粛省、新疆省と進み行く道を備へてゐ給ふ」という楽観的な中田の展望は、広田外交などにみられた「防共的国際協調」路線に沿ったものとみることができるが、その現実的基盤は極めて薄弱なものであった。

一九三七年一〇月、満州伝道会が東亜伝道会と名称を改めたのは、活動範囲を「満州」以西の中国大陸に広げるためであった。中田は、西部内蒙古への関東軍の進出とその後の占領地における傀儡政権である蒙疆三自治政府の成立という状況に対応すべく、一九三八年一一月、中城雅夫福音使を察南自治政府首都の張家口に派遣した。#90 中城は、三自治政府を統合した蒙古連合自治政府が成立する一九三九年九月までに普北自治政府(連合自治政府下で大同省)首都の大同、蒙古連盟自治政府の二つの特別市である厚和(綏遠を改称)と包頭を加えた四か所に教会を設立、一九四〇年八月まではさらに五か所の伝道所を加え九か所の拠点を内蒙古に構えた。#91 関東軍はこれらの地域を拠点として、さらに隣接する甘粛、新疆におけるイスラーム工作を通じて中国から独立させ、イスラーム国家を樹立し、中央アジア、イランへの影響力確保をめざした。これが中田のいう「神様の備えた道」の実態であった。

他方、安江のユダヤ人工作は、一九三七年に入り加速していくことになる。それは、安江の盟友である石原莞爾が、満州事変後二・二六事件による皇道派の失墜により陸軍内での立場を強くし、参謀本部戦争指導課長となったことによるものと考えられる。国防国家育成を急ぐ石原の働きかけにより、日産財閥本社の「満州国」への移転、改組が進められ、一九三七年一二月二七日に満州重工業株式会社が正式に発足した。#92 日産の鮎川義介らは、満州重工業の成功のためには米国資本の導入が不可欠と考え、クーン・ローブ投資銀行などユダヤ系金融機関による融資を実現するためには、ナチスの迫害を逃れてきたユダヤ系難民への支援を含めた、ユダヤ人への働きかけが有効であると考えたのである。#93

安江は、一九三七年一一月に開催されたきよめ教会の「皇軍全勝祈祷中京大会」で「支那事変とその背後の勢力」との題で講演し、蔣介石の背後にはソ連とイギリス、そして「ユダヤ財閥」があると述べた。そして、「真の平和を来たらす為にロシアと戦う事を覚悟せねばならぬ」とする一方、「英国も日本の勢力を認めて日本と提携せねばならぬと悔改めて来れば良し、又ユダヤ財閥も然りである」として、イギリスや「ユダヤ財閥」との対立回避が可能であることを示唆し、「ユダヤ人の如きも日本の力に由って救はれねばならぬのである」と論じた。#94 ここには中田と同様の「防共的国際協調」への傾向を見ることができるが、同時に、「ユダヤ財閥」を通じた国民党の操作が可能であるという主張には、ハルビン特務機関による「北満に於ける猶太人に就て」と同様の現実離れした「ユダヤ人観」を見ることができる。

満州重工業設立の前日である一九三七年一二月二六日、安江はハルビン特務機関と協力して第一回極東ユダヤ人大会をかの地で成功させ、年を明けて一月には大連特務機関長に就任し、「満州」におけるユダヤ人工作に本格的に従事することになった。他方、ナチス・ドイツの領土拡大とユダヤ人迫害の激化に伴い、次第にユダヤ系難民が上海に押し寄せてくるようになった。当時上海は、日中戦争で中国側の入国管理体制がほとんど機能していない上、租界内では中国の主権も制限されているため、ユダヤ系難民がほぼ無条件で入国することができた。#95 上海共同租界の虹口地区は日本海軍の警備地区とされていたこともあり、この問題に海軍軍令部第三部に属していた犬塚惟重大佐が関わるようになり、安江とともに「ユダヤ人利用派」を形成することになった。一九三八年四月、外務省の下に回教及猶太問題委員会が設置され、同年一二月七日には五相会議で「ユダヤ人対策要綱」が決定され、「猶太人ヲ積極的ニ日満支ニ招致スルカ如キコトハ之ヲ避ク但シ資本家技術家ノ如キ特ニ利用価値アル者ハ此ノ限リに在ラス」などと抑制的ではありつつも、「ユダヤ人利用」の原則が日本外交の基本方針として定められた。#96 その後も同年一二月二六〜二八日の第二回極東ユダヤ人大会、一九三九年一二月の同第三回大会などユダヤ人工作は着実に進められたが、日米関係が次第に悪化する中で、米国の財界を動かす力にはならなかった。

さらに、一九三九年九月二四日には中田重治が、一九四〇年一一月二二日には日疋信亮が相次ぎ病死してしまう。日疋の後任として松山常次郎が東亜伝道会会長に就任した。政友会代議士で外務参与官、海軍政務次官を歴任してきた松山の下で東亜伝道会は年収入の約半分を政府からの補助金に依存するようになっていった。[#97]　さらに一九四〇年九月二七日の日独伊三国同盟締結は「ユダヤ人利用」派の失墜を意味し、翌日安江は予備役編入を命じられ、大連特務機関長を解任された。同年一二月に大連で予定されていた第四回極東ユダヤ人大会も直前に陸軍中央の反対により中止となった。[#98]

一九四一年一二月にアジア・太平洋戦争が開始すると、英米との対立回避のための広報外交、あるいはユダヤ系資本家を通じた米国資本の導入を目指した安江・犬塚らの「ユダヤ人利用」の方針は完全に破綻した。こうして、一九四二年三月には大本営政府連絡会議によって新たに「時局に伴うユダヤ人対策」が決定された。そこでは、

(1)日満支その他我が占領地へのユダヤ人の渡来は禁止する。

(2)占領地に居住するユダヤ人は原則として当該国籍人に準じて扱うが、「ユダヤ人の民族的特性に鑑み」、その居住営業に対し「監視を厳重にすると共に其の敵性策動は之を排除弾圧す」。

(3)ユダヤ人中日本が利用できる者はこれを「好遇する」が「ユダヤ民族運動を支援する」ようなことは一切行わない。

とされ、「ユダヤ人対策要綱」で公式政策となったユダヤ人利用論は事実上退けられた。[#99]

ホーリネス教会の戦争協力の要であった東亜伝道会を率いてきた日疋の死去に加え、もう一人の軍部とのパイプであった安江の失権は同教会の政治的立場を著しく弱いものにした。[#100]　総力戦

体制下の思想統制において原理主義的な再臨信仰を許容する余地はもはや残されていなかった。「時局に伴うユダヤ人対策」の決定から三か月余り後の一九四二年六月二六日、日本基督教団第六部（日本聖教会）の教役者四一名、同第九部（きよめ教会）四五名、東洋宣教会きよめ教会一一名、九七名が治安維持法違反として検挙され、翌一九四三年には「満州」を含めた植民地や占領地の教役者も含めた三七名が同様に検挙された。全検挙者一三四名の内七五名が起訴され、獄中での拷問等により七名の殉教者を出した近代日本キリスト教史上最大の弾圧事件であった。#101

ホーリネス弾圧の最中の一九四二年八月、それまでホーリネス教会が多大な貢献をしてきた東亜伝道会会長の松山常次郎は富士見町教会で、次のように講演した。

ホーリネス関係の人々は聖書の因果関係を知らず、旧約に重きを置きその中に一貫せるユダヤ的メシア思想、千年王国に重点を置いたように思われるのであります。この思想こそまったくユダヤ的な考えで、彼らの宗教謀略に完全にひっかかっていると思いました#102

さらに翌年には、ホーリネス弾圧を契機として結成された大東亜基督教研究会において組合教会の渡瀬常吉は、次のように述べた。

私は今申上げたような悪思想［再臨信仰］を我々基督教徒思想信仰の中に見出した時一笑に付すべ

きものであると思ひましたが、之が即ち英米の意図を引く猶太の奸策に出たものであると云ふことに気付いたのであります。・・・従て斯る猶太化せる悪思想の下に発達せるキリスト再臨思想の如きは明かに此の米、英、猶太が世界を支配線とする謀略を種本として日本に宣伝したものであります。#103

こうして、対英米戦争の回避を基調とした「満州」におけるユダヤ人工作の破綻を契機として、ホーリネス系の教会は、その所属組織たる日本基督教団からも見放され、活動停止を余儀なくされた。

小括

以上の論考を通じ、一九三〇年代に中田重治が満州伝道と「ユダヤ民族の回復」を強調するようになった背景として、①社会不安や戦争の危機感が身近に迫る中、シオニズム運動をキリスト再臨の徴と見なすキリスト教シオニズムの教義に基づく終末意識が高まったこと、②日本軍が新たに展開した「満州」北部や内蒙古における人心把握や情報収集が必要とされ、その際、「満州」に足掛かりがあり、ユダヤ人に強い関心をもつホーリネス教会の利用価値が高まったことという二つの要因が強く働いていたことを確認した。また、神社参拝に対する原則的拒否が招いた迫害を回避・軽減するため、積極的な戦争協力への姿勢を示す必要があると中田が考えたことも要因の一つに数えてもよいかもしれない。しかし、中田自身はもともと戦争協力には積極的であったので、やむを得ずの協力とばかり考えるわけにもいかないであろう。

戦時中のホーリネス教会の利用価値という点では、アジア太平洋戦争の開始によってそれまでのユダヤ人工作が最終的に破綻して間もなく、ホーリネス系三派に対する治安弾圧が始まった。逆に考えれば、天皇制軍国主義下の宗教弾圧が、大本（一九二一年、一九三五年）やひとのみち教団（一九三七年）、天理本道（一九三八年）、灯台社（一九三九年）、救世軍（一九四〇年）、耶蘇基督之新約教会（一九四一年）、プリマス・ブレズレン（一九四一年）へと及ぶ中、彼らに劣らず強力な終末信仰を中核とするホーリネス教会がアジア・太平洋戦争開戦後の一九四二年六月まで大きな弾圧を免れ得てきたことの背景には、開戦直前まで何とか命脈を保っていた「ユダヤ人利用派」の人脈が軍部においても影響力を保っていたことも大きな要因であったのではないかと考えられる。

本章で十分に解明できていない点として、ホーリネス教会の満州伝道が軍部の内蒙工作、さらにはイスラーム工作にかかわっていたことと、安江仙弘らのユダヤ人工作との具体的関係がある。安江らのイニシアチブで設立された回教及猶太問題委員会の名称にもあるように、日本のイスラーム政策とユダヤ人政策との間に連携があったことは間違いないが、その内実については十分明らかにはなっていない。また、「満州」北部と内蒙地域に展開したホーリネス教会の「伝道活動」がどのような指揮系統と方針の下で特務機関とつながっていたのかについても今後の研究課題だといえる。このことは、他のキリスト教教派や仏教・神道系教団を含めた宗教組織による植民地・占領地における戦争協力の総体的な実態解明の努力の一環としても重要な意味を持つであろう。

内村鑑三や矢内原忠雄に比較して、中田重治は知識人というよりは大衆伝道家であり、その人的魅力によって人々を組織する力を持っていた。そうした知識人層に属さない一般大衆の「救済」にこだわりを持って中田が発展させてきたホーリネス教会が軍部の宗教工作に利用された上、最終的に崩壊させられたことは悲劇的な出来事というだけで済ますわけにはいかない。一般大衆の動員を可能にするイデオロギーと組織があって初めて戦争は可能になるからである。日本における宗教的少数派であるキリスト教会の中でも、さらに少数教派であるホーリネス教会は、日本の植民地政策において異色の役割を果たした。それは、天皇制軍国主義下のキリスト教徒やヨーロッパ・キリスト教世界における「ユダヤ人」、中国におけるモンゴル人といった宗教的・民族的マイノリティの存在を徹底的に利用・搾取しようとする植民地主義の非人間性と、被抑圧者をして加害者に仕立て上げようとする重層的抑圧構造の一端を明らかにするものであった。中田重治の孫で、父をホーリネス弾圧による殉教で失っている辻宣道は次のように語っている。

ホーリネスは天皇制国家とむきあい、敢然と闘ったか。そうではありませんでした。この事件は終始「予期せぬ出来事」でしかなかったのです。忠君愛国にかけては右に出る者なしと自負した者が、ある朝突然手錠をかけられた、そういう感じでした。つまり、歴史がどこに向かってどう流れてい

るかまったく無知だったのです。#104

「歴史がどこに向かってどう流れているかまったく無知だった」のは、ホーリネス信徒だけだったのであろうか。ホーリネス教会の植民地伝道および戦争協力は、短期的には教会への政治的圧迫を緩める意味を持ったかもしれないが、客観的に見れば、全面戦争を不可避化する日本の大陸侵略の一端を担うものであり、その火の粉が自らの身に及ぶのは時間の問題ともいうべきものであった。そうした「歴史の流れ」に目を閉ざし、大局的視点を失ったという意味では、ホーリネス教会を利用していた戦争指導者も、戦争はいやだと思いながらも気づいたときには協力する以外の術を知らなかった一般庶民も、それぞれの立場に相応する自己検証があってしかるべきであった。しかし、第二次大戦後の日本において、そうした知的・倫理的な検証作業は、植民地の強制的喪失と冷戦への参入という状況の中、極めて限定的なものにとどまったように思われる。だとすれば、現在を生きる私たちもまた、歴史がどこに向かっているのかを把握する大局的視野と他者の苦難への感受性を失っていないか、厳しく自問することが必要であろう。その問いはまた、重層的な差別と抑圧のシステムに自ら組み込まれ、加担することを容認する生き方をしてはいないのだろうか、という問いでもある。

註

#１　Marsden, *Fundamentalism and American Culture*, 72-73.

#２　Sizer, *Christian Zionism*, 184-185.

#３　土肥昭夫「一九三〇年代のプロテスタント・キリスト教界（一）」『キリスト教社会問題研究』二五、（一九七六年）、一九〇―一九四頁。

#４　政府の強い要請の下、異なる信仰信条の教派の寄合い所帯として成立した日本基督教団は、一九四一年一一月の文部省認可に際し、部制の採用が認められた。しかし、これは各教派の財務処理のための一時的措置であり、「出来得る限り早き機会に」廃止するとの条件で認められたものであった。一年後の一九四二年一一月には部制は廃止された。金田隆一「日本基督教団の成立――主として戦時下のキリスト教資料集を通じて」『苫小牧工業高等専門学校紀要』第九号（一九七四年）、八四―八五頁。

#５　米田豊、高山慶喜『昭和の宗教弾圧――戦時ホーリネス受難記』（いのちとことば社、一九六四年）、四頁。

#６　芦田道夫『中田重治とホーリネス信仰の形成――その神学的構造と歴史的系譜』（福音文書刊行会、二〇〇七年）、一五八頁。

#７　宮沢正典「中田重治」同志社大学人文科学研究所編・土肥昭夫／田中真人編著『近代天皇制とキリスト教』（人文書院、一九九六年）。

#８　池上良正「ホーリネス・リバイバルとは何だったのか」杉本良男編『キリスト教と文明化の人類学的研究』（人間文化研究機構国立民族学博物、二〇〇六年）。

#９　宮田光雄『国家と宗教』（岩波書店、二〇一〇年）。

#１０　臼杵陽は、大正期の日本におけるシオニズムへの関心を①キリスト教的動機、②植民政策的動機、③アジア主義的動機、④軍事戦略的動機の四パターンに分類している。本章における「第二のルート」としての反ユダヤ主義は④にほぼ重なる。②、③の視点も重要ではあるが、大衆的なユダヤ人像という点においては、さしあたり、本章における整理で十分かと思われる。臼杵陽「日本におけるシオニズムへの関心の端緒」赤尾光春、早尾貴紀編『シオニズム

の解剖』(人文書院、二〇一一年)、三二八頁。
#11 『基督教世界』(一九一八年一月一日)、三―四頁、一五頁。
#12 徳富健次郎『蘆花全集』第一二巻、四〇四頁。
#13 内村「エルサレム大学の設置」『全集』第二四巻、三一五頁。
#14 『東京朝日新聞』(一九二〇年一〇月一〇日)、五頁。
#15 大杉栄『大杉栄全集』第一三巻(現代思潮社、一九六五年)、一七―三一頁。
#16 John Dewey and Alice Chapman Dewey, *Letters from China and Japan* (E.P. Dutton, 1920), 74. 三上太一郎「大正デモクラシーとアメリカ」斉藤真他編『デモクラシーと日米関係』(南雲堂、一九七三年)、一三五頁で引用。
#17 Israel Cohen, *Jewish Life in Modern Times* (Dodd, Mead and Company, 1914), 117.
#18 北満洲特務機関編『猶太研究』(北満洲特務機関、一九二一年)、三頁。
#19 同上、一頁。
#20 丸山直起「バルフォア宣言と日本」『一橋論叢』九〇(一)(一九八三年)、八六頁。
#21 丸山直起「一九二〇年シオニスト特使の日本訪問」『法学研究』六二(一九九七年)、三九―四八頁。
#22 彼らの著作のうち、早い時期に出版されたものとしては、樋口艶之助(筆名は北上梅石)『猶太禍』(内外書房、一九二三年)、四王天延孝(筆名は藤原信孝)『不安定なる社会相と猶太問題』(東光会、一九二三年)、同『自由平等友愛と猶太問題』(内外書房、一九二四年)、酒井勝軍『猶太民族の大陰謀』(内外書房、一九二四年)、同『猶太人の世界征略運動』(内外書房、一九二四年)、安江仙弘(筆名は包荒子)『世界革命之裏面』(二酉社、一九二五年)などがある。
#23 酒井勝軍『猶太人の世界征略運動』(内外書房、一九二四年)、四六六―四七一頁。
#24 中濃教篤『天皇制国家と植民地伝道』(国書刊行会、一九七六年)、一八―二三頁。小川原正道『日本の戦争と宗教一八九九―一九四五』(講談社、二〇一四年)、四八―六三頁。
#25 山崎鷲夫、千代崎秀雄『日本ホーリネス教団史』(日本ホーリネス教団、一九七〇年)、六七頁。
#26 『きよめの友』(一九二一年二月一〇日)。

#27　『聖潔之友』(一九一七年四月一二日)。
#28　中村敏『日本プロテスタント海外宣教史』(新教出版社、二〇一一年)、五六頁。
#29　飯沼二郎、韓晳曦『日本帝国主義下の朝鮮伝道』(日本基督教団出版局、一九八五年)、一一七—一二〇頁。
#30　ホーリネス教会では牧師のことを福音使と呼んでいた。
#31　『満洲日報』(一九三〇年六月一日)。
#32　全国産業団体聯合会事務局『国家主義団体一覧』産業経済資料・第一一輯（一九三二年)、一頁。
#33　『きよめの友』(一九三〇年六月一二日)。
#34　同上（一九三〇年六月一二日)。
#35　戸村政博編『神社問題とキリスト教——日本近代キリスト教史資料一』(新教出版社、一九七六年)、二三五—二三六頁。
#36　一九二五年、宇垣一茂陸相の下、中等学校以上の教育機関に軍縮で余った現役将校を配属して軍事教練を行うことになり、敗戦まで続けられた。中等学校に行かない青年のためには翌年、青年訓練所が全国に設置され、ここでも軍事教育が重視された。今井『大正デモクラシー』、五三八頁。
#37　『きよめの友』(一九三二年一一月三日)。
#38　芦田『中田重治とホーリネス信仰の形成』、四六—七〇頁。
#39　米田『中田重治伝』、四七—四八頁。
#40　同上、六一頁。
#41　『きよめの友』(一九二四年七月一七日)。
#42　山崎、千代崎『日本ホーリネス教団史』、九三頁。
#43　『きよめの友』(一九三一年一一月五日)。
#44　同上（一九三二年一月一四日)。
#45　『基督教世界』(一九三一年一〇月二九日)。

#46 『連盟時報』（一九三三年一二月一五日）。

#47 ホーリネス教会では、他のプロテスタント教会で牧師に相当する教職を福音使と呼んでいた。

#48 『きよめの友』（一九三一年三月一二日）。

#49 同上（一九三二年一月一四日）。

#50 同上（一九三二年三月一七日）。

#51 同上（一九三二年六月二日）。

#52 同上（一九三二年九月二二日）。

#53 同上（一九三三年六月一日）。

#54 同上（一九三四年一月二五日）。

#55 「軍用資源蒐集利用法調査実施計画送附の件通牒」（JACAR Ref.C01002889700、昭和八年「満密大日記二四冊の内其一五」防衛省防衛研究所）。四区の担当は関東軍第一四師団経理部長を班長とする「第二班」（全体で第五班まである）であった。この班はソ連国境の大黒河を含む第二区も担当になっているが、吉持の報告では、「大黒河まで行くべく機会を祈って居たが得られなかった事は残念であった」とある。なお、四区の調査地一〇か所とは、斉斉哈爾、泰来、鎮東、洮南、泰安、克山、布西、嫩江、札蘭屯、興安であり、そのうち、少なくとも、下線を付けた六か所を吉持は訪ねている。

#56 柴田博陽『大連日本基督教会沿革誌』（大連日本基督教会、一九二七年）、一―一〇頁。

#57 「錦州作戦間第二師団方面補給業務日誌（自一二月二二日至一月三日）」（JACAR Ref.C14030581200、「住谷悌史資料」防衛省防衛研究所）。清水亮太郎「ブリーフィングメモ　陸軍経理部と満州事変」（防衛省防衛研究所、二〇一七）を参照（URL: http://www.nids.mod.go.jp/publication/briefing/pdf/2017/201706.pdf. 二〇一七年九月一三日閲覧）。

#58 『きよめの友』（一九三四年三月一日）。

#59 扎赉特旗旅游局「巴特瑪拉布坦」（二〇一一年三月九日）http://zltqly.com/show.asp?id=190（二〇一五年

一二月二三日閲覧）。

＃60　森久男『日本陸軍と内蒙工作――関東軍はなぜ独走したか』（講談社、二〇〇九年）、一〇五―一一五頁。

＃61　坂本『日中戦争とイスラーム』、四六頁。

＃62　中田『全集』第二巻、三二頁。

＃63　同上、一二二頁。

＃64　同上、一六四―一六五頁。

＃65　内田良平『全満蒙鉄道統一意見書』（黒龍会出版部、一九三〇年）。

＃66　野副重次『汎ツラニズムと経済ブロック』（天山閣、一九三三年）。同『ツラン民族運動と日本の新使命』（日本公論社、一九三四年）。

＃67　坂本勉編著『日中戦争とイスラーム――満蒙・アジア地域における統治・懐柔政策』（慶應義塾大学出版会、二〇〇八年）、一九―三二頁。

＃68　同上、三四―三七頁。

＃69　『きよめの友』（一九三三年二月二三日）。

＃70　中田『全集』第二巻、一二二頁。

＃71　同上、一二九頁。

＃72　同上、一三八―一三九頁。

＃73　同上、一四六頁。

＃74　『きよめの友』（一九三二年三月三日）。

＃75　同上（一九三三年二月二日）。

＃76　同上（一九三三年三月九日）。

＃77　同上（一九三三年四月六日）。

＃78　JACAR. B04013204000（第八画像―第二四画像）、民族問題関係雑件／猶太人問題　第二巻　六・昭和八

年　分割一（外務省外交史料館）。

#79　阪東宏『日本のユダヤ人政策一九三一——一九四五——外交史料館文書「ユダヤ人問題」から』（未来社、二〇〇二年）、四六—五二頁。

#80　同上、五四頁。

#81　安江仙弘、中田重治『ユダヤ民族と其動向並此奥義』（東洋宣教会ホーリネス教会出版部、一九三四年）、三七頁。

#82　安江仙弘『革命運動を暴く——ユダヤの地を踏みて』（章華社、一九三一年）、八二頁。

#83　米田勇『中田重治伝』（中田重治伝刊行会、一九五九年）、四六五頁。

#84　韓『日本の満州支配と満州伝道会』、二九—五五頁。

#85　『国本新聞』（一九三二年一一月一〇日）、二頁。

#86　吉持久雄「第二教区概況報告」（東亜伝道会満洲基督教会、一九三九年初春）（日本キリスト教団富士見町教会所蔵資料）。祈祷所、福音堂の具体的内容は不明。

#87　『きよめの友』（一九三七年八月五日）。きよめ教会総がかりで慰問袋送付キャンペーンが行われた結果、中田は杉山陸相から感謝状を贈られた。『きよめの友地方版』（一九三七年一二月一六日）。

#88　『きよめの友』（一九三七年一〇月二八日）。

#89　酒井哲哉『大正デモクラシー体制の崩壊——内政と外交』（東京大学出版会、一九九二年）、二六四頁。

#90　『きよめの友』（一九三八年一一月二四日）。

#91　「東亜伝道会教勢一覧」（東亜伝道会本部、一九三九年九年一〇）。同（一九四〇年八年一八）（日本キリスト教団富士見町教会所蔵資料）。

#92　井口治夫『鮎川義介と経済的国際主義——満洲問題から戦後日米関係へ』（名古屋大学出版会、二〇一二年）、三一—四七頁。

#93　同上、一六三—一七〇頁。

＃９４　『きよめの友』（一九三八年一月一三日）。
＃９５　犬塚きよ子『ユダヤ問題と日本の工作――海軍・犬塚機関の記録』（日本工業新聞社、一九八二年）、九三―九四頁。
＃９６　坂東『日本のユダヤ人政策　一九三一―一九四五』、三六五頁。
＃９７　韓『日本の満州支配と満州伝道会』、一六四―一六九頁。東亜伝道会は一九四三年六月に日本基督教団に吸収された。
＃９８　安江弘夫『大連特務機関と幻のユダヤ国家』（八幡書店、一九八九年）、二一三―二一四頁。
＃９９　坂東『日本のユダヤ人政策』、二九八頁。
＃１００　この段階では、ホーリネス系の日本聖教会ときよめ教会は、一九四一年六月に成立した日本基督教団に編入されていたが「部制」によって、それぞれの教会組織は独自性を維持していた。なお、きよめ教会は中田の死後、さらに分裂し、東洋宣教会きよめ教会を名乗るグループが生まれていたが、日本基督教団結成時に参加せず、内務省管轄の宗教結社となっていた。
＃１０１　ホーリネス・バンド弾圧史刊行会編『ホーリネス・バンドの軌跡――リバイバルとキリスト教弾圧』（新教出版社、一九八三年）、七八四頁。
＃１０２　ホーリネス・バンド弾圧史刊行会編『ホーリネス・バンドの軌跡』、六六一―六六二頁。
＃１０３　同志社大学人文科学研究所／キリスト教社会問題研究会編『特高資料による戦時下のキリスト教運動』Ⅲ（新教出版社、二〇〇五年）、六〇―六一頁。森山徹「再臨信仰と内村鑑三のユダヤ観――反ユダヤ主義の文脈の中で」『内村鑑三研究』四四（二〇一一年）、一五五頁で引用。
＃１０４　辻宣道『嵐の中の牧師たち――ホーリネス弾圧と私たち』（新教出版社、一九九二年）、一八八―一八九頁。

結論

本研究は、シオニズム運動に何らかのかたちで注目した近代日本におけるキリスト教知識人および指導者達の思想と行動を検証し、彼らのキリスト教信仰と民族認識および植民地認識とがどのように関係し、そのことがシオニズム運動に対する関心とどのように結びついたのかについて考察した。

そこでは主として以下の四つの非対称な権力関係に注目した。

①欧米列強と中東を含む「アジア」との関係
②欧米世界におけるキリスト教国家とユダヤ教徒（人）との関係
③東アジアにおける日本帝国主義と「アジア」との関係

④日本における、天皇制権力とキリスト教徒との関係

まず、この四つの権力関係の相互の関係を見ていくことを通じて、本書の各章における議論を振り返ってみたい。

第一章で概観したキリスト教ミッションとキリスト教シオニズムは、関係①と関係②にかかわっている。関係①において注意が必要なのは、欧米世界における「アジア」観には、当然のことながら地理的・時代的な差異があるということである。特に重要なことは、長期間にわたり、文化的・軍事的・経済的にヨーロッパ世界よりも優位にあったイスラーム世界に対する敵意ないしコンプレックス、すなわち、イスラモフォビアである。オスマン帝国の圧迫を受けたヨーロッパ・キリスト教世界が、「大航海時代」以降、通商機会の獲得と福音伝道を目的に掲げ、アジアに進出しようとした際、ヴァスコ・ダ・ガマが「プレスター・ジョンの王国」を探そうとしたように、イスラーム勢力に対抗するための同盟勢力をイスラーム地域の外に見つけ出そうとする意識があったことを見逃すべきではないだろう。

さらに、宗教改革を経て主権国家体制が形成されていく中、それまでローマ・カトリック教会において、旧約聖書の「イスラエルの民」を引き継ぐかたちで象徴的に実現されつつあると考えられてきた黙示録の中の「新しいエルサレム」を、自国の未来に重ね合わせて捉える終末論が、プロテスタント国家において見られるようになった。他方、主権国家間における戦争が常態化するようになる中、ユダヤ教徒は潜在的敵国人として危険視されつつも、戦略的資産として見なされるようにもなった。

そうした中、イングランドでは、終末においてユダヤ教徒が「古いエルサレム」としてのパレスチナに帰還し、プロテスタントに改宗するとともに、オスマン帝国を打倒するとするジェンタイル・シオニズムが現れるようになった。ここにおいて関係①と関係②は結合され、「プレスター・ジョン」に代わるイスラーム帝国打倒の実行役として「ユダヤ人」が浮上した。つまり、十字軍以来、ヨーロッパにおける終末意識にあった、ムスリムからのパレスチナの奪還という目的において、ミッショナリー運動とジェンタイル・シオニズムは表裏一体のものとしてあったのである。

次に、本書の中心となる第二章から第五章においては、主として関係③と関係④がかかわることになる。ここでも関係③において、関係①の場合と同様、日本にとっての「アジア」観が一様なものではないということに注意しなければならない。日本の国家形成そのものが中国への対抗意識の中で始まり、それは、華夷秩序により深く組み込まれていた朝鮮に対する意識にも影響した。欧米列強が東アジアに「開国・開港」を要求するようになったとき、日本において平等を原則とするアジア諸民族の連携を目指す動きが発展せず、むしろ「欧州的一新帝国」になることを目指すようになった理由の一端はここにある。

図8は、以上に述べた文明間関係を、大雑把に示したものである。これは、板垣雄三による「十字軍の概念図」[#1]と「文明戦略マップ」[#2]に着想を得て作成したものである。ここでは、ユーラシア大陸を主軸とした東西交易の中で発展したイスラーム世界を乗り越えるかたちで、ヨーロッパ世界が西回り・東回りでアジア交易圏への参入を目指した経路が上下の矢印で示されている。それは、植民地

【図８】

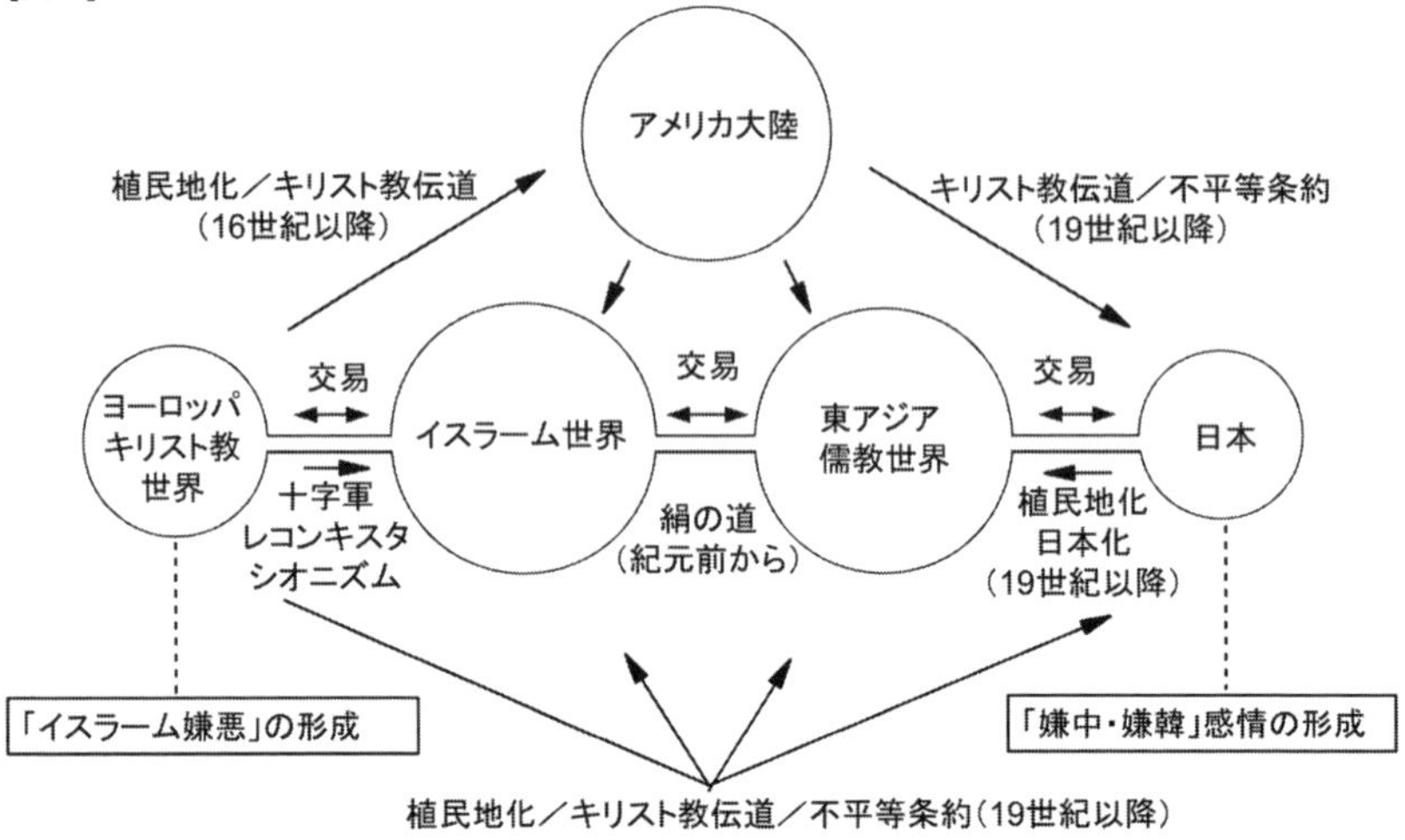

化・キリスト教伝道・不平等条約の強要といった多様な形態を取ったが、出発点がレコンキスタの終結した一四九二年にあることを想起すれば、十字軍・レコンキスタ・シオニズムといったイスラーム世界に対する軍事的行動と表裏一体のものとして捉える必要がある。

こうしたヨーロッパの膨張主義と比較可能なのが、東アジアにおける日本植民地主義の展開である。イスラーム世界に対するヨーロッパの関係と同様、長年にわたり文明の恩恵を受けてきた中国に対するコンプレックスが日本ナショナリズムの中に「嫌中・嫌韓」感情を組み込むことになった。ここに、日本植民地主義における「脱亜入欧」的性格の原因の一端があると考えられる。とはいえ、一九世紀における欧米帝国主義の観点から見れば、明治期の日本は「半文明国」であり、その力量の差は明らかであった。「脱亜入欧」は新たに対欧米コンプレックスを生み出すことになった。

一九〇二年の日英同盟は、こうした対外認識に立つ日本と、東アジアにおける同盟者を必要とするイギリスとの間の利害の一致によってもたらされたものであった。日英の共通の敵はロシアであったが、それはイスラーム地域をめぐる「グレートゲーム」の一環としてあった。イギリス帝国主義は、ヨーロッパのユダヤ人シオニストを中東における「前哨」として利用しようとしたのと同様に、日本帝国主義を東アジアにおける「前哨」にしようとしたのである。

この中東と東アジアにおいて設定された《イギリス―シオニズム運動―パレスチナ》と《イギリス―日本―朝鮮・中国》という二つの重層的権力関係を正当化する論理が、遅れた人々を文明化するという単線的な文明発展史観であった。

シオニズムと日本植民地主義の代理植民地主義的性格に注目すれば、図9のような構図に整理することが可能であろう。この図に表現されていることは、グローバルな植民地主義の展開における重層的な抑圧の連鎖という観点から見たときに、ユーラシア大陸の東西における植民地主義の展開においで、シオニズムと日本植民地主義が類似した中間的役割を担っているということである。ここにおいて、近代日本における英米協調主義の潮流において独自の役割を果たした日本人プロテスタントの思想と行動が同時代のシオニズムと交錯する歴史的背景を見出すことができる。

ただし、ここで並列される《イギリス―シオニズム運動》と《イギリス―日本》の二つの権力関係を比較したとき、前者におけるシオニズム運動の担い手であるユダヤ人とイギリス人の関係については、少なくともクロムウェルがユダヤ人在留を黙認したとされる一六五六年以降の経済的文化的交流の背景があるのに対し、後者については、三浦按針（Willam Adams, 1564-1620）が徳川家康の外交顧問となったことなど、ごく少数の例外を除いて基本的には「開国」以降の極めて新しい関係であるという違いがある。

そこで重要になるのが関係④の中の日本人クリスチャンである。列強による軍事的経済的圧力と対決しようとする攘夷派を抑えて権力を掌握した明治政府にとって、日本人クリスチャンは、一定の警戒の対象でありつつも、欧米文化の日本への紹介者、あるいは、「文明的日本」の欧米諸国への紹介者という、文化外交・広報外交上重要な位置付けを持っていた。この警戒されつつも、役立つ存在という二律背反的な位置付けの中で、多くの日本人クリスチャンは、「日本的キリスト教」のあり方を模索することになる。

【図9】

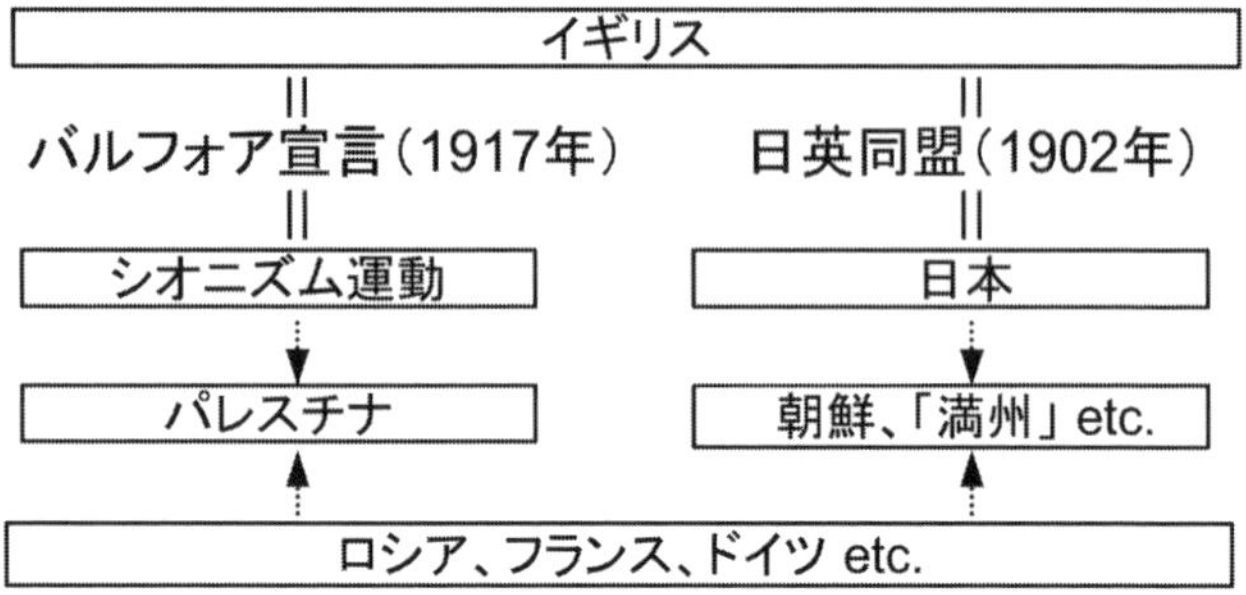

日清・日露戦争、第一次世界大戦を経て、日本が本格的な植民地帝国になり、念願の「列強の仲間入り」を果たすと、主流派キリスト教会においては、歴史の進歩についての楽観視が広がった。しかし

その一方で、中国利権をめぐる日本と英米との対立が次第に表面化するようになり、また、欧米のキリスト教界の中にも、予定調和的なキリスト教と文明の全世界への伝播という歴史観を否定する前千年王国論の潮流が広がりを持つようになった。

こうした状況をいち早く敏感に感じ取り、近代文明によって歪められていない「聖書そのまま」のキリスト教としての原理主義的キリスト教や、聖書の民族主義的解釈としてのキリスト教シオニズムに注目したのが、第二章で扱った内村鑑三であった。少なくとも海老名弾正や植村正久らが、第一次世界大戦後のウィルソン・デモクラシーに歴史の進歩の法則を見て、英米協調主義の下での日本の帝国的発展およびその中でのキリスト教の発展を疑わずにいた頃、内村は、再臨運動を通じて、予定調和的な未来への楽観主義に対するアンチテーゼを提起していたのだといえる。しかし、神の介入のみが真の和平を実現すると信じた内村であったが、英米における前千年王国論に組み込まれたキリスト教シオニズムの教義の政治性には気付くことなく、シオニズム運動をキリスト再臨の予兆であると高調した。この点においては、内村をしても、日本のクリスチャンに支配的であった欧米中心史観から脱することができなかった。また、具体的な政治行動に対する忌避という再臨信仰の性格は、各民族に相応しい「民族的キリスト教」のあり方があることを強調しながら、朝鮮人クリスチャンの独立を求める主張に対しては民族融和を求めるという矛盾した態度にもつながった。内村は、朝鮮人がいずれは神の力によって独立国家を与えられると考えたかもしれないが、それは人間の努力によってなされるべきことではないと考え、むしろ、日本において再臨信仰が独立運動に通じていると見なされないようにすることをまず気にかけたのであった。

再臨運動後の内村は、深まりつつある帝国主義の矛盾に鋭い批判を向けることはなくなり、むしろその課題は、第三章で扱った矢内原忠雄が植民政策学を通じて取り組むことになる。矢内原は、内村の再臨信仰を受け継ぎ、帝国主義的矛盾の最終的解決はキリストの再臨によってなされるものであると考えた。彼は自身の植民政策学を、「神の愛」への信仰の実践として位置づけていた。矢内原の「実質的植民」、すなわち集団的な入植活動についての肯定的評価は、キリスト教的精神にもとづく実践を重視する信仰によるものであった。矢内原はシオニズム運動が先住パレスチナ人の生活向上に寄与しているとの政治宣伝を疑わず、日本が見習うべき植民政策の理想的モデルとしてシオニズム運動を捉えたのであった。[#3] 矢内原は、宗教的に粉飾された入植イデオロギーによる入植者の動員に過大な道徳的・経済的価値を見出そうとし、そうした組織的な移住植民が帝国主義時代の政治力学の下で推進されていることについて批判的分析を深めることをしなかった。

こうした矢内原の思想の根底にあったのは、内村と同様、「民族的キリスト教」という観念と再臨信仰との結合にあったように思われる。国家と民族との境界が一致していることを当然とした上で、その「国民精神」に相応しい宗教を考えるという思考枠組みは、西欧主権国家体制に端を発するものであった。この枠組みのなかで、矢内原は、国家と民族が一致しないユダヤ人においても、終末においては一致がもたらされるはずだと考えるジェンタイル・シオニズムを受け入れ、生涯修正することはなかった。ただし、矢内原の「民族的キリスト教」は、内村のそれと比べたとき、「地球表面に荒野なきに至らしむるのが植民活動の終局理想」との前提の下、グローバルな植民地主義の展開を歴史的必然と見なす視点が強調された。このことは、植民地解放を求める独立運動の役割を不当に低く評価することにつながった。例えば、日中戦争下における矢内原の中国認識は、「自ら中華民族と誇る自覚を有ちつつ、真理に対して盲目となり、為めに、半植民地的状態に沈淪するやうな悲劇」というものであり、[#4]これは、満州移民政策に対する肯定的認識と併せ、矢内原の帝国意識を示したものといえる。理想的国家はキリスト教を通じてのみ実現されるという宗教ナショナリズムは、内村においても、矢内原においても、天皇制軍国主義批判の支えとなる一方で、「他者」への向き合い方に思想的限界を設定するものであった。

内村と矢内原のシオニズムへの共感の背景に、帝国主義時代の民族問題をめぐる思想的格闘があったことに比べると、第四章で取り上げた一九二八年のエルサレム世界宣教会議に参加した日本人クリスチャンらにとってのパレスチナは、イギリスが「トルコ」から取り返した聖書の舞台という以上の積極的な意味を持たなかったように思われる。当時彼らがもっとも気にかけていたのは、マルクス主義の影響を受けた労働運動や農民運動の伸長を背景とした思想統制の動きであった。一九二六年には日本基督教連盟総会に招かれた岡田良平文部大臣が次のように述べ、彼が主導する「思想善導」への協力を強く要求していた。

キリスト教の主義とする所は精神的のものであつて彼のマルクスの如き物質的思想の打破に努

めなければならぬ・・・最も遺憾とする事は基督者にしてま丶此の不健全なる思想に陥いるものあるを見て世人はキリスト教其のものに対して疑惑をかけるものがある・・・か丶る事の出来し［ママ］ない様不健全なる思想を善導して貰ひたいのであります #5

翌年には宗教法案が上程されるなど、思想統制の圧力はさらに強まっていた。他方、アジア各地における独立運動の伸長に連携しようとする汎アジア主義者の動きも活発になりつつあり、一九二六年に長崎で、翌年には上海で全亜細亜民族会議が開催され、英米協調主義の枠内で活動するキリスト教徒に対し、別の側面からの圧迫が加えられていくことになった。エルサレム宣教会議を契機として始まった「神の国運動」は、政府の宗教政策に対する具体的協力策であると同時に、翳りが見えてきた英米協調派の地盤強化を目指す運動としての意味をもった。そうした志向性をもって宣教会議に臨んだ日本人参加者が、イギリスの植民地政策の批判につながるパレスチナ問題に深い関心を持たなかったことは当然ともいえた。同様に、英米ミッショナリーも日本の植民地政策に対する批判は極力抑制していた。組合教会の機関紙的な位置付けにあった『基督教世界』の記者は、宣教会議の冒頭に朝鮮人代表が「民族の問題に関して提起」したとの知らせに対し、「朝鮮代表がかかる態度をとる時に、眉を顰めるものは日本からの代表ではなくして、返って欧米からの代表であるのが常である。・・・それは悲しい哉、米国にも比島があり、英国にも印度があるからである」と書いていた。このエピソードは、ワシントン体制における列国協調が植民地下の被抑圧民衆にとって何を意味してい

たのかをよく示している。#6

また、この会議にはパレスチナ人クリスチャンが参加しておらず、会期中の抗議行動も請願署名・電報に限定されていたため、彼らの主張が参加者に届く機会は事実上なかった。アミーン・フサイニーの「協力」によって、イギリス委任統治の矛盾の噴出は、かろうじて押し止められていた。会議終了後にパレスチナ各地でデモやストライキが起きたことは、エルサレム宣教会議が象徴していた英米を軸とした国際協調体制の危うさを暗示するものであった。

この協調体制が崩壊していくのが、日本が対外政策をアジア・モンロー主義へと急速に舵を取ることになる一九三一年の満州事変以降のことである。英米協調主義的なキリスト教徒の立場は急速に脆弱なものとなり、戦争協力に積極的に動員されていくようになった。第五章で取り上げた中田重治のホーリネス教会も、植民地伝道を展開する中で、軍部の内蒙工作やユダヤ人工作に協力した。特に、関東軍の大陸政策への協力を進める中で中田が創出した新たな民族主義的聖書解釈は、教会の分裂を引き起こした。しかし、「現世利益」を顧みない再臨信仰にもとづくホーリネス教会の軍部への協力は、一九三三年に日疋信亮によって立ち上げられた満州伝道会や安江仙弘のユダヤ人工作において重要な貢献をすることになった。とはいえ、ホーリネス信仰におけるジェンタイル・シオニズムや偶像崇拝禁止といった原理主義的要素は、日本の大陸政策の基調となった汎アジア主義に連なる汎イスラーム主義や天皇制ナショナリズムとの矛盾を深めてゆき、第二次世界大戦が勃発すると、徹底した弾圧を受けることとなった。

以上に述べた一九二〇年代から三〇年代にかけて起きた情勢変化を示したのが、図10と図11である。背景のグラデーションは、図10においては、英米協調主義的な視点から見た、「文明」伝播のイメージ、図11においては、汎アジア主義的な視点から見た、ブロック経済圏のイメージである。一九二〇年代において、英米協調主義が優勢であった日本において、日本人クリスチャンは、イギリスのパレスチナ占領を喜び、政府もシオニズムを公式に支持した。内村や矢内原が、無教会キリスト教を通じてキリスト教と愛国心との調和を再臨信仰の中に見出そうとしたことは、英米協調主義的な世界観に対する異義申し立ての試みであったということもできる。しかしながら、ジェンタイル・シオニズムを無批判に受け入れた対外認識という点においては、欧米中心主義的な英米協調派の立場を抜け出ていなかったといえる。こうした日本人クリスチャンの対外認識が政府の外交政策と大きく衝突することがなかったのが、エルサレム世界宣教会議の頃までであった。

しかし、一九三〇年代に入り、英米、とりわけイギリスとの対立が深まる中で、日本における汎アジア主義の興隆は、中東・西アジアにおける汎イスラーム主義の興隆に重なり、両者は様々な接点をもつようになった。一九三八年に設立された回教圏攷究所の機関誌『回教圏』創刊号は、大久保幸次所長による次のような言葉を掲載していた。

我が皇国が抗日支那を膺懲するも、畢竟、アジアよりヨーロッパ人の勢力を駆逐し、支那人にアジア的本然を教示し、東アジアひいてはアジア全土の安定と平和とを実現し、進んで全人類の福祉を招来せんと企図するものに外ならざるを念はば、まことに吾人は回教圏の動静に無関心たるを

【図10】英米協調主義の世界認識

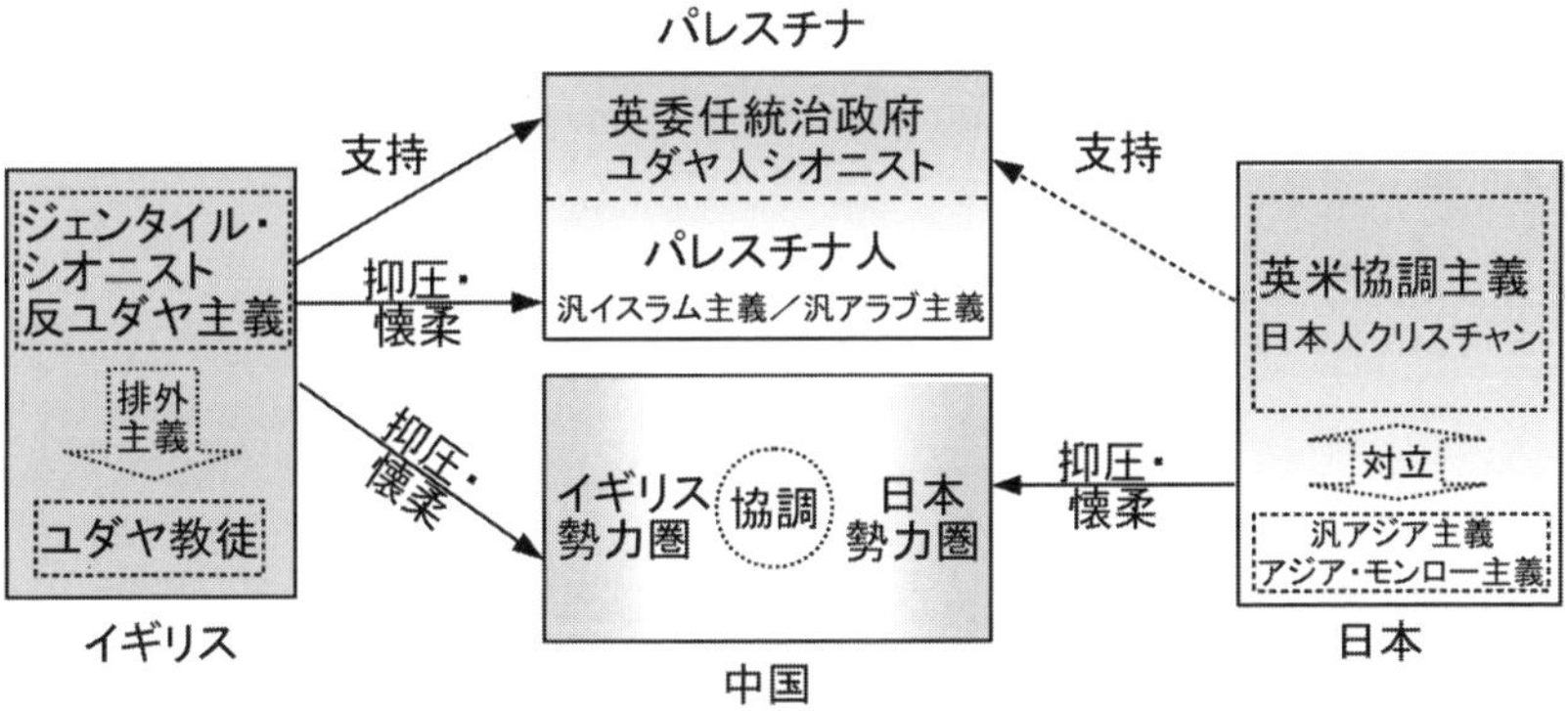

【図11】汎アジア主義の世界認識

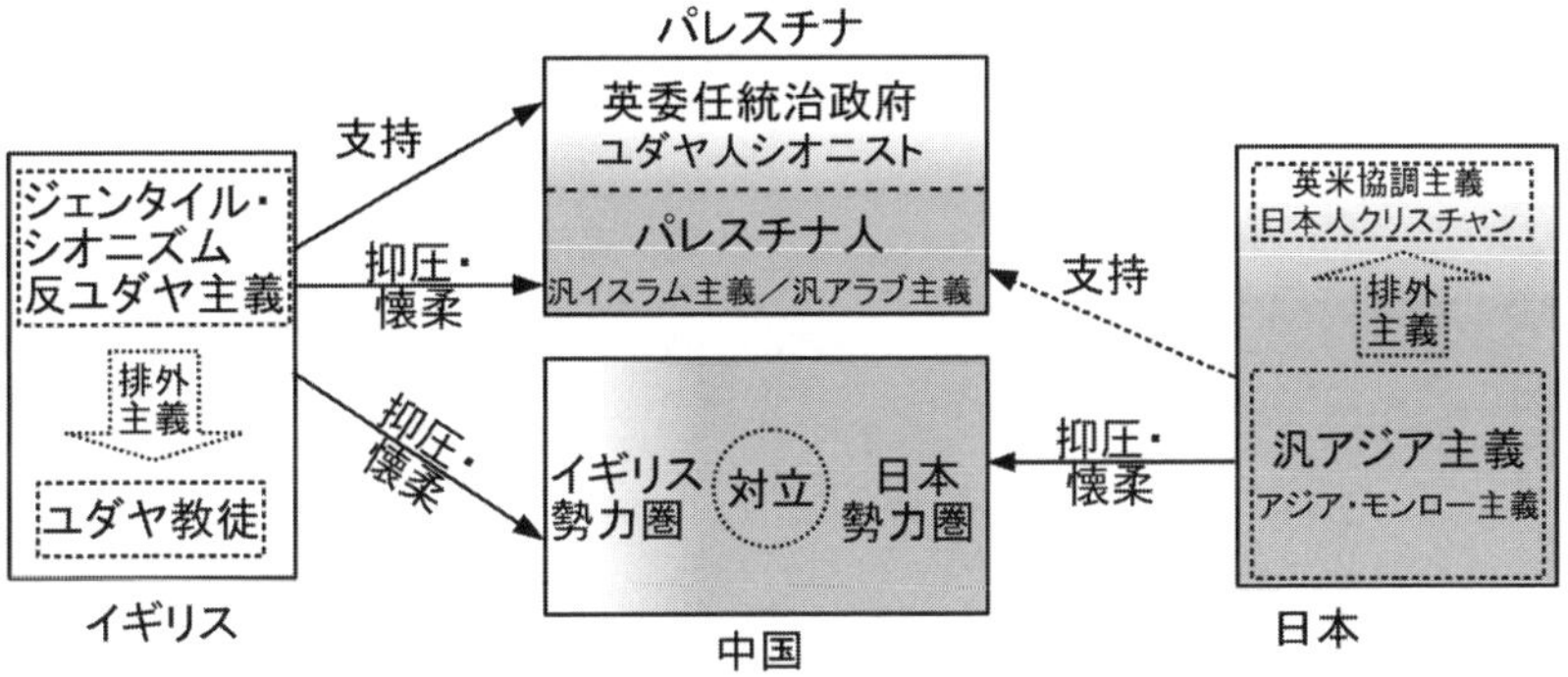

得ざるなり。否、むしろ吾人は約三億万人の回教徒と共同戦線上に立てるものなることを痛感せざるべからず。#7

こうして、「パレスティナにおけるアラビア人とユダヤ人との抗争は年と共に激化し、回教徒たる前者は益益反イギリス的気勢を強調せんとす」というように、パレスチナ問題への関心が、植民地帝国日本のグローバル戦略の中に功利主義的に取り入れられるようになっていった。

帝国主義政治の特徴である被差別者・少数者の政治的利用という点において、日本人クリスチャンも例外ではなかった。ホーリネス教会の戦争協力は、その典型的な一例であった。さらに、中国における戦況が厳しくなると、植民地伝道よりもさらにリスクの大きな戦争協力がクリスチャンに求められるようになった。

それは、賀川豊彦が主導した基督教開拓村であった。賀川は一九三八年に「満州」を訪ね、満州拓殖公司総裁の坪上貞二からキリスト教徒の移民村を作ってほしいと依頼された。#8 このとき賀川は、横浜バンド出身のキリスト教伝道者星野光多を父に持つクリスチャンである星野直樹・「満州国」総務長官にも面会していた。星野は、歴史的に見て「満州」はウラル・アルタイ民族に属するツングース族およびモンゴル族のものであったが、あとから来た漢民族の掠奪農法によって「国土は荒廃に向かい、・・・康熙・乾隆時代の鬱蒼たる森林は今や突兀たる岩山と化してしまった」と語った。そして、現在、同じウラル・アルタイ民族に属する日本人が、植林・灌漑・鉄道敷設、教育普及等により、「全民族の協和と協力により、ここに理想国家を建設しようとしている」と述べた。#9 また、賀川は一九三六年九月、「大蜂起」の只中のパレスチナを一一年振りに訪ね、シオニスト入植地の発展に驚き、「パレスチナの繁栄は全く迫害の賜である。最近では、ユダヤ人が、パレスチナを故郷だと思って、密航してくるものさへ出来たといふ」と新聞に書いていた。#10 その後、賀川は開拓村計画について、日本基督教連盟農村伝道部委員会に諮り、連盟は一九三九年一一月に「満州国移民村に関する決議案」を可決、翌四〇年四月、賀川を委員長として「満州基督教開拓村委員会」を設置した。こうしてハルビン郊外の長嶺子に建設された満州基督教開村に、賀川の弟子堀井順次を団長として一九四一年二月から計二〇九名のクリスチャンの開拓団員が送り出された。団員募集に際し、賀川は次のような檄を飛ばしていた。

満州の荒野は日本人の来るのを待っている。・・・昔アブラハムはカルデアのウルの都をすてゝ、その行くべきところを知らずして出発した。彼は新しき国家を建設し、新しき民族の始祖となるために、メソポタミアの草原を彷徨したのであった。そのアブラハムの血を承けつぐ我らは北満の荒野に、理想的郷土を建設せんとしてゐる。・・・無住地帯に漢民族との衝突を避け、蒙古人種である日本人が移住するのに何の遠慮がいるか、祖先が出て来た地方にもう一度帰るだけである。・・・十字架の血に燃ゆる日本の農村青年よ、集れ。そして新しい日本の建設に参加せよ。#11

しかし、ある団員が家族に宛てた手紙には、「開拓団では現地民の土地を取り上げて入植していた。長嶺子の開拓村の多くは既耕地であり、土地はきれいに耕してあった。現地民は開拓団のものになった土地で働いておる。家も取り上げて、寝起きしている。力ずくではないにしろ、聞いた話とは違う」とあった。

満洲基督教開拓村委員会は、日本基督教連盟から日本基督教団厚生局（後に東亜局）へと引き継がれ、一九四四年には第二基督教開拓村が三江省樺川県太平鎮に作られることが決まり、敗戦間近な一九四五年三月に一一名のクリスチャンが送り出された。これら二つの入植プロジェクトは、二二〇名のクリスチャン入植者の内、五四名が死亡、四三名が行方不明という結末を生んだ。

敗戦後間もない一九四五年一二月、賀川は、「満州国」国務院総務庁弘報処長であった武藤富男と共に、キリスト新聞社を立ち上げた。多くの満州移民が大陸に放置され、引揚げのために甚大な犠牲を払っていたときのことであった。一九四八年、イスラエルが建国されたとき、『キリスト新聞』は、次のような社説を掲げた。

二千年に亘り惨憺たる苦難をなめたイスラエル民族の歴史、（その苦難に比べれば、我々の体験した敗戦の苦難などは物の数ではない）その苦難を通して益々深められた彼等の信仰、これは世界に於て最も深奥にして興味深い一冊の書物、旧約聖書に記されている。・・・それは新しく誕生した世界注目の焦点となっているイスラエル共和国の何たるかを我々に教えるのみではない。日本

民族の全生活に新しき要素を加え、すぐれたる諸民族に比して欠けたるのを補う働きをなすべきであろう。#12

この社説を書いたのが、前年秋の極東軍事裁判で「満州国はユートピアを目ざし、ヒューマニズムに根ざして建国されたものである」#13と証言した武藤富男であった。晩年の賀川は、武藤に対する遺言として、「満州国の歴史を書いて後世に残しなさい。日本が行った侵略のうちで、満州国だけはロマンをもっています」と述べたという。#14 賀川は、天皇制ナショナリズムによる被迫害者であったキリスト教徒を中国侵略に動員し、多大な犠牲を生んだ指導者としての責任に向き合うことを拒否するばかりか、その戦争犯罪を免罪・正当化する歴史認識が後世に残るよう武藤に仕向けたのだとも考えらえる。

また、満州基督教開拓村の計画が動き出した一九三九年、賀川の協働者として開拓村委員会の委員をしていたクリスチャン代議士・杉山元治郎（一八八五―一九六四）は、内村の弟子の塚本虎二（一八八五―一九七三）に私淑していた手島郁郎（一九一〇―一九七三）を北支派遣軍の特務機関員に斡旋し、山西省運城における宣撫工作に従事させた。#15 なお、手島は、一九四八年に無教会主義のグループとして、後に日本の代表的なキリスト教シオニスト組織となる「キリストの幕屋」を立ち上げた。

このように当時非国民視されていた少なくない数の日本人クリスチャンが様々なルートを通じて中国における工作活動にリクルートされていった。ここに、規模こそ違うものの、ヨーロッパで迫害

【図12】

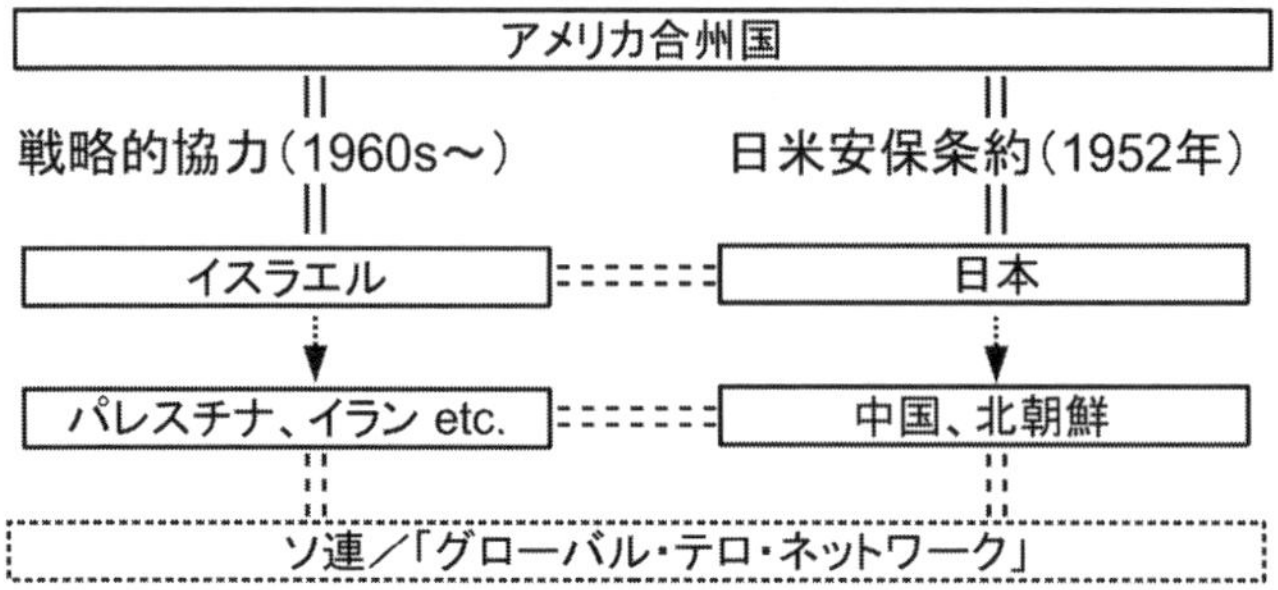

された多くのユダヤ人がシオニズムに動員されていったのと同様の構図を見ることができる。

もちろん、宗教マイノリティや民族マイノリティが常にこのような権力構造に巻き込まれて安穏としてきたわけではない。ユダヤ教徒の中には一貫して反シオニズムの潮流が持続してきたし、日本においてもキリスト教徒の反戦平和運動は、平和勢力の一端を最も持続的なかたちで担い続けている。

本書で取り上げた日本人クリスチャンやユダヤ人シオニストを含め、あらゆる人々がグローバルな帝国主義の重層的抑圧構造に組み込まれてきたのだとすれば、同時に、そのあらゆる人々が、自らがその一部を構成するところである抑圧構造の歯車を狂わせる不服従の抵抗と連帯の可能性を持っているということでもある。その可能性をかたちにするためには、その重層的構造を客観的に把握する視野と実践が必要となる。先に図9で示したイギリス帝国主義にとっての日本とシオニズム運動の位置付けは、第二次大戦後、図12のようなかたちで、覇権国家となった米国の下、同様の代理植民地主義的役割を担うことになった。米国の覇権が退潮しつつある現在において、この図に示された日・米・イスラエル関係が今後どのように変化していくことになるのか、慎重に分析する必要がある。もちろん、この図が多くの抑圧構造を省略していることも考慮しなければならない。「日本」の中にも沖縄・琉球民族やアイヌ民族がおり、「中国」の中にもウイグル民族・チベット民族等の被抑圧民族がいる。移住植民地国家であるアメリカ合州国やイスラエルにおいては言わずもがなである。

本書は、人々の多様なアイデンティティ形成の可能性に干渉して止まない植民地主義権力の下での抑圧の連鎖と抵抗の可能性について考察してきた。そこでは、特に民族アイデンティティと宗教アイデンティティの間の葛藤に注目してきたが、ジェンダーやセクシュアリティへの視点は、ほぼ完全に欠落していることを認めざるを得ない。内村も、矢内原も、中田も、「男だけの世界」で生きていたわけではもちろんない。平和と人権を求める闘いにおいて、女性や性的少数者の視点を含めた連帯・ネットワーキングはますます重要な意味を持ちつつある。イスラエルは、パレスチナ占領を正当化する広報外交の一環として、イスラーム社会における女性差別や性的少数者に対する差別を強調し、西欧社会におけるリベラリストの支持を得ようとしている。それに対し、世界中の多くのＬＧＢＴグループが、パレスチナ人との連帯を表明し、対イスラエルＢＤＳ（ボイコット・資本引揚げ・制裁）運動等のネットワークに参加している。全米で五〇〇万人が参加したといわれる二〇一七年のウィメンズ・マーチの呼びかけ人の一人であるパレスチナ系アメリカ人女性のリンダ・サルスール（Linda Sarsour, 1980-）は、フェミニズムとシオニズムは両立しないと宣言した。東アジアにおける脱植民地主義の課題においてもまた、国境を越えたグローバルなネットワークの中で、「民衆運動の組織性の質的発展（n地域における連帯の質的強化）」#16を展望する研究と実践がますます重要になりつつある。多くの限界を有しつつも、本書がそうした課題に向けた基礎作業の一端を担うことができていれば幸いである。

註

#1　板垣雄三『石の叫びに耳を澄ます』、二八頁。
#2　板垣雄三『イスラーム誤認――衝突から対話へ』（岩波書店）、二〇五頁。
#3　日本の敗戦後、教養学部の創設等、東京大学の再建に主導的役割を果たした矢内原は、かつて自らが研究対象としたパレスチナや朝鮮について多く語ることはなかった。彼が、自ら構築した植民政策学の学問的蓄積をどのように継承ないし再編しようとしたのかについては、今後の研究課題としたい。
#4　矢内原「ロマ書講義」『全集』第八巻、二一二頁。
#5　『基督教連盟』（一九二六年一一月一〇日）、二頁。
#6　「エルサレム会議に於ける人種問題の討議」『基督教世界』（一九二八年四月一二日）、一頁。
#7　『回教圏』第一巻第一号（一九三八年七月）、八―九頁。
#8　以下の満州基督教開拓村に関する記述は、賀川豊彦記念松沢資料館『満州基督教開拓村と賀川豊彦』による。
#9　武藤富男『私と満州国』（文芸春秋、一九八八年）、八――一一頁。
#10　『東京朝日新聞』（一九三六年一〇月二〇日）、三頁。
#11　賀川豊彦「満州基督教開拓村に勇敢に参加せよ」『神の国新聞』（一九四〇年七月一〇日）、一頁。

＃12　『キリスト新聞』（一九四八年五月二九日）。
＃13　武藤『私と満州国』、四六三頁。裁判の規定により、アメリカ人の弁護人ブレイクニー（Ben Bruce Blakeney）が英語で代読した。
＃14　同上、一二二頁。
＃15　吉村騏一郎『わが師　手島郁郎』（キリスト聖書塾、一九九〇年）、八二；手島祐郎「わが父・手島郁郎について語る」http://homepage3.nifty.com/teshima/On_Ikuroh_Teshima.html（二〇一六年二月二五日閲覧）
＃16　板垣雄三『歴史の現在と地域学――現代中東への視角』（岩波書店、一九九二年）、三〇頁。

初出一覧

第一章　植民地主義・民族・キリスト教

書き下ろし

第二章　内村鑑三におけるシオニズム論と植民地主義

「内村鑑三の再臨運動におけるシオニズム論と植民地主義」『人間・環境学』第二一巻（二〇一二年一二月）一九一―二〇四頁

「内村鑑三における再臨信仰と民族」『内村鑑三研究』第四八号（二〇一五年四月）八四―一〇二頁

第三章　矢内原忠雄の再臨信仰とシオニズム

「内村鑑三・矢内原忠雄におけるキリスト教シオニズムと植民地主義――近代日本のオリエンタリズムとパレスチナ／イスラエル問題」『アジア・キリスト教・多元性』第八号（二〇一〇年三月）六七―七八頁

第四章　エルサレム宣教会議と植民地主義

「エルサレム宣教会議と植民地主義」『社会システム研究』第一六号（二〇一三年三月）一二五―一三四頁

第五章　中田重治のユダヤ人観とホーリネス教会の満州伝道

「中田重治のユダヤ人問題理解とホーリネス教会の満州伝道」『社会システム研究』第一八号（二〇一五年三月）一七一―一八六頁

※いずれの章も初出論文から大幅に修正・加筆を加えている。

参考文献

【一次文献：未刊行資料】

（アジア歴史資料センター）

「軍用資源蒐集利用法調査実施計画送附の件通牒」(Ref. C01002889700, 昭和8年「満密大日記　24冊の内其15」防衛省防衛研究所）

「錦州作戦間第二師団方面補給業務日誌（自12月22日至1月3日）」(Ref.C14030581200,「住谷悌史資料」防衛省防衛研究所）

「興安北分省の情勢（騎兵第1旅団への申送り事項）」(Ref. C14030240800, 混成第14旅団　状況報告綴　昭8年、防衛省防衛研究所）

「民族問題関係雑件／猶太人問題 第二巻 6・昭和八年分割1」(Ref. B04013204000, 外務省外交史料館）

（日本キリスト教団富士見町教会所蔵資料）

「東亜伝道会教勢一覧」（東亜伝道会本部、1939.9.10）；同（1940.8.18）

吉持久雄「第二教区概況報告」（東亜伝道会満洲基督教会、1939年初春）

【一次文献：定期刊行物】

Hibbert Journal.

International Review of Missions. International Missionary Council.

Jewish Telegraphic Agency

Mssionary Herald.

New York Times

Palestine Bulletin

Quarterly Notes: Being the Buletin of the International Missionary Council. International Missionary Council.

Quarterly Review.

Sunday School Times.

الجامعة العربية (*al-Jāmiʿa al-ʿArabīya*)

『大阪朝日新聞』

『回教圏』

『神の国新聞』

『聖潔之友』聖書学院

『きよめの友』聖書学院

『きよめの友地方版』

『基督教世界』
『キリスト新聞』
『国本新聞』
『新人』
『東京朝日新聞』
『福音新報』
『満洲日日新聞』
『満洲日報』
『六合雑誌』
『連盟時報』

【一次文献：書籍・論文】

Blackstone, William E. *Jesus Is Coming.* Freming H.Revell Company, 1908.

Cohen, Israel. *Jewish Life in Modern Times*. Dodd, Mead and Company, 1914.

———. The "Conflict" in Palestine: *A Reply to the Secretary of the Palestine Arab Delegation*. Zionist Organisation, Central Office, 1922.

———. *Zionist Progress in Palestine*. Keren Hayesod, 1922.

Dewey, John and Alice Chapman Dewey. *Letters from China and Japan*. E.P. Dutton, 1920.

Edwards, Jonathan. *Some thoughts concerning the present revival of religion in New-England : and the way in which it ought to be acknowledged and promoted, humbly offered to the publick, in a treatise on that subject*. S. Kneeland and T. Green, 1742.

Gaebelein, Arno C.（ed.）*Christ and Glory, Addresses: Delivered at the New York Prophetic Conference, Carnegie Hall, November 25-28, 1918*. Publication Office Our Hope, 1919.

Guyot, Arnold. *The Earth and Man: Lectures on Comparative Physical Ceography in its Relation to the History of Mankind*. Gould, Kendall and Lincoln, 1849.

Herzl, Theodor. *Der Judenstaat*. Jüdischer Verlag, 1920.（日本語訳は、テオドール・ヘルツル『ユダヤ人国家』佐藤 康彦訳、法政大学出版局、一九九一年）

Hobson, John A. *Imperialism: A Study*. James Nisbet, 1902.（日本語訳は、J・A・ホブソン『帝国主義論』上・下、矢内原忠雄訳、一九五一年）

Hyamson, Albert M. *British Projects for the Restoration of the Jews*. Printed by Petty & Sons, 1917.

International Missionary Council.（ed.）*The Christian*

Mission in the Light of Race Conflict. Jerusalem Meeting of the International Missionary Council, March 24-April 8, 1928, IV, International Missionary Council, 1928.

———. *The Christian Mission in Relation to Rural Problems*. Jerusalem Meeting of the International Missionary Council, March 24-April 8, 1928, VI, International Missionary Council, 1928.

———. *Addresses on General Subjects*. Jerusalem Meeting of the International Missionary Council, March 24-April 8, 1928, VIII, International Missionary Council, 1928.

International Missionary Council and the Conference of Missionary Societies in Great Britain and Ireland, *The Christian Approach to the Jew : Being a Report of Conferences on the Subject Held at Budapest and Warsaw in April 1927*. Edinburgh House Press, 1927.

Jannaway, Frank G. *Palestine and the World*, 1922.

Jewish regiment committee. *The Jewish Regiment Committee*: *Aug. 1917 to Aug. 1919*. J. Cromack, 1919.

Kaplansky, Shlomo. "Juden und Araber in Palästina." Der Sozialist 10, März 1922.

———. "Jews and Arabs in Palestine." The Socialist Review 14 (102), March 1922.

Kautsky, Karl. *Socialismus und Kolonialpolitik*. Buchhandlung Vorwärts, 1907.

Keren Hayesod, *The Keren Ha-Yesod Book: Colonisation Problems of the Eretz-Israel*. Foundation Fund, 1921.

Landa, Myer J. "The Restoration of Palestine," *Hibbert Journal* 16 (2), 1918: 223-233.

Mathews, Basil. *Roads to the City of God: A World Outlook from Jerusalem*. Doubleday, Doran & Company, 1928.

Mott, John R. (ed.) *The Moslem World of To-Day*. George H. Doran company, 1925.

Needham, G. C. (ed.) *Prophetic Studies of the International Prophetic Conference*. Fleming H. Revell, 1886.

Reinsch, Paul. *Colonial Government: An Introduction to the Study of Colonial Institutions*. Macmillan, 1902.

Sokolow, Nahum. *History of Zionism 1600-1918*. I&II, Longmans, Green and Co., 1919.

Stein, Leonard. *The Truth About Palestine: A Reply to the Palestine Arab Delegation*. Zionist Organization, 1922.

———. *The Mandate for Palestine: Some Objections Answered*. British Palestine Committee, 1922.

Strong, Josiah. *Our Country: Its Possible Future and Its Present Crisis*. Baker & Taylor for the American Home

Missionary Society, 1885.

Thorowgood, Thomas. *Iews in America, or, Probabilities that the Americans are of that race : with the removall of some contrary reasonings, and earnest desires for effectuall endeavours to make them Christian*. T. Slater, 1650.

Townsend, Mary E. *Origins of Modern German Colonialism, 1871-1885*. Columbia University, 1921.

Weizmann, Chaim. *Trial and Error*. East and West Library, 1950.

Wingate, Andrew. *Palestine, Mesopotamia, and the Jews: The Spiritual Side of History*. 1919.

植村正久『植村正久著作集』新教出版社、一九六六―七年。

内田良平『全満蒙鉄道統一意見書』黒龍会出版部、一九三〇年。

内村鑑三『内村鑑三全集』一―四〇、岩波書店、二〇〇一年［一九八一―三年］。

――（山本泰次郎編）『内村鑑三日記書簡全集』一―八、教文館、一九六四―五年。

――『余は如何にして基督信徒となりし乎』鈴木俊郎訳、岩波書店、一九三八年。

――『代表的日本人』鈴木範久訳、岩波書店、一九九五年。

海老沢亮編著『神の国運動実施報告（第一期三ヶ年間）』神の国運動中央事務所、一九三三年。

海老名弾正『帝国の新生命』警醒社、一九〇二年。

大内兵衛『大内兵衛著作集』一―一二、岩波書店、一九七四―五年。

大杉栄『大杉栄全集』一三巻、現代思潮社、一九六五年。

小川圭治・池明観編『日韓キリスト教関係史資料』新教出版社、一九八四年。

賀川豊彦『日輪を孕む曠野』大日本雄弁会講談社、一九四〇年。

賀川豊彦記念松沢資料館『満州基督教開拓村と賀川豊彦』改訂版、雲柱社：賀川豊彦記念松沢資料館、二〇〇七年。

姜徳相編『朝鮮二――三・一運動（二）』現代史資料二六、みすず書房、一九六七年。

北上梅石『猶太禍』内外書房、一九二三年。

北満洲特務機関『猶太研究』北満洲特務機関、一九二一年。

興安局『興安南省扎賚特旗實態調査報告書』實態調査資料第四輯、興安局、一九三九年。

幸徳秋水『帝国主義』岩波書店、二〇〇四年。

佐伯好郎「太秦（禹豆麻佐）を論ず」『歴史地理』第一一巻一号、一九〇八年一月。

酒井勝軍『猶太人の世界征略運動』内外書房、一九二四年。

――『猶太民族の大陰謀』内外書房、一九二四年。

ザビエル、フランシスコ『聖フランシスコ・ザビエル全書簡』二、河野純徳訳、平凡社、一九九四年。

澤柳政太郎編『太平洋の諸問題』太平洋問題調査会、一九二六年。

志賀重昂『南洋事情』再版、丸善商社書店、一八八七年。

柴田博陽『大連日本基督教会沿革誌』大連日本基督教会、一九二七年。

渋沢青淵記念財団竜門社編『澁澤栄一傳記資料』一―五八、渋沢栄一伝記資料刊行会、一九五五年。

全国産業団体聯合会事務局『国家主義団体一覧』産業経済資料第一一輯、一九三二年。

朝鮮総督府『外人の観たる最近の朝鮮』調査資料第三五、朝鮮総督府、一九三二年。

同志社大学人文科学研究所／キリスト教社会問題研究会編『特高資料による戦時下のキリスト教運動』一―三、新教出版社、一九七二―三年。

徳富猪一郎『大日本膨張論』民友社、一八九四年。

――『興亜の大義』明治書院、一九四二年。

徳富健次郎『蘆花全集』一―二〇、蘆花全集刊行会、一九二八―一九三〇年。

富坂キリスト教センター編『日韓キリスト教関係史資料II』新教出版社、一九九五年。

戸村政博編『神社問題とキリスト教――日本近代キリスト教史資料一』新教出版社、一九七六年。

中田重治（米田勇編）『中田重治全集』一―七、中田重治全集刊行会、一九九〇―二年。

南原繁他篇『矢内原忠雄――信仰・学問・生涯』岩波書店、一九六八年。

新渡戸稲造『武士道』矢内原忠雄訳、岩波書店、一九三八年。

――『新渡戸稲造全集』一―二三（別巻一・二）、教文館、一九六九―二〇〇一年。

――『新渡戸稲造――国際開発とその教育の先駆者』拓殖大学、二〇〇一年。

日本基督教連盟『特別協議会参考』日本基督教連盟、一九二九年。

日本日曜学校協会編『第八回世界日曜学校大会記録』日本日曜学校協会、一九二一年。

――『日本日曜学校史』日曜世界社、一九四一年。

野副重次『汎ツラニズムと経済ブロック』天山閣、一九三三年。

――『ツラン民族運動と日本の新使命』日本公論社、一九三四年。

秘密会議事録編纂会編『貴族院秘密会議事録集』下巻、教育図書刊行会、二〇〇三年。

福澤諭吉『福澤諭吉全集』一—二一、一九六九—七一年［一九五八—六四年］。

藤井武『藤井武全集』一—一〇、岩波書店、一九七一—二年。

藤原信孝『不安定なる社会相と猶太問題』東光会、一九二三年。

——『自由平等友愛と猶太問題』内外書房、一九二四年。

ブラックストーン、W・E・『耶蘇は来る』中田重治訳、東洋宣教会、一九一七年。

平和祈念事業特別基金編『海外引揚者が語り継ぐ労苦（引揚編）』八、平和祈念事業特別基金、一九九一年。

包荒子『世界革命之裏面』二酉社、一九二五年。

北海道大学編著『北大百年史　通説』ぎょうせい、一九八〇年。

ホーリネス・バンド弾圧史刊行会編『ホーリネス・バンドの軌跡——リバイバルとキリスト教弾圧』新教出版社、一九八三年。

細川嘉六『細川嘉六著作集』一—三、理論社、一九七二—三年。

武藤富男『私と満州国』文芸春秋、一九八八年。

安江仙弘『革命運動を暴く——ユダヤの地を踏みて』章華社、一九三一年。

——『ユダヤ民族の世界支配？』古今書院、一九三三年。

安江仙弘、中田重治『ユダヤ民族と其動向並此奥義』東洋宣教会ホーリネス教会出版部、一九三四年。

安江弘夫『大連特務機関と幻のユダヤ国家』八幡書店、一九八九年。

矢内原忠雄『矢内原忠雄全集』一—二九、岩波書店、一九六三—一九六四年。

——「シオン運動に就て」『経済学論集』二（二）（一九二三年一〇月）、二五—七五頁。

山崎鷲夫、千代崎秀雄『日本ホーリネス教団史』日本ホーリネス教団、一九七〇年。

吉野作造「所謂世界的秘密結社の正体」『中央公論』一九二一年六月。


【二次文献】

Akinwumi, Olayemi. "Political or Spiritual Partition: The Impact of 1884/85 Berlin Conference on Christian Missions in Africa." in *Christianity in Africa and the African Diaspora*. ed. Adogame, Afe, Roswith Gerloff and Klaus Hock. Bloomsbury Academic, 2009.
Anderson, Irvine H. *Biblical Interpretation and Middle East Policy: The Promised Land, America, and Israel,*

1917-2002. University Press of Florida, 2005.
Ariel, Yaakov. *On Behalf of Israel: American Fundamentalist Attitudes Toward Jews, Judaism, and Zionism, 1865-1945.* Carlson Publishing Inc, 1991.
Ateek, Naim, Cedar Duaybis, and Maurine Tobin. *Challenging Christian Zionism: Theology, Politics and the Israel-Palestine Conflict*. Melisende, 2005.
Bateman, Fiona and Lionel Pilkington. (ed.) *Studies in Settler Colonialism: Politics, Identity and Culture*. Palgrave Macmillan, 2011.
Carl Schmitt. *Der Nomos der Erde im Völkerrecht des Jus Publicum Europaeum*. Duncker & Humblot, 1950. （カール・シュミット『大地のノモス――ヨーロッパ公法という国際法における』上、新田邦夫訳、福村出版、一九七六年）
Capps, Benjamin. *The Great Chiefs*. Time-Life Books, 1975.
Chapman, Colin. *Whose Promised Land? The Continuing Crisis Over Israel and Palestine*. Baker Books, 2002.
Clark, Victoria. *Allies for Armageddon: The Rise of Christian Zionism*. Yale University Press, 2007.
Cohen, Doron B. "Uchimura Kanzo on Jews and Zionism." *The Japan Christian Review* 58, 1992: 111-120.
Colley, Linda. *Britons: forging the nation, 1707-1837.* Yale University Press, 1992. （リンダ・コリー『イギリス国民の誕生』川北稔監訳、名古屋大学出版会、二〇〇〇年）
Coulton, Barbara, "Cromwell and the 'readmission' of the Jews to England, 1656." The Cromwell Association, 2001. http://www.olivercromwell.org/jews.pdf (accessed November 19, 2015)
Davidson, Lawrence. "Christian Zionism as a Representation of American Manifest Destiny." *Critique: Critical Middle East Studies* 14 (2), 2005: 157-169.
De Boer, John C. "Circumventing the Evils of Colonialism: Yanaihara Tadao and Zionist Settler Colonialism in Palestine." *Positions* 14 (3). Duki University Press, 2006: 567-595.
Earle, Edward Mead. "American Missions in the Near East." *Foreign Affairs* 7 (3), 1929: 398-417.
Elmessiri, Abdelwahab M. *The Land of Promise: A Critique of Political Zionism*. North American, 1977.
Frank, Andre G. Reorient: *Global Economy in the Asian Age.* University of California Press, 1998. （A・G・フランク『リオリエント――アジア時代のグローバル・エ

コノミー』山下範久訳、藤原書店、二〇〇〇年）

Gairdner, W. H. T. "Oriental Christian Communities and the Evangelization of the Moslems" in *The Moslem World of to-Day*. ed. John R.Mott. George H. Doran company, 1925.

Gallagher, Jonh, and Ronald Robinson. "The Imperialism of Free Trade." *The Economic History Review* 6 (1), 1953: 1-15.

Grabill, Joseph L. *Protestant Diplomacy and the Near East*. University of Minnesota Press, 1971.

Halsell, Grace. *Prophecy and Politics: Militant Evangelists on the Road to Nuclear War*. Lawrence Hill & Co, 1986.

Hogg, William Richey. *Ecumenical Foundations: A History of the International Missionary Council and its Nineteenth-century Background*. Harper & Brothers, 1952.

Howes, John F. *Japan's Modern Prophet: Uchimura Kanzo, 1861-1930*, UBP Press, 2005.

Hutchison, William R. "A Moral Equivalent for Imperialism: Americans and the Promotion of 'Christian Civilization,' 1880-1910" in *Missionary Ideologies in the Imperialist Era: 1880-1920*. ed. Torben Christensen and William R. Hutchison, Aros, 1982.

——. *Errand to the World: American Protestant Thought and Foreign Missions*. University of Chicago Press, 1987.

Institute for Palestine Studies, *Christians, Zionism and Palestine: a selection of articles and statements on the religious and political aspects of the Palestine problem*. Institute for Palestine Studies, 1970.

Jacob De Haas, *Louis D.Brandeis*. Willey Book, 1929.

Jansen, Godfrey H. *Zionism, Israel and Asian Nationalism*. Institute for Palestine Studies, 1971.（G・H・ジャンセン『シオニズム――イスラエルとアジア・ナショナリズム』奈良本英佑訳、第三書館、一九八二年）

Kaplansky, Shlomo. "Juden und Araber in Palästina," *Der Sozialist* 10, März 1922.

Kayyali, Abdul Wahh'ab. *Palestine: a modern history*. Croom Helm, 1978.

Khalaf, Samir. *Protestant Missionaries in the Levant: Ungodly Puritans, 1820-1860*. Routledge, 2012.

Kobler, Franz. *The vision was there: a history of the British movement for the restoration of the Jews to Palestine*. Lincolns-Prager, 1956.

——. *Napoleon and the Jews*. Schocken Books, 1976.

Leon, Abraham. *La Conception materialiste de la question juive*. Marxists Internet Archive. https://www.marxists.org/francais/leon/CMQJ00.htm (accesed November 19, 2015)(アブラム・レオン『ユダヤ人問題の史的展開——シオニズムか社会主義か』湯浅赳男訳、柘植書房、一九七三年)

Lewis, Donald M. *The Origins of Christian Zionism: Lord Shaftesbury and Evangelical Support for a Jewish Homeland*. Cambridge University Press, 2010.

Lucas, Paul R. "'The Death of the Prophet Lamented': The Legacy of Solomon Stoddard" in Jonathan Edwards's Writings: Text, Context, Interpretation. ed. Stephen J. Stein. Indiana University Press, 1996.

Mattar, Philip. "The Mufti of Jerusalem and the Politics of Palestine." *Middle East Journal* 42(2), 1988.

Matthews, Weldon C. *Confronting an Empire, Constructing a Nation: Arab Nationalists and Popular Politics in Mandate Palestine*. I.B.Tauris, 2006.

Merkley, Paul C. *The Politics of Christian Zionism, 1891-1948*. Frank Cass, 1998.

Marsden, George M. *Fundamentalism and American Culture*. Oxford University Press, 2006.

Massad, Joseph. *The Persistence of the Palestinian Question*. Routledge, 2006.

Meyer, Isidore S. (ed.) *Early History of Zionism in America*. American Jewish Historical Society and Theodor Herzl Foundation, 1958.

Nafi, Basheer M. *Arabism, Islamism and the Palestine Question, 1908-1941: A Political History*. Ithaca Press, 1998.

Obenzinger, Hilton. *American Palestine: Melville, Twain, and the Holy Land Mania*. Princeton University Press, 1999.

Pappe, Ilan. "The Rise and Fall of the Husainis (Part 1)." *Jerusalem Quarterly* 10, Autumn 2000: 27-38.

Perry, Yaron. *British Mission to the Jews in Nineteenth-Century Palestine*. Frank Cass Publishers, 2003.

Porter, Andrew. "An Overview, 1700-1914" in *Missions and Empire*. ed. Norman Etherington. Oxford University Press, 2008.

Prior, Michael. *The Bible and Colonialism: A Moral Critique*. Sheffield Academic Press, 1997.

Robson, Laura. *Colonialism and Christianity in Mandate Palestine*. University of Texas Press, 2011.

Rodinson, Maxime. "Israël, fait colonial? " *Les Temps Modernes* 253, 1967: 17-88.（マキシム・ロダンソン「歴史的にみたイスラエル」J・P・サルトル編『アラブとイスラエル――紛争の根底にあるもの』伊東守男他訳、サイマル出版会、一九六八年）

Rogers, Richard L. " 'A Bright and New Constellation' : Millennial Narratives and the Origins of American Foreign Missions" in *North American Foreign Missions, 1810-1914*. ed. Wilbert R. Shenk. Wm. B. Eerdmans Publishing Company, 2004.

Roth, Cecil. *A History of the Jews in England*. Clarendon Press, 1964[1941].

Ruether, Rosemary Radford. "Christian Zionism and Main Line Western Christian Churches" in *Challenging Christian Zionism: Theology, Politics and the Israel-Palestine Conflict*. ed. Naim Ateek, Cedar Duaybis and Maurine Tobin. Melisende, 2005: 154-162.

———. *America, Amerikka: Elect Nation and Imperial Violence*. Equinox Publishing, 2007.

Ruether, Rosemary Radford, and Herman J. Ruether. *The Wrath of Jonah: The Crisis of Religious Nationalism in the Israeli-Palestinian Conflict.* 2nd edn. Fortress Press, 2002[1989].

Said, Edward W. *Orientalism*. Vintage Book, 1979[1978].（エドワード・W・サイード『オリエンタリズム』板垣雄三、杉田英明監修、今沢紀子訳、平凡社、一九八六年）

———. *The Question of Palestine*. Vintage Books, 1992 [1979].（エドワード・W・サイード『パレスチナ問題』杉田英明訳、みすず書房、二〇〇四年）

Salaita, Steven. *The Holy Land in Transit: Colonialism and the Quest for Canaan*. Syracuse University Press, 2006.

Sayegh, Fayez A. *Zionist Colonialism in Palestine.* Research Center of the Palestine Liberation Organization, 1965.

Schorsch, Ismar. "From Messianism to Realpolitik: Menasseh Ben Israel and the Readmission of the Jews to England." *Proceedings of the American Academy for Jewish Research* 45 (1978): 187-208.

Segal, Charles M. and David C. Stineback. *Puritans, Indians and Manifest Destiny*. G. P. Putnam's Sons, 1977.

Sha'ban, Fuad. *Islam and Arabs in Early American Thought: The Roots of Orientalism in America*. Acorn Press, 1991.

Sharif, Regina S. *Non-Jewish Zionism: Its Roots in Western History*. Zed Press, 1983.

Sharkey, Heather J. *American Evangelicals in Egypt:*

Missionary Encounters in an Age of Empire. Princeton University Press, 2008.
Shohat, Ella. *Taboo Memories, Diasporic Visions.* Duke University Press, 2006.
Sizer, Stephen. *Christian Zionism: Road-map to Armageddon?* InterVarsity Press, 2004.
Smith, Robert O. *More Desired than Our Owne Salvation: The Roots of Christian Zionism*. Oxford University Press, 2013.
Stout, Mary A. *Native American boarding schools*. Greenwood, 2012.
Sykes, Christopher. *Two Studies in Virtue.* Collins, 1953.
Tibawi, Abdul L. *British Interests in Palestine, 1800-1901: A Study of Religious and Educational Enterprise. Oxford* University Press, 1961.
———. *American Interests in Syria, 1800-1901: A Study of Educational, Literary and Religious Work*. Clarendon Press, 1966.
Tuchman, Barbara W. *Bible and Sword: England and Palestine from the Bronze Age to Balfour*. Ballantine Books, 1984[1956].
Urofsky, Melvin I. *American Zionism from Herzl to the Holocaust*. Anchor Books, 1976[1975].
Usuki, Akira. "Jerusalem in the Mind of the Japanese : Two Japanese Christian Intellectuals on Ottoman and British Palestine." *Annals of Japan Association for Middle East Studies* 19（2), 2004: 35-47.
Walbert, Kathryn. "American Indian vs. Native American: A Note on Terminology." http://www.learnnc.org/lp/editions/nc-american-indians/5526 (accesed February 22, 2016)
Wallerstein, Immanuel. *The Modern World-System: Capitalist Agriculture and the Origins of the European World-Economy in the Sixteenth Century.* Academic Press, 1974.（I・ウォーラーステイン『近代世界システム——農業資本主義と「ヨーロッパ世界経済」の成立』I、II、川北稔訳、岩波書店、一九八一年）
Weber, Hans-Ruedi. *Asia and the Ecumenical Movement, 1895-1961*. SCM Press, 1966.
Wolfe, Patrick. "Settler Colonialism and the Elimination of the native." *Journal of Genocide Reseach* 8（4), 2006: 387-409.

芦田道夫『中田重治とホーリネス信仰の形成——その神

学的構造と歴史的系譜』福音文書刊行会、二〇〇七年。

有賀貞、宇野重昭、木戸蓊、山本吉宣、渡辺昭夫編『国際政治の理論』講座国際政治一、東京大学出版会、一九八九年。

飯沼二郎「新渡戸稲造と矢内原忠雄」『キリスト教社会問題研究』三七、同志社大学人文科学研究所、一九八九年。

飯沼二郎、韓晳曦『日本帝国主義下の朝鮮伝道』日本基督教団出版局、一九八五年。

家永三郎『近代日本の思想家』一九六二年。

井口治夫『鮎川義介と経済的国際主義――満洲問題から戦後日米関係へ』名古屋大学出版会、二〇一二年。

池上良正「ホーリネス・リバイバルとは何だったのか」杉本良男編『キリスト教と文明化の人類学的研究』人間文化研究機構国立民族学博物、二〇〇六年、三三―六九頁。

石井傳一『偉人日疋信亮』警醒社、一九四一年。

石田友雄『ユダヤ教史』山川出版社、一九八〇年。

板垣雄三『石の叫びに耳を澄ます――中東和平の探索』平凡社、一九九二年。

――『歴史の現在と地政学――現代中東への視角』岩波書店、一九九二年。

――「日本問題としてのパレスチナ問題―日本における中東研究の未来」日本中東学会大会公開シンポジウム「パレスチナ問題と日本社会」配布資料所収、二〇〇八年五月二四日。

市川裕『ユダヤ教の歴史』山川出版社、二〇〇九年。

犬塚きよ子『ユダヤ問題と日本の工作――海軍・犬塚機関の記録』日本工業新聞社、一九八二年。

今井清一『大正デモクラシー』中公文庫、二〇〇六年［一九七四年］。

今井宏『明治日本とイギリス革命』筑摩書房、一九九四年。

――「明治時代のピューリタニズム観」『紀要』第三二巻、東京女子大学比較文化研究所、一九七二年。

岩井淳『千年王国を夢見た革命――一七世紀英米のピューリタン』講談社、一九九五年。

宇野豪『国民高等学校運動の研究――一つの近代日本農村青年教育運動史』溪水社、二〇〇三年。

臼杵陽「聖地における戦争と暴力：ある日本人の見たエルサレム」『同志社大学二一世紀COEプログラム一神教の学際的研究―文明の共存と安全保障の視点から―二〇〇六年度研究成果報告書』同志社大学一神教学際研究センター、二〇〇七年、二六三―二六四頁。

――「日本におけるシオニズムへの関心の端緒」赤尾光春、早尾貴紀編『シオニズムの解剖』人文書院、二〇一一年、三二五―三五〇頁。

江口圭一『十五年戦争研究史論』校倉書房、二〇〇一年。

海老沢有道、大内三郎『日本キリスト教史』日本基督教団出版局、一九七〇年。

大島智夫「大島正健の札幌農学校辞任と佐藤昌介」『独立教報』三〇三、札幌独立キリスト教会、二〇〇三年六月、一六―二五頁。

大山綱夫「内村鑑三―日清・日露の間―」『内村鑑三研究』二七、一九八九年、六二―八五頁。

小川原正道『日本の戦争と宗教 一八九九―一九四五』講談社、二〇一四年。

小倉幸男「満州第一次武装開拓団弥栄村の追憶」平和祈念事業特別基金編『海外引揚者が語り継ぐ労苦（引揚編）』八、平和祈念事業特別基金、一九九一年。

長幸男「アメリカ資本の満州導入計画」細谷千博他編『日米関係史 開戦に至る十年三――議会・政党と民間団体』東京大学出版会、一九七一年。

片桐庸夫『太平洋問題調査会の研究――戦間期日本IPRの活動を中心として』慶應義塾大学出版会、二〇〇三年。

加藤祐三、川北稔『アジアと欧米世界』世界の歴史二五、中央公論社、一九九八年。

金子文夫「日本の植民政策学の成立と展開」『季刊三千里』四一、一九八五年二月、四六―五三頁。

金田隆一「日本基督教団の成立――主として戦時下のキリスト教資料集を通じて」『苫小牧工業高等専門学校紀要』第九号、一九七四年。

――『戦時下キリスト教の抵抗と挫折』新教出版社、一九八五年。

鴨下重彦、木畑洋一、池田信雄、川中子義勝編『矢内原忠雄』東京大学出版会、二〇一一年。

樺太アイヌ史研究会編『対雁の碑――樺太アイヌ強制移住の歴史』北海道企画出版センター、一九九二年。

姜在彦『新訂 朝鮮近代史』平凡社、一九九四年。

木畑洋一「失われた協調の機会?――満州事変から真珠湾攻撃に至る日英関係」木畑洋一他編『日英交流史一六〇〇―二〇〇〇 二――政治・外交II』東京大学出版会、二〇〇〇年。

キリスト教史学会編『植民地化・デモクラシー・再臨運動――大正期キリスト教の諸相』教文館、二〇一四年。

具島兼三郎『現代の植民地主義』岩波書店、一九五八年。

グッドマン、デヴィッド、宮沢正典『ユダヤ人陰謀説――日本の中の反ユダヤと親ユダヤ』講談社、一九九九年。

栗田禎子「中東における非宗派主義と政教分離主義の展開」私市正年・栗田禎子編『イスラーム地域の民衆運動と民主化』東京大学出版会、二〇〇三年、一五一―一七六頁。

五野井隆史『日本キリシタン史の研究』吉川弘文館、二〇〇二年。

近藤勝彦『デモクラシーの神学思想——自由と伝統とプロテスタンティズム』教文館、二〇〇〇年。

酒井哲哉『大正デモクラシー体制の崩壊——内政と外交』東京大学出版会、一九九二年。

坂本勉（編著）『日中戦争とイスラーム——満蒙・アジア地域における統治・懐柔政策』慶應義塾大学出版会、二〇〇八年。

佐治孝典『土着と挫折——近代日本キリスト教史の一断面』新教出版社、一九九一年。

柴田真希都『明治知識人としての内村鑑三——その批判精神と普遍主義の展開』みすず書房、二〇一六年。

清水元「明治中期の「南進論」と「環太平洋」構想の原型——志賀重昂「南洋時事」をめぐって（I）」『アジア経済』三二（九）、アジア経済研究所、一九九一年、二—四四頁。

清水亮太郎「ブリーフィングメモ 陸軍経理部と満州事変」防衛省防衛研究所、二〇一七年。http://www.nids.mod.go.jp/publication/briefing/pdf/2017/201706.pdf（二〇一七年一一月一日閲覧）

新保祐司編『内村鑑三一八六一——一九三〇』別冊環一八、藤原書店、二〇一一年。

鈴木範久『一九一八～一九一九再臨運動』内村鑑三日録一〇、教文館、一九九七年。

——『内村鑑三の人と思想』岩波書店、二〇一二年。

スミス、アダム『国富論——国の豊かさの本質と原因についての研究』上・下、山岡洋一訳、日本経済新聞出版社、二〇〇七年。

隅谷三喜男『賀川豊彦』岩波書店、二〇一一年。

徐正敏（蔵田雅彦訳）「内村鑑三の韓国観に関する解釈問題」『キリスト教論集』三一、一九九五年——一二三—一四八頁。

戴国煇「細川嘉六と矢内原忠雄」『朝日ジャーナル』一四（五二）、一九七二年一二月一五日、三八—四六頁。

高崎宗司『「妄言」の原型——日本人の朝鮮観』木犀社、一九九〇年。

高橋昌郎『明治のキリスト教』吉川弘文館、二〇〇三年。

滝沢秀樹「内村鑑三と朝鮮」『甲南経済学論集』二五（四）、一九八五年、一六五—一八六頁。

駄場裕司『後藤新平をめぐる権力構造の研究』南窓社、二〇〇七年。

辻宣道『嵐の中の牧師たち——ホーリネス弾圧と私たち』新教出版社、一九九二年。

鶴見祐輔『正伝 後藤新平 三 台湾時代——一八九八〜一九〇六年』藤原書店、二〇〇五年。

土肥昭夫「一九三〇年代のプロテスタント・キリスト教界（一）」『キリスト教社会問題研究』二五、一九七六年。

——『日本プロテスタント・キリスト教史』新教出版社、一九八〇年。

——『天皇とキリスト——近現代天皇制とキリスト教の教会史的考察』新教出版社、二〇一二年。

徳田幸雄『宗教学的回心研究——新島襄・清沢満之・内村鑑三・高山樗牛』未来社、二〇〇五年。

トケイヤー、マービン、メアリ・シュオーツ『河豚計画』加藤明彦訳、日本ブリタニカ、一九七九年。

内藤雅雄「ゴア解放運動史 一九四七—一九六一年」『専修大学人文科学研究所月報』二五九、二〇一二年、一—四八頁。

中岡三益『アラブ近現代史』岩波書店、一九九一年。

長田彰文『日本の朝鮮統治と国際関係——朝鮮独立運動とアメリカ 一九一〇—一九二二』平凡社、二〇〇五年。

中濃教篤『天皇制国家と植民地伝道』国書刊行会、一九七六年。

中村敏『日本プロテスタント海外宣教史』新教出版社、二〇一一年。

日韓YMCA連絡委員会編『日韓YMCA関係史』日本YMCA同盟、二〇〇四年。

朴慶植『在日朝鮮人運動史——八・一五解放前』三一書房、一九七九年。

浜林正夫『イギリス宗教史』大月書店、一九八七年。

原島正「内村鑑三の終末思想——「再臨論」批判を中心に」『季刊日本思想史』四〇、一九九三年、三—二九頁。

——「内村鑑三の「ユダヤ人」観」『内村鑑三研究』三七、二〇〇四年、一四—三七頁。

ハレヴィ、イラン『ユダヤ人の歴史』奥田暁子訳、三一書房、一九九〇年。

韓晳曦『日本の満州支配と満洲伝道会』日本基督教団出版局、一九九九年。

阪東宏『日本のユダヤ人政策 一九三一—一九四五——外交史料館文書「ユダヤ人問題」から』未来社、二〇〇二年。

藤田進『蘇るパレスチナ——語りはじめた難民たちの証言』東京大学出版、一九八九年。

細谷千博「ワシントン体制の特質と変容」『ワシントン体制と日米関係』東京大学出版会、一九七八年。

北海道大学文学部古河講堂「旧標本庫」人骨問題調査委員会編『古河講堂「旧標本庫」人骨問題報告書』北海道大学文学部、一九九七年。

堀江洋文「アメリカにおけるキリスト教原理主義の諸相」『専修大学人文科学研究所月報』第二〇〇号、二〇〇二年。

マキ、ジョン・M（高久真一訳）『W・S・クラーク――その栄光と挫折』新装版、北海道大学図書刊行会、一九八六年［一九七八年］。

牧原憲夫『民権と憲法』岩波書店、二〇〇六年。

政池仁『内村鑑三伝』再増補改訂新版、教文館、一九七七年。

松井透「近代西欧のアジア観――イギリスのインド支配をめぐって」『思想』五三〇、一九六八年、三七―五六頁。

松尾尊兊「日本組合基督教会の朝鮮伝道――日本プロテスタントと朝鮮（一）」『思想』五二九、一九六八年、一―一七頁。

――「日本組合基督教会の朝鮮伝道――日本プロテスタントと朝鮮（二）」『思想』五五三、一九六八年、四五―六六頁。

松沢弘陽「近代日本と内村鑑三」松沢弘陽編『日本の名著三八 内村鑑三』中央公論社、一九七一年。

丸山直起「バルフォア宣言と日本」『一橋論叢』九〇（一）、一九八三年、七八―九五頁。

――「一九二〇年シオニスト特使の日本訪問」『法学研究』六二、一九九七年、三五―五六頁。

丸山真男『戦中と戦後の間』みすず書房、一九七六年。

水谷智「〈比較する主体〉としての植民地帝国――越境する英領インド教育政策批判と東郷實」『社会科学』八五、二〇〇九年、一―二九頁。

三谷太一郎「大正デモクラシーとアメリカ」斉藤真他編『デモクラシーと日米関係』南雲堂、一九七三年。

――『ウォール・ストリートと極東――政治における国際金融資本』東京大学出版会、二〇〇九年。

宮田光雄『国家と宗教』岩波書店、二〇一〇年。

宮沢正典「中田重治」同志社大学人文科学研究所編・土肥昭夫／田中真人編著『近代天皇制とキリスト教』人文書院、一九九六年。

閔庚培『韓国キリスト教会史――韓国民族教会形成の過程』金忠一訳、新教出版社、一九八一年。

村上勝彦「矢内原忠雄における植民論と植民政策」『岩波講座　近代日本と植民地四 統合と支配の論理』岩波書店、一九九三年。

村山盛忠「キリスト教シオニズムの構造――日本人にとってのイスラエル」広河隆一、パレスチナ・ユダヤ人問題研究会編『ユダヤ人とは何か――「ユダヤ人」I』三友社出版、一九八五年。

森孝一「アメリカにおけるファンダメンタリズムの歴史」『キリスト教研究』四六（二）、一九八五年、四〇―九二頁。

森久男『日本陸軍と内蒙工作：関東軍はなぜ独走したか』講談社、二〇〇九。

森まり子『社会主義シオニズムとアラブ問題――ベングリオンの軌跡　一九〇五～一九三九』岩波書店、二〇〇二年。

森田安一「宗教改革とその影響」松本宣郎編『キリスト教の歴史1　初期キリスト教～宗教改革』山川出版社、二〇〇九年。

森山徹「再臨信仰と内村鑑三のユダヤ観――反ユダヤ主義の文脈の中で」『内村鑑三研究』四四、二〇一一年、一四八―一六三頁。

――「再臨信仰と内村鑑三のユダヤ観（下）――反ユダヤ主義の文脈の中で」『内村鑑三研究』四五、二〇一二年、三―二六頁。

――「〔脚注補遺〕再臨信仰と内村鑑三のユダヤ観（上）の脚注」『内村鑑三研究』四六、二〇一三年、一五八―一六一頁。

柳生望『アメリカ・ピューリタン研究』日本基督教団出版局、一九八一年。

役重善洋「内村鑑三・矢内原忠雄におけるキリスト教シオニズムと植民地主義――近代日本のオリエンタリズムとパレスチナ／イスラエル問題」『アジア・キリスト教・多元性』八、（現代キリスト教思想研究会、二〇一〇年、六七―七八頁。

――「内村鑑三の再臨運動におけるシオニズム論と植民地主義」『人間・環境学』二一、二〇一二年、一九一―二〇四頁。

矢内原伊作『矢内原忠雄伝』みすず書房、一九九八年。

山本澄子『中国キリスト教史研究』増補改訂版、山川出版社、二〇〇六年。

矢野暢『日本の南洋史観』中央公論社、一九七九年。

尹健次『日本国民論――近代日本のアイデンティティ』筑摩書房、一九九七年。

柳父圀近「内村鑑三における信仰と「ナショナリズム」――天皇制などをめぐって」『内村鑑三研究』四七、二〇一四年、一〇一―一二頁。

吉村騏一郎『わが師　手島郁郎』キリスト聖書塾、一九九〇年。

米田勇編『中田重治伝』中田重治伝刊行委員会、一九九六年［一九五九年］。

米田豊、高山慶喜『昭和の宗教弾圧――戦時ホーリネス受難記』いのちとことば社、一九六四年。

ヨリッセン、エンゲルベルト「魂とスパイス――十六世紀のポルトガル植民地政策とイエズス会士ルイス・フロイス」山折哲雄、長田俊樹編『日本人はキリスト教をどのように受容したか』国際日本文化研究センター、一九九八年、二一三―二四八頁。

ラブキン、ヤコヴ・M（菅野賢治訳）『トーラーの名において――シオニズムに対するユダヤ教の抵抗の歴史』菅野賢治訳、平凡社、二〇一〇年。

李慶愛『内村鑑三のキリスト教思想――贖罪論と終末論を中心として』九州大学出版会、二〇〇三年。

李省展『アメリカ人宣教師と朝鮮の近代――ミッションスクールの生成と植民地下の葛藤』社会評論社、二〇〇六年。

渡辺祐子、張宏波、荒井英子『日本の植民地支配と「熱河宣教」』いのちのことば社、二〇一一年。

渡会好一『ユダヤ人とイギリス帝国』岩波書店、二〇〇七年。

内村鑑三		矢内原忠雄		中田重治／ホーリネス教会	
1861	江戸小石川富坂にて誕生				
				1870	陸奥国弘前にて誕生
1873	有馬私学校英語科入学				
1874	東京外国語学校英語科編入				
1877	札幌農学校入学				
				1879	東奥義塾に入学
1881	開拓使御用掛に勤務				
1883	農商務省御用掛に勤務				
1884	渡米				
1885	アマースト大学に編入				
				1887	東奥義塾教師ドレーパーより受洗
1887	ハートフォード神学校入学				
1888	北越学館教頭就任			1888	東京英和学校に入学（～ 91）
1890	第一高等中学校嘱託教員				
1891	不敬事件			1892	北海道で伝道
		1893	愛媛県今治市にて誕生	1893	千島で伝道
1894	『地理学考』				
1895	『余はいかにしてキリスト信徒となりしか』				
1897	『萬朝報』主筆に			1897	ムーディー聖書学院入学
1898	『東京独立雑誌』創刊			1899	『炎の舌』創刊
1900	『聖書之研究』創刊				
1901	黒岩涙香らと理想団結成			1901	カウマン夫妻と福音伝道館設立
1903	萬朝報退社				
1906	金貞植との交友始まる	1905	兵庫県立神戸中学校（後に第一神戸中学校に改称）入学	1904	淀橋柏木に聖書学院設立
1909	「柏会」発足			1905	日露戦争で朝鮮各地を慰問
		1910	第一高等学校入学		
1912	娘ルツ子死去	1911	内村鑑三の聖書研究集会に入門 満洲・朝鮮旅行		
		1912	東京帝国大学入学		
		1913	住友総本社就職		
				1917	ホーリネス教会設立 『聖潔之友』創刊 ブラックストーン『耶蘇来る』翻訳出版
		1917	結婚		
1918	再臨運動開始（～ 19）				
				1918	内村鑑三らと再臨運動を開始
				1919	「大正のリバイバル」

近代日本の植民地主義とジェンタイル・シオニズム　関連年表

日本／東アジア		パレスチナ／シオニズム		アメリカ	
		1860	モーゼス・ヘス『ローマとエルサレム』		
				1861	南北戦争（～65）
				1862	奴隷解放宣言
		1862	ピンスカー『自力解放』	1864	サンクリークの虐殺
1867	大政奉還、王政復古				
1868	明治維新				
1869	「蝦夷地」を北海道と改名、開拓使設置	1869	スエズ運河開通	1869	最初の大陸横断鉄道開通
1873	徴兵令、キリスト教解禁				
1874	台湾出兵				
1876	日朝修好条規			1876	リトル・ビッグホーンの戦い
1877	西南戦争			1879	最初のインディアン寄宿学校設立
1879	琉球処分、靖国神社設立	1879	エジプトでアラービー運動		
1881	開拓使官有物払下げ事件	1882	第１波ユダヤ人移民（～1903）		
1882	壬午事変				
1883	鹿鳴館完成		イギリス、エジプト占領		
1884	秩父事件	1884	ロッチルド男爵の支援により農業訓練所ミクヴェ・イスラエル設立		
1885	福沢諭吉「脱亜論」				
				1886	アッパッチ族族長ジェロニモ降伏
1889	大日本帝国憲法発布			1887	ドーズ法成立
1890	教育勅語発布、橿原神宮創建			1890	フロンティア・ライン消滅宣言
		1892	ユダヤ人植民協会設立	1891	ウーンデッド・ニーの大虐殺
1894	日清戦争	1894	ドレフェス事件	1892	ブラックストーン署名
		1896	ヘルツル『ユダヤ人国家』		
		1897	第１回世界シオニスト会議、世界シオニスト機構設立		
1898	北海道旧土人保護法成立			1898	中国系移民排斥法成立
				1899	米西戦争
					対中国、門戸開放宣言
1900	北京で義和団事件発生				
		1901	ユダヤ民族基金設立		
1902	日英同盟				
1904	日露戦争	1904	第２波ユダヤ人移民（～14）		
1905	桂・タフト協定				
		1909	最初のキブツ、デガニア建設	1909	ニカラグアに出兵
1910	大逆事件、韓国併合			1910	『ザ・ファンダメンタルズ』刊行（～15）
1911	辛亥革命、中華民国成立			1913	カリフォルニア州、排日土地法
					パナマ運河開通
1914	第一次世界大戦（～19）			1914	ハイチに出兵
1915	対華二一箇条要求	1916	サイクス・ピコ条約	1915	レオ・フランク事件
	台湾、西来庵事件	1917	バルフォア宣言		ドミニカ共和国に出兵
1917	石井・ランシング協定	1918	イスラーム・キリスト教徒協会設立	1917	対独参戦
1918	シベリア出兵、米騒動			1918	ウィルソン、平和14か条演説、シベリア出兵
1919	朝鮮、三一独立運動	1919	第３波ユダヤ人移民（～23）		
			第１回パレスチナ・アラブ会議		

内村鑑三		矢内原忠雄		中田重治／ホーリネス教会	
		1920	東京帝大助教授就任	1920	朝鮮・満州旅行、渡米
			英独米に留学（～ 22）		（～ 21）
1922	世界伝道協賛会結成	1922	パレスチナ旅行		
		1923	東京帝国大学教授就任	1922	朝鮮・満州旅行
1924	キリスト信徒対米問題協議会		「シオン運動に就て」		
	参加	1924	朝鮮・満洲旅行		
		1926	『植民及植民政策』		
		1927	台湾調査旅行		
				1927	宗教法案反対運動に立つ
		1928	樺太・北海道調査旅行		
		1929	『帝国主義下の台湾』	1928	金森通倫と提携
1930	死去			1930	満州の安東で神社参拝問題
		1932	「満州国」調査旅行		「昭和のリバイバル」が起る
			『通信』創刊	1932	満州・上海旅行
		1933	第 1 回南洋群島調査旅行		「聖書より見たる日本」講演
		1934	第 2 回南洋群島調査旅行	1933	ホーリネス分裂事件
			『満洲問題』		
		1935	『南洋群島の研究』	1935	満州の洮南教会、満州伝道会
		1937	『帝国主義下の印度』		に加入
			東京帝大辞職		
		1938	『嘉信』創刊	1937	和協分離、きよめ教会設立
				1939	死去
		1940	朝鮮講演旅行		
				1941	きよめ教会と日本聖教会、
					日本基督教団設立に伴い
					編入される
				1942	第一次ホーリネス弾圧
		1945	東京帝国大学教授就任	1943	第二次ホーリネス弾圧
		1951	東京大学総長就任（~57）		
		1961	死去		

日本 / 東アジア		パレスチナ / シオニズム		アメリカ	
1920	国際連盟成立。日本、常任理事国に	1920	サン・レモ会議		
1921	ワシントン軍縮会議	1921	最初のモシャーヴ、ナハラル建設		
1923	関東大震災	1922	パレスチナ委任統治正式承認		
				1924	移民制限法 インディアン市民権法成立
		1924	第4波ユダヤ人移民(~32)		
				1925	スコープス裁判
1925	普通選挙法・治安維持法 上海、五・三〇事件				
1926	朝鮮、六一〇独立万歳運動			1927	サッコとヴァンゼッティ処刑、ニカラグアに出兵
1927	第一次山東出兵				
1928	関東軍、張作霖爆殺	1928	エルサレム世界宣教会議開催	1929	世界恐慌始まる(~39)
		1929	西の壁事件		
1930	ロンドン海軍軍縮会議 中国東北部、五三〇間島蜂起 台湾、霧社蜂起			1932	スティムソン国務長官、満州事変不承認を声明
1931	満州事変				
1932	五・一五事件			1933	ニューディール政策
1933	国際連盟脱退	1933	ナチス・ドイツ政権掌握 第5次アリヤー(~39)		
1936	二・二六事件	1936	アラブ高等委員会結成 パレスチナ大蜂起(~39)		
1937	日中戦争開始、第二次国共合作、南京大虐殺	1937	ピール分割案		
1939	朝鮮で創氏改名	1939	マクドナルド白書		
1941	アジア・太平洋戦争			1941	真珠湾攻撃、対日宣戦布告
1945	敗戦			1945	広島・長崎に原爆投下
1947	日本国憲法発布	1947	国連パレスチナ分割決議		
1949	中華人民共和国成立	1948	イスラエル建国 第一次中東戦争		
1950	朝鮮戦争				
1955	バンドン会議				
		1956	第二次中東戦争		
		1967	第三次中東戦争	1968	アメリカ・インディアン運動(AIM)結成

あとがき

本書は、二〇一六年に京都大学大学院人間・環境学研究科に提出した博士論文に修正・加筆を加えたものである。修士論文も同様のテーマであったので、かれこれ一〇年近くにわたって、日本のキリスト教徒のシオニズム認識について考えてきたことになる。

私は一九九〇年代半ばに、市民運動への関わりを通じて、日本の戦争責任問題・植民地支配責任問題に関心を持つようになり、その関心の延長でパレスチナ問題にも関心を持つようになった。というのも、当時、日本軍「慰安婦」問題や「戦後五〇年決議」をめぐって議論されていたことと、オスロ合意に対する批判的議論の間に、様々な共通点があることに気付いいたからである。二〇〇〇年の冬にはじめてパレスチナを訪ねたとき、それまで本や被害者証言などを通じて頭の中にあった日本の植民地支配の白黒写真のイメージが、カラーで目の前に広がっているという印象を持ったことを今でもはっきりと覚えている。

私が内村鑑三や矢内原忠雄などに関心を持つようになったのも、彼らのキリスト教信仰に関心があったからではなく、彼らがシオニズムを支持していたこと――ジェンタイル・シオニズム――の背景を知りたいと思ったからである。その際、私は、リベラル・ナショナリストとしての植民地主義認識が彼らのシオニズム支持の背景にあるのだと直感し、修士論文ではその「先入見」に沿ったかたちで彼らの言説を分析した。それはつたない分析ではあったが、その作業を通じて、物事はそれほど単純ではない、ということに気付くことにもなった。それは、一言で言ってしまえば、本書の全体を貫くテーマである重層的抑圧とそこからの解放をめぐる思想・戦略の多様性と困難性という問題への気付きであった。そして、その背景にある、宗教的・民族的アイデンティティの重層性／多様性の根源に目を向けたとき、もともと想定していた一九世紀以降に限定された歴史的視野では到底歯が立たないということも認識することになった。こうして、はからずも筆者の能力を大きく超えて、地理的・時代的・研究領域的な越境性を要求する研究課題に引き続き取り組むことになったわけであるが、そのとりあえずの成果である本書が、どこまでの成功を収められているかについては、読者の率直な批判を待つしかない。

植民地主義研究における重層性への視点はともすれば、政治的・倫理的な責任を曖昧にしようとする誘惑に絡めとられるリスクをともなっている。例えば、朴裕河は、日本軍「慰安婦」問題における日本兵の被害者性や仲介業者の責任、「慰安婦」の中の民族別階層性などを指摘した上で、日本政府の法的責任を問う運動とは異なる「和解」のあり方を求めるべきだと結論付けている（朴裕河『帝国の慰安婦――植民地支配と記憶の闘い』朝日新聞出版、二〇一四年）。こうした議論のしかたは、ヨーロッパにおけるユダヤ人迫害を理由に、イスラエルによるパレスチナ人迫害の責任を曖昧にし、その上でイスラエルとパレスチナとの和解を求めるという、「中東和平」に関して広く流通している言説のあり方に通じるものである。米国の圧力の下での国際法上の権利主張の取り下げという点においても、両者の構図はよく似ている。

友人のパレスチナ人は、仮に西岸地区・ガザ地区に独立パレスチナ国家が生まれた場合、どれだけ良い条件があったとしても自分はそこに住もうとは思わないと言う。ハイファー近郊の村出身のパレスチナ難民である彼にとって、西岸地区に住むということは、別の誰かの土地を奪うことになるからだという。自らの家族やコミュニティを丸ごと難民化した植民地主義の暴力を普遍的な次元において容認しないという、被抑圧者の側において高められた倫理意識は、反ユダヤ主義の植民地主義的利用であるジェンタイル・シオニズム（および、その特殊教義的表現であるキリスト教シオニズム）や、利用される側の自己正当化イデオロギーとしてのユダヤ人シオニズムの諸形態に対する強烈な批判としての意味をもつ。しかし、そうした底辺からの実存をかけた批判が、無自覚に抑圧のシステムを構成する多くの人びとに届くためには、様々な差別と分断の組み合わせを通じて隠蔽された抑圧構造を紐解く作業が不可欠であるように思われる。様々な認識上の「罠」から私自身が自由になれているとは到底言えないものの、日本帝国主義による被害者やパレスチナ人との交流を通じて、自分自身が暮らす世界の欺瞞性の一端に気付かされてきた者の責務として、植民地主義批判の論理を深めることに本書がわずかでも貢献できていれば、とりあえずの目的は果たせたのではないかとも思う。

本書の執筆にあたっては、多くの方々にお世話になった。とりわけ、大学院博士課程の指導教授として、研究面にとどまらず、精神面でも様々な心配りをしていただいた前川玲子さんと、本研究に取りかかり始めたときから継続して貴重な助言と励ましをいただいた板垣雄三さんには深く感謝を申し上げたい。また、岡真理さん、故ヨリッセン・エンゲルベルトさん、高橋由典さん、臼杵陽さん、長沢栄治さん、原島正さん、芦名定道さん、上杉聰さん、小田康徳さん、横山篤夫さんにも、ゼミ、研究会、その他様々な機会を通じて研究上の貴重な助言をいただいた。最後に本書の編集を担当していただいたインパクト出版会の須藤久美子さんにもあらためて御礼申し上げたい。

なお、本書は、「平成29年度京都大学総長裁量経費人文・社会系若手研究者出版助成」を受けて刊行された。

二〇一八年二月

役重 善洋

［著者］

役重 善洋　yakushige yoshihiro

京都大学大学院人間・環境学研究科修了。現在、大阪経済法科大学アジア太平洋研究センター客員研究員。博士（人間・環境学、京都大学）。パレスチナの平和を考える会事務局長。専門は、政治思想研究など。著書に『中東と日本の針路――「安保法制」がもたらすもの』（共著、大月書店、2016）、『パレスチナを知るための60章』（共著、明石書店、2016）、『終わりなき戦争に抗う――中東・イスラーム世界の平和を考える10章』（共著、新評論、2014）、『脱「国際協力」――開発と平和構築を超えて』（共著、新評論、2011）、他。

近代日本《きんだいにほん》の植民地主義《しょくみんちしゅぎ》とジェンタイル・シオニズム
――内村鑑三《うちむらかんぞう》・矢内原忠雄《やないはらただお》・中田重治《なかたじゅうじ》におけるナショナリズムと世界認識《せかいにんしき》

2018年3月10日　第1刷発行

著　　者　役重 善洋
装　　幀　イトー・ターリ
発 行 人　深田 卓
発　　行　株式会社 インパクト出版会
東京都文京区本郷2-5-11　服部ビル2F
Tel 03-3818-7576　Fax 03-3818-8676
impact@jca.apc.org　http://www.jca.apc.org/~impact/
郵便振替　00110-9-83148

印刷・製本　モリモト印刷